外国人の発見した日本《NIPPON》

石井正己［編］
ISHII Masami

勉誠出版

外国人の発見した日本《NIPPON》

外国人の発見した日本《NIPPON》

石井正己

周知のように、日本を訪れる外国人観光客は二〇〇〇万人を超えた。街角を歩いていても、電車に乗っていても、外国人と接する機会はとても多い。東京を中心とした日本の光景が緩やかに、そして大きく変わろうとしている。二〇二〇年の東京オリンピック・パラリンピックには四〇〇〇万人を目標に掲げる。宿泊施設や駐車場の不足が心配されるが、この勢いは止まらないだろう。しかも外国人観光客のニーズは多様化し、その動きは地方都市に波及しつつある。国際化に向かう大きな波が来ていることは間違いあるまい。

今年二〇一八年は、一八六八年の明治元年からちょうど一五〇年にあたる。鎖国していた国を開いて、一世紀半が過ぎたことになる。鎖国と言っても、長崎の出島ではオランダ・中国との往来があり、将軍が代わるたびに朝鮮通信使が訪れていた。田中優子が『江戸の想像力』（筑摩書房、一九八六年）で述べたように、江戸時代というのはアジアの時代であった。鎖国とは言いながら、やがてやって来る開国の準備は十分にできていたと言っていい。

日本は開国によって広く門戸を開き、ヨーロッパやアメリカから多くの外国人が来日するようになった。西洋の文明を手に入れるために外国人たちを雇い、迅速に近代化を進めたこともよく知られている。だが、外国

人たちは西洋の文明を移植するだけでなく、他者のまなざしで日本を見つめ、日本人が意識しなかった日本の価値を発見したことはもっと注意されていい。例えば、「神々の国の首都」としての松江を発見したのがラフカディオ・ハーン（小泉八雲。一八五〇〜一九〇四、ギリシア出身の作家・学者）であることは、あまりにも有名である。ハーンの文章がなかったら、松江はよくある城下町の一つにとどまったにちがいない。

十九世紀の半ばから日本を訪れた外国人たちは、さまざまな視点で日本を発見した。そこで本書は、十六人の外国人を取り上げ、それぞれの著者が専門とする立場から、彼らが日本を発見したドラマを書いていただいた。それらの外国人を生年順に並べ、生没年・出身国・専門分野を示してみると、次のようになる。

フィリップ・フランツ・フォン・シーボルト　一七九六〜一八六六　ドイツ　博物学者
ジェームス・カーティス・ヘボン　一八一五〜一九一一　アメリカ　宣教師・医師
イザベラ・ルーシー・バード　一八三一〜一九〇四　イギリス　探検家
エドワード・シルベスター・モース　一八三八〜一九二五　アメリカ　動物学者
フェリックス・レガメ　一八四四〜一九〇七　フランス　画家
バジル・ホール・チェンバレン　一八五〇〜一九三五　イギリス　日本学者
アーネスト・フェノロサ　一八五三〜一九〇三　アメリカ　美術史家
ジョン・バチェラー　一八五四〜一九四四　イギリス　宣教師・アイヌ学者
ウォルター・ウエストン　一八六一〜一九四〇　イギリス　宣教師・登山家
カール・フローレンツ　一八六五〜一九三九　ドイツ　日本学者
ブルーノ・タウト　一八八〇〜一九三八　ドイツ　建築家
アーサー・ウェイリー　一八八九〜一九六六　イギリス　東洋学者
セルゲー・エリセーエフ　一八八九〜一九七五　ロシア　日本学者
李光洙　一八九二〜一九五〇　韓国　文学者・思想家
ジョン・F・エンブリー　一九〇八〜一九五〇　アメリカ　人類学者

コルネリウス・アウエハント　一九二〇～一九九六　オランダ　人類学者

ここに取り上げた外国人たちは、どちらかと言えば人口に膾炙した人が多い。だが、彼らが有名になった背景にはそれぞれのドラマがあり、それなくしては著名人にならなかった。日本人の中に彼らの業績を受け入れる要因があったことも考えてみなければならない。そうした認識を経て、それぞれの外国人のステレオタイプ化されたイメージも脱構築されてゆく。本書の醍醐味はそんなところにある。

もちろん、こうしたことを論じる際に取り上げるべき外国人は、この十六人に尽きるものではない。私の関心が人文・社会科学にあるために、そうした領域から見た外国人が中心になったことは否定できない。本書を読んで、この人も取り上げるべきではないかという意見が生まれれば大成功である。本書を契機にして、新たに大きな動きが生まれることを期待したい。

また、本書のコンセプトと対比されねばならないのは、「日本人が発見した外国」という視点である。開国は外国人を迎えただけでなく、日本人が出てゆく機会を生んだ。有望な若者が海外に留学することもあれば、外国に旅行をする機会も増えてゆく。森鷗外（一八六二～一九二二）や夏目漱石（一八六七～一九一六）を挙げるまでもなく、日本人の思想の成熟に海外体験が重要だったことは容易に想像することができる。

本書の結びにあたる論考をお願いした桑山敬己さんからは、「見る」だけでなく、「見られる」「見せる」ところまで認識を拡大すべきだという提案をいただいた。前に『博物館という装置』（勉誠出版、二〇一六年）を編んだ折に、そうした政治性について考えたことがあった。ネットが発達していなかった時代の日本人が居ながらにして外国を認識したのは、一九七〇年の大阪万博だったことは再認識しておきたい。本書の成果から、「日本人の近代」を問い直すことが始まるにちがいない。

二〇一八年四月

ヘボンが見つけた日本語の音——「シ」はsiかshiか？

白勢彩子

しろせ・あやこ——東京学芸大学人文・社会科学系准教授。専門は日本語音声学。主な論文に「音韻（理論・現代）」（『日本語の研究』12—3（展望号）、二〇一六年）、"Preliminary study on physiological contrasts between long and short vowels in Japanese,"The Journal of the Acoustical Society of America, 140, 2016）などがある。

「ヘボン式ローマ字」で知られるヘボン博士、ジェームス・カーティス・ヘボンの人生の輪郭を辿り、ヘボン式ローマ字成立の背景を追う。ヘボン式ローマ字の特徴は、日本語の発音を、英語式で正確に、忠実に表記する方法を見出したことにある。その忠実性は、ローマ字考案のための作業原則ではなく、ヘボン自身の生い立ち、性質に由来している。現代社会の発展に大きく寄与した功績に改めて目を向けたい。

はじめに

（一）日本語の「特殊性」

孤立した環境の下、自然が独自の進化を遂げているガラパゴス諸島になぞらえて、日本特有の商習慣や文化を「ガラパゴス化現象」ということがある。多様な機能を備えた、日本特有の携帯電話端末を「ガラパゴス・ケータイ」、通称「ガラケー」というのは、お馴染みであろうか。

言語学の領域では、「言語に優劣はない」との考えから、ある特定の言語を「特殊」として扱うことは避けられるのではあるが、それでも、日本語の表記（文字）の体系は、ガラパゴス諸島の生態系のように独自に発展し、世界に類を見ない「特殊な」性質を有していると言わざるを得ない。漢字、平仮名、片仮名、ローマ字の、複数の文字種を混在、両立させて使う、複雑な体系である。中でもローマ字は、その由来において他とは系統が異なっており、「補助的な手段」として位置づけられてきた背景がある。漢字、仮名の使用範囲や日本語の構造から考えると、ローマ字が漢字等に取って代わることは難しく、「補助的」であり続けるのだろうと思われるが、しかしながら、現代においては、国際社会の要請や、パソコン等のキーボードの入力という情報社会への対応から見て不可欠であり、その価値はより重要になっている。

(二) ローマ字の成立

ローマ字とは、フェニキア文字から発達したギリシャ文字のうち、エトルリア民族が用いた文字からラテン語を書き表すために採り入れられた二十一字のことである。(1) 最古のローマ字の遺跡は、紀元前七世紀末から六世紀初頭のものとされており、長い時を経て遠く離れた日本で、国語の表現に用いられているとは数奇である。

「ローマ字」と聞くと、「ヘボン式」を思いつく方が多いだろう。ヘボン式ローマ字の経緯や現況については後述するが、日本政府の方針としては、ヘボン式は「国際的関係その他従来の慣例をにわかに改めがたい事情にある場合に限り」(2) 用いてもよいとなっており、つまり、その使用範囲は限定的であるが、否定されるものでもない。小学校の授業で習うローマ字はいわゆる「訓令式」で、ヘボン式のつづり方とは一部が異なる。「ヘボン式」と「訓令式」がローマ字のつづり方の代表のように知られるが、これらの出現は比較的後年のことである。ローマ字による日本語の表記は室町時代から存在し、当時はポルトガル式のローマ字が用いられていた。

なお、細かいことになるが、従来、ローマ字に限らず、平仮名、片仮名、漢字について、表記のよりどころが内閣告示として示されてきている。ローマ字についていえば、昭和二十九年に告示された「ローマ字のつづり方」(3) がある。「鼻血」は「じ」か「ぢ」のどちらが適切か、といった平仮名表記は、「現代仮名遣い」(4) によっている。

(三) 日本語におけるローマ字の変遷

さて、日本においてローマ字で記された文書で最も古いとされるものは、一五九一年に刊行された『サントスの御作業』である。(5)「サントス」は「SANCTOS」、ラテン語の「聖人」を意味し、よく知られた聖人の生涯を記した「聖人伝」の邦訳となっている。これは、キリスト教の布教を目的に来日した宣教師たちが、日本語や日本文化を学習するため、あるいは布教のために書き著した資料の一つである。このような資料は「キリシタン資料」といわれ、中世期の日本語の発音、文法を知ることのできる、国語史上、非常に貴重な資料となっている。この頃の宣教師は、イエズス会から派遣されており、ポルトガルからの強い要請を受けていたことからポ

表1　ローマ字の各式の相違[6]

表記方式	主な資料	シ	チ	ス	ツ	フ
ポルトガル式	サントスの御作業、日葡辞書など	xi	chi	su	tcu	fu
オランダ式	「日本帝国地図」(1715)、クルチウス「日本文典」(1857)	si	tsi	soe	tsoe	fu
ドイツ・オランダ式	ケンペル「日本史」(1727)、ホフマン「日本文法」(1867)	si	tsi	su	tsu	fu
イギリス式	メドハースト「英和・和英辞典」(1830)	si	tsi	soo	tsoo	foo
ヘボン式	和英語林集成第三版	shi	chi	su	tsu	fu
日本式(訓令式)		si	ti	su	tu	hu

ルトガル人が多く、従って、表記がポルトガル語に準じたものとなっている。[7]

その後、外国から日本への入国が制限され、ローマ字は有識者のみに知られる存在であった。江戸時代の後期では、蘭学が盛んとなったことからローマ字表記もオランダ式へと移行した。他に、スウェーデン式、フランス式などもあったが、少数派であった。いずれにしても、ローマ字の使用者は宣教師や一部の知識階層に限られ、民間に広まっていたとは言い難い。一般に広く用いられるようになったローマ字としては、これらの後に成立したヘボン式が初といえる(**表1**)。

一、ジェームス・カーティス・ヘボン

(一)「ヘボン」はHepburn

「ヘボン」の名は、James Curtis Hepburnのファースト・ネームHepburnに由来する。望月洋子『ヘボンの生涯と日本語』[8]によると、日本人が「Hepburn」の発音をできず、「ヘボン」と訛って呼び、ヘボン本人も自ら「ヘボン」と名乗っていたという。「平文」と日本語で表記することもあった。「Hepburn」は、現代の読み方では「ヘップバーン」で、キャサリン・ヘップバーン、オードリー・ヘップバーンといった女優の姓として知られている。もし、ヘボン式ローマ字が現代に成立したならば、「ヘップバーン式ローマ字」となっただろう。

ヘボンの家系については、高谷道男『ヘボン』[9]に詳しい。ヘボンの祖先はスコットランドのエディンバラの東、ハッディングトン州の地方の名家である。Hepburnという名は、旧約聖書に記されているヘブロンHebronから変形して、HepbronあるいはHepbournとなり、フランス語ではEsbronやd'Hebronともなった経緯があるようだ。『キリスト教人名辞典』[10]で「Hepburn」を引くと、ヘボン、すなわちJames Curtis Hepburnの他に、ジョン・ヘバンJohn Hepburn(一六四九～一

図1　ヘボン（Wikimedia Commonsより）

七二三）の名が見つかる。ジョン・ヘバンは、スコットランド長老派教会の牧師で、ヘボンの祖先にあたる。[11] ジョンは、スコットランド教会に属したものの、長老主義を掲げて離脱して活躍し、スコットランド教会からの懲罰、追放にも屈せず、数千の信徒を集めて、「離脱派教会の暁の星」と呼ばれた。後の離脱派の先駆けであり、信徒はスコットランド最初の農民一揆運動を形成し、「ヘブロナイト（Hebronite）」と呼ばれた。こうした、Hepburn一族に流れる強い意志がヘボンにも受け継がれており、周囲に反対されながらも、東洋への伝道活動に携わるという偉業を遂げることになったと考えられる。

　Hepburnの一族は、イングランド、アイルランド、フランスなどに移住し、そこからさらにアメリカに移住した者もあった。ヘボンの直系は、アイルランドに渡り、一七七三年にアメリカ・ペンシルバニア州に移住した。先に挙げたキャサリン・ヘップバーンは、同じくアイルランドからアメリカ・コネチカット州に移住した家系の流れにあり、ヘボンと遠縁にあるようだ。

（二）ヘボンの生い立ち

　ヘボンは、一八一五年三月、ペンシルヴァニア州に生まれた。[12] 非常に信仰の篤い家庭に育ち、特に、母は牧師の子で、ヘボンの最初の「師」であった。ヘボンの父はプリンストン大学出身の弁護士で、町の名士として人々から尊敬された人物だったという。ヘボンは長男で、他、弟一人、妹六人がおり、弟は長老教会の牧師となった。弟とは仲がよく、ヘボンが日本に渡った後も文通によって交流があり、よき相談相手であった。[13]

　ヘボン自身、また弟も、父と同じくプリストン大学で学んだ。プリンストン大学は、アメリカ長老教会が教職者の養成を目的に設立した学校であって、両親、家族は、ヘボンも牧師を目指して学ぶと思っていただろう。しかしながら、大学入学後、ヘボンは科学的な研究に強い興味を抱いていた。ところがある時、総長に呼ばれ、古典の知識がなければ研究の根本には達し得ない、化学やその他の学名や文学作品の多くはラテン語であるのだから、古典を重視せよと諭された。学ぶことがまだたくさんあるのだと、総長のことばを素直に受け止め、古典、ラテン語、ギリシャ語、ヘブル語を学ぶようになった。この経験が、来日後、辞典の作成、聖書の翻訳の基盤となっており、これがなければ、ヘボン式ローマ字ももたらされることがなかっただろう。

十六歳で三年に編入学したものの、アジアコレラの流行のために授業が停止し、一時閉校となり、一年半で卒業することとなった。一八三二年秋のことである。

二、ヘボンの使命感

(一)ヘボンの青年期

プリンストン大学を卒業した後、ヘボンはペンシルバニア大学の医学部に籍を置き、一八三六年の春、卒業した。家族は牧師あるいは法律家を期待していたが、ヘボンは科学への志向があり、無口で控えめな性格でもあり、これらの職には向かない、医学に従事したいと考えたようだ。

脳卒中に関する論文を提出して医学博士の学位を取得し、一方でプリンストン大学から文学修士の称号も授与されている。宣教医として外国に行くという意志は、医学部生時代に芽生えた。大学の講義を聞いていた時だったという。講義の内容は詳しくはわからないが、「神の声」に導かれたのであろうか。とはいえ、客観的には、外国での伝道活動は、必然的な成り行きだったと捉えられる。

ヘボンの少年時代、母は地方教会の婦人会長として、外国伝道事業援助のために熱心に働いていた。当時、アメリカの教会と大学において、大きな宗教的覚醒運動が巻き起こり、その中心は外国伝道であって、ヘボンの母もその中にあった。在学中、プリンストン大でも運動が起こり、さらに、友人たちが宣教師として諸国に行くこともあって、これらの交友関係も影響し、ヘボンの少年、青年期において、外国伝道はごく身近な考えだった。だが、家族はこの考えを自分の息子に奨励したわけではなかった。ヘボンが長老教会に入り、宣教医として外国伝道に携わる使命感を強めると、それを聞いた両親は、あらゆる努力をして引き離そうとした。唯一、思いを共有できたのが、妻となるクララ・メリー・リートであった。

(二)東へ

クララは、名門の家系にあり、従弟が校長を務めるペンシルバニアの学校で、補助教師として働いていた。同時期、ヘボンは親の反対と自身の使命感の間で揺らぎつつ、ペンシルバニアで開業していた。二人は出会い、海外での宣教に共鳴し、一八四〇年、結婚した。「万事はわたしの決行を祝福するもののごとくであります。特にわたしと同じ考えをもち、わたしとともに異境に行こうとする妻を見出したことでした」[14]。ヘボンの外国伝道は、クララの協力なしに成り立たない。

ヘボンは、決意の当初から日本に来ようと計画して早々に実現していたわけではなく、来日時には、すでに四十四歳であった。三十歳に結婚して力強い支援者を得てから来日まで、十四年が経っている。この間、まずはシャムへ行こうと、捕鯨船をつかまえ、寄港地のシンガポールで阿片戦争のため足止めとなって約二年滞在した。その後、シャム行きの計画を変更して、南シナの厦門へ渡り、医療伝道に携わった。

足止めとなったシンガポール滞在の二年は無駄な時間ではなく、中国語を学ぶとともに、日本に関わる、ヘボンの人生にとって大きな二つの「出会い」があった。ひとつは、S・R・ブラウン（一八一〇〜一八八〇）との出会いである。ブラウンは、オランダ改革派教会の牧師で、マカオの学校教師として、キリスト教を広めていた。ブラウンは、夫人の療養のため、シンガポールへ来ており、ヘボンと交流する機会があった。五歳年長のブラウンとは、その後、四十年に亘るつきあいとなり、後にそれぞれが日本への宣教師派遣の働きかけに応じたことで、日本で再会することとなる。

もう一つは、邦訳聖書との出会いである。シンガポールにはアメリカン・ボード印刷所があり、ギュツラフ（一八〇三〜一八五一）による、最初の邦訳聖書『約翰福音之伝』が印刷された。ギュツラフは、マカオに漂流した日本人から日本語を学び、その乏しい日本語の知識から、片仮名を用いて翻訳にあたった。ヘボンはその一冊を手に入れ、ニューヨークの長老教会外国伝道協会本部へ送ったが、残念なことに、長年、図書館に保管されたままであった。

ヘボンはシンガポールから厦門へ移ったものの、夫人の健康を思いやって、一八四五年、ニューヨークに向けて東洋から離れた。外国伝道を志しボストンの港から旅立って五年の後、再び、母国の土を踏むこととなったのである。ニューヨークでは、開業して大いに成功し、医院はだれもが知るほどの大病院となった。ニューヨークに三つの広大な邸宅、郊外に別荘まで持つほどに豊かな生活を送っていた。

(三) 来日まで

ところが、一八五三年、ヘボンが東洋への伝道の気持ちを再燃させる出来事が始まった。日本の激動、ペリー、ハリスによる開港、通商条約の締結、これに伴うキリスト教の伝道活動の開始である。ハリスの、伝道活動の門戸を開こうとする苦心を受け、アメリカ長老協会、聖公会、オランダ改革派教会が宣教師派遣を行動に移した。一八五八年である。派遣を任命された宣教師の一人が、S・R・ブラウンであった。

アメリカに帰国してからも常に、ヘボンは、東洋での伝道活動状況について深い関心を抱き、注意を払っていた。宣教師派遣の勧告も読み、すぐさま、日本への宣教志願を申し出た。ニューヨークでの豪勢な暮らしなど、使命感の前には何の魅力もなかった。

厦門滞在中に男児を得たものの、それまでに二人の子供を産後わずかで失い、ニューヨークでも三人の子を病気で失っている。ヘボン夫人は、五人目の子が亡くなると、その子が通っていた学校の教師となった。子を失う悲しみは計り知れないが、しかし、その中にあって、ヘボンは「日本からの召命の声がわたしどもに聞こえたとき、容易に動くことができたのです。」[15]と、子が少ないことが幸いした、全てが神のみ心のままに、と、少しの迷いもない。十二月二十四日にはクリスマスイブをパーティーで楽しみ、その一週間後の大晦日には寺の除夜の鐘に聞き入り、翌日には一年を祈って神社へお参りすることに違和感のない、多信仰な日本人にとって、ヘボンの言いようは狂信的とさえ思えよう。

唯一人の子供となった息子、サムエルは、父の死後、次のようにグリフィスに語っている。[16]「父の人生の唯一の目標はキリスト教でした。父のすべての行動はこのただ一つの目標に向けて集中されていました。私の印象では、控え目な性格で、社交的な生活を好まず、学問と宗教以外のことには関心がなかったようです。」これに続けて、グリフィスは述べる。[17]日本の今日の姿が博士の絶え間ない労苦に依っていることは明らかな事実である。ヘボン博士の生涯の物語は、彼の深い信仰とそれに基づく強い信念とを理解して初めて正しく理解され得るのである。「生きているのは、もはや私ではない。私の中にあって生きたもうキリストである。」というパウロの告白は、ヘボンの告白でもあった。「私を強めて下さる方の中に生きて、初めて全てのことをなし得る。」これは生来控え目な博士に内在する確固たる心情であって、気性や性格の関与する余地はそこには存在しなかった。当時の日本人に「君子」と呼ばれたアメリカ人ヘボンのこの気高い生涯を支え続けたものは聖霊の働きであり、神への忠誠心であった。

三、日本でのヘボンの姿

(一)日本での医師・ヘボン

ヘボンは、一八五九年、ようやく日本へと旅立つのであった。来日直後から日本人に受け入れられたわけではなかったが、徐々に非常に腕の立つ医師として知られるようになった。

出身のペンシルバニア大学は眼科で知られ、ヘボン自身は脳外科を専門とするが、日本では眼科医として非常に貴重な存在となった。当時、眼科（眼科に限らないが）の医学的知識は、民間療法程度のものしかなく、西洋医学に立脚したヘボンの技術、知識は画期的であった。診療所の前には行列ができる程に繁盛し、それを聞いた幕府が、民衆が外国人と接することを恐れて阻害し、閉鎖を余儀なくされたものの、診療を希望する者は絶えることがなかった。コレラの流行もあって、ヘボンは大名のもとへも訪れるようになり、ついには、横浜の奉行所から領事館を通じて幕府の委託生九名の教育を依頼されるまでになった。これが、後の「ヘボン塾」となり、明治学院大学へと繋がる。生麦事件の負傷者を手当てしたのがヘボンだったことは、知られた話であろうか。

ヘボンはニューヨーク滞在中にも大成功を収めており、優れた技術を持つ名医であるだけでなく、だれからも信頼される人物であったのだろう。ヘボンの人柄を知ることのできる話題として、グリフィスは、その著作の冒頭、次のように語っている。(18)

関東一円の日本人の間にヘボン博士の名前はよく知られていた。彼らに「ヘボン博士を知っていますか。」と尋ねることは、多くの場合彼らを侮辱するのに等しいことであった。それほど多くの日本人の間で、ヘボン博士は「君子」と呼ばれて尊敬されていたのである。「君子」とは、優れた人物、道徳的に卓越した紳士を意味し、敬愛と賞賛をこめて人を呼ぶのに最もふさわしい言葉であった。

(二) ヘボンの日本語

宣教師が海外へ渡り、まずすべきこととして、その土地のことばの学習がある。それも、格調高いことばだけでなく、一般の、庶民的なことばをも知る必要がある。ヘボンは、日本までの海路で、日本語の文法書と、例の、長らく図書館に保管されていた、ギュツラフによる邦訳聖書『約翰福音之伝』を手に取り、文字をかなり読めるようになって来日したようだ。

日本に来てからは、中国語の知識を手がかりに、頼山陽『日本外史』を読み始め、文学作品を多数読むことによって、日本のことば、そして、その文化を学びとっていた。特に『東海道中膝栗毛』を愛読し、日常の日本の姿を見出していたようだ。しばらくすると、念願の日本語の教師を得ることができ、彼らは単に「日本語教師」であるだけでなく、ヘボンが医術を教授するなど、双方向的な関係が築かれた。

一八六〇年末の書簡に、ヘボンは「日本語の大要をほぼ完了した」と書いている。(19) 日本に到着してから、わずか一年ほどのことである。中国語の素養があり、漢字に親しみがあったとはいえ、日本語と中国語は大きく異なるのだ。言語感覚の鋭さとともに、ヘボンの科学的思考が、言語学習を助けたように思われる。前掲の書簡には、続けて、「日本語の辞書を編集することによって日本語を研究している。」とあり、学習の当初から、辞書を編纂することが意識されていた。しかし、まずヘボンが取り掛かったのは医療事業であって、宣教医として、十八年間、日本への伝道に携わった。その傍ら、和英辞書の編集も進めていたのであり、その活力には驚くばかりである。

(三)『和英語林集成』の完成

ヘボンの、『和英語林集成』として知られる辞典は、日本初の和英辞典である。一八六七年が初版であり、以降、第九版まで出版され、他、縮約版と翻刻版がある。[20] 見出しをローマ字表記とし、片仮名表記と漢字表記を添え、品詞、英語の説明、用例、同義語が示されている。版により見出し語数が異なるが、第三版で三万五六一八語となっている。見出しをローマ字とし、「和英」としたのは、外国人が日本語を学ぶ際の便を考えたものであるが、しかし、巻頭にはイロハ順で一覧表を置き、万葉仮名、片仮名、平仮名が添えられ、日本人も活用しうる辞書となっている。

辞書には、ヘボンらしい語彙が多く収載されている。例えば、陰茎、腸、肛門なども見出しにあり、これらはそれまでの辞書[21]では考えられない項目である。人間の器官を載せることは、医師であるヘボンにとって、当然だったのであろう。あるいは、擬声語・擬態語(ズンズン、ボッテリなど)や、「鎌鼬」や「ゲジゲジ」など俗語・口語も収載されており、これらも、他の辞書にはない項目であった。俗語も載せ、一方で、『古事記』『万葉集』などから古典語も集め、さらに「文明」のような、新しく作られ広まった語も補うというのが、ヘボンの辞書編纂方針であって、『和英語林集成』は初の和英辞典であるというより、本格的な日本語辞典であって、当時の日本語を知る上で第一級の資料的価値を持つといえる。但し、もちろん、ここでいう「資料的価値」などというものは、ヘボンは目的としていない。あくまでも、日本に「正しいキリスト教」を伝えるため邦訳聖書を作るという、その使命感がもたらす辞書編纂の方針であった。

現在、『和英語林集成』は、明治学院大学図書館の「和英語林集成デジタルアーカイブス」[22]で、手軽に利用できる。本サイトは、解説やトピックスなどが豊富で、「和英・英和辞典の総合的な情報を検索できる」として有益である。なお、講談社学術文庫から活字版が出版されてもいたが、現在は入手困難である。

四、ヘボン式ローマ字

(一)ヘボン式の成立

前述のように、『和英語林集成』にヘボンが考案したローマ字が用いられ、このローマ字が、現在「ヘボン式」と称されるローマ字表記の原型となる。ヘボンのローマ字表記は、「日本の知識階級の発音で、聞こえる通り正確に記す」[23]ことが方針としてあり、それも、英語式での忠実性であった。

ヘボンより以前のローマ字表記を見ると、ポルトガル式、オランダ式など、各言語に即した表記法がなされた上、正確に表記しようと筆録者が工夫したがために、表記法に異同が大きかった。ヘボンは、日葡辞書やメドハーストなど、先行する辞書を参考にしており、それぞれの特徴の適・不適を見極めていたに違いない。これらを踏まえ、ブラウンと協議しつつ表記を定めるという丁寧な段階を経て、客観的に、より優れたローマ字表記を探っていた。前節までで、ヘボンの姿を追いかけてきたが、そこに見えたのは、ヘボンのゆるぎない信仰と忠実性、気高い生き様であった。「忠実に」は、単なる、ローマ字を考案するための作業原則、作業方針としてあるのではなく、ヘボン自身の性質に由来しているものとして捉えることができる。

現行の、いわゆる「ヘボン式ローマ字」そのものは、実はヘボンが考案したものではない。一八八五年に、ローマ字運動が起き、ローマ字を国字にする目的で、外山正一を中心に「羅馬字会」が設立し、英語式を基本とする綴り方が提案された。その表記法が、『和英語林集成』第三版に採用され、「ヘボン式」の名を受けている。ここで示された英語式の表記に異論を唱え、田中館愛橘は日本式ローマ字、後の訓令式の基礎となるものを提案した。

(二)私たちが発見するヘボン式ローマ字

ところで、標題に戻ると、「シ」のローマ字表記は、siであろうか、shiであろうか。前者は訓令式、後者はヘボン式となる。訓令式を第一としつつもヘボン式も許容するのが、現在のローマ字表記の指針であるが、実際の使用において、ヘボン式は劣勢であろうか。

ここで、両者を比較しておくと、訓令式は、表記上の系統性を重視したもので、例えば、サ行はすべてsに母音一つを後続させて、**sa・si・su・se・so**と表記することになる。一方、ヘボン式は、「シ」のみshi、他のサ行音はsで表記することとなっており、**sa・shi・su・se・so**との表記になる。「シ」のみが他のサ行音と異なる表記となり、表記から見れば不統一であるが、発音の観点からは妥当である。サ行を注意深く発音してみると、「シ」だけが舌の動きが異なる。「サ」と比べて、舌がやや後方にあることに気がつくだろうか。「サスセソ」と同じsの発音で、母音を「イ」にしても、「シ」の発音にはならず、「スィ」のような発音になる。以前、女性が「私」を「わたスィ」のように発音することがしきりに話題になったことがあるが、言語変化としては、発音の体系をより簡便にするものであって、発音上は「適切な」変化ともいえる。shiに限らず、ヘボン式は、日本語の発音を英語式でより的確に表すことができる表記である。この利点が、現代に生かされているだろうか。

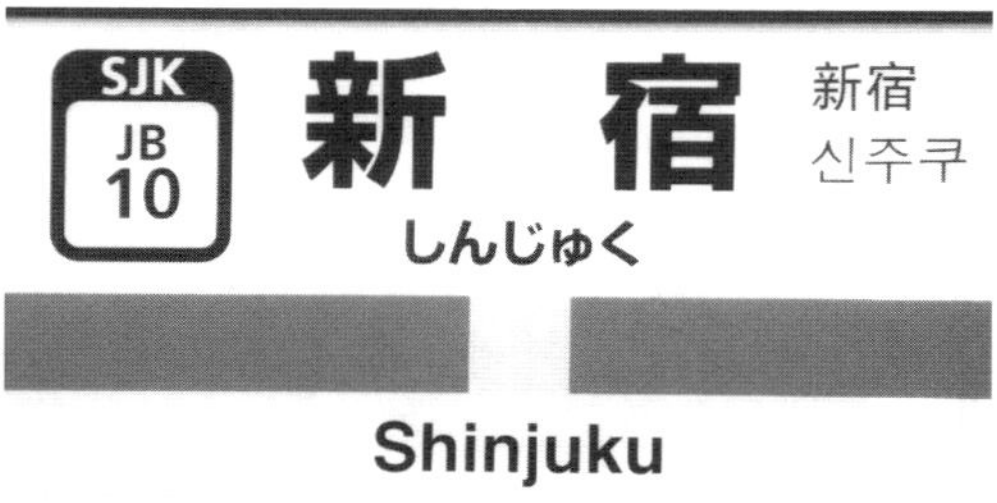

図2　JR新宿駅ホームの駅名表示。「Shinjuku」のローマ字表記

図3　駒込駅　営団地下鉄構内の案内表示。「Namboku Line」のローマ字表記

まず、全国的に知られる百貨店「三越」「髙島屋」のローマ字表記を見ると、「Mitsukoshi」「Takashimaya」である。つまり、「シ」はshi、「ツ」はtsuで、ヘボン式が採用されている。福岡を中心とする百貨店「井筒屋」は「Izutsuya」と表記する。これもヘボン式である。

身近な例として、鉄道各社の路線名、駅名の表記を確認しようと、東京都内の駅等で、実例を観察した。まず「新宿」はShinjukuで、ヘボン式である（**図2**）。「ン」について、訓令式はすべてでn、ヘボン式は後続の音に合わせて、唇を閉じる発音（パ行、バ行、マ行）の前ではm、他はnで表記する。バ行の前の「ン」の表記を「（営団地下鉄）南北線」で確認すると、Namboku Lineと、ヘボン式であることがわかる（**図3**）。長音の表記は、ヘボン式では母音に上線を付して示し（マクロン）、訓令式では「山型」（アクサン）を付すこととなっている。国際的な音声記号の標準を示した国際音声字母（International Phonetic Alphabet）では、長音は［ː］で示すこととなっており、いずれとも異なる。「東京」や「大阪」などの表記では、Tokyo、Osakaと、長音を示す符号のない表記が思い出される。日本国内での実際の表示では、どのように

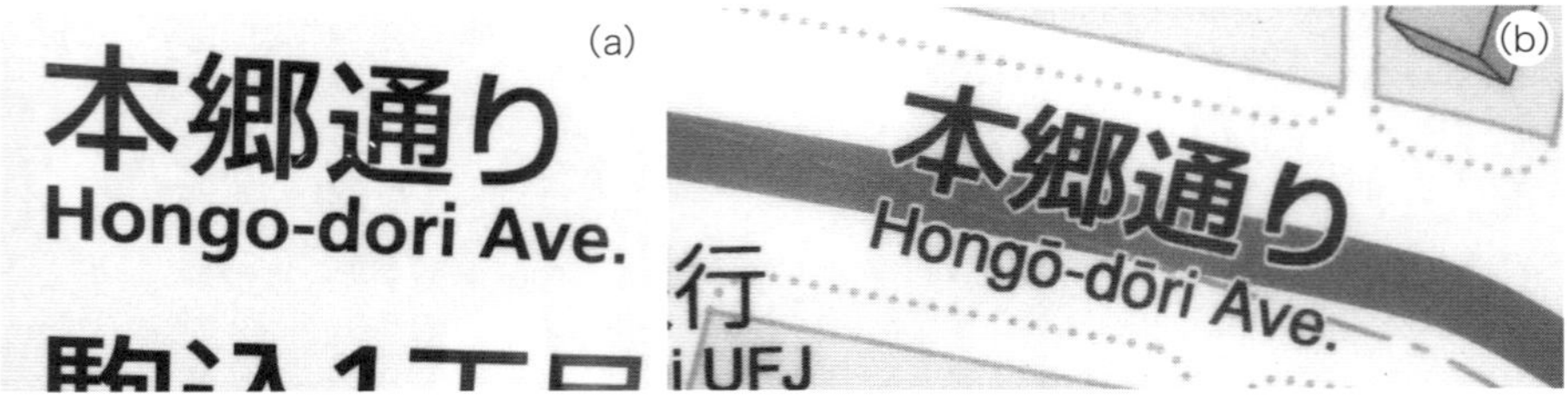

図4　JR駒込駅周辺の案内板。(a)「Hongo-dori Ave.」と、長音符号はない。(b)「Hongō-dōri Ave.」と、長音符号が付されている。

扱われているのだろうか。鉄道や案内板の表示を中心に調べた。

図4の**(a)**、**(b)**は、東京都豊島区にある駒込駅周辺の案内板である。「本郷通り」の語では、「ホンゴウ」と「ドオリ」に長音が含まれる。**(a)**はHongo dori Ave.と、長音符号はない。一方、**(b)**はHongō dōri Ave.と、マクロンの長音符号が付されており、同じ駅で近い場所に掲示されていながら、表記が異なっている。**図5**の「旧古河庭園」も同じく、駒込駅周辺で見つけたものであるが、案内板により表記が異なっていることがわかる。

場所を移して、渋谷駅である。JR線、私鉄の京王線、東急線、複数の地下鉄線が利用可能な駅で、各種の案内板に遭遇することが期待できる(**図6**)。まず、「京王線」である。会社のロゴマークとしては、**図7(a)**KEIOのように「オ」の長音符号はない。しかし、車内の案内(**図7(b)**)にはKeiō Lineと、マクロンがある。駅構内では、符号があるものとないものと、表記にゆれがある(**図7(c)・(d)**)。「東急東横線」でも、同様に、ToyokoとTōyokoの表記のゆれが確認された

図5　JR駒込駅周辺の案内板。(a)「Kyu-furukawa Teien」と、長音符号はない。(b)「Kyū-furukawa Garden」、(c)「Kyū-furukawa Teien」では長音符号が確認できる。

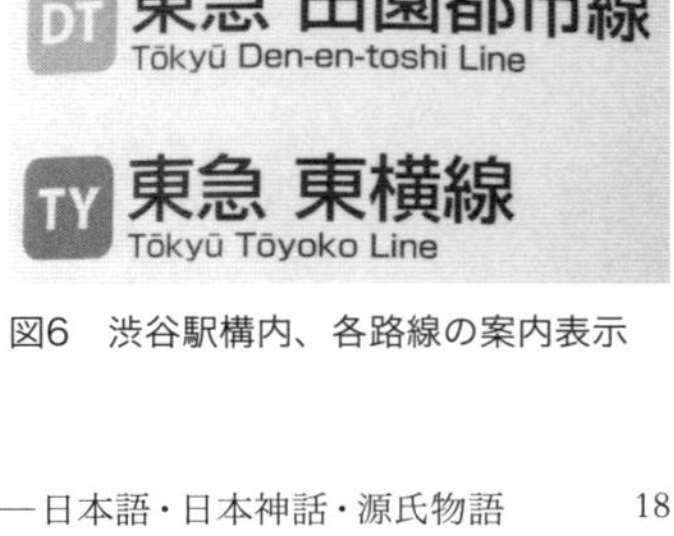

図6　渋谷駅構内、各路線の案内表示

（図8）。渋谷を離れ、杉並区では、「公会堂」をkoukaidouとする、符号がなくて平仮名表記を一字ずつローマ字に置き換えた、長音表記の他の例も見つかった（図9）。

（三）長音符号のあれこれ

長音符号の表記のゆれが観察されたが、これは、それぞれで、ローマ字表記の基準が異なっていることによる。ＪＲの表記には長音符号があるが、営団地下鉄は符号なし、私鉄は各社まちまちであった。菱山剛秀の論に、[24]「昭和六十二年の運輸大臣達「鉄道掲示規程」の改訂においても従来どおり、駅名等のローマ字表記にヘボン式（長音記号あり）のつづりが採用された」とあり、長音符号つきが省庁の方針と考えられる。一方、東京都は、オリンピック・パラリンピックを見据え、地名等の表示の指針を定めており、[25]「長音記号なしのヘボン式ローマ字」を採用することとしている。両者が並行していることに、混乱がないだろうか。

多くの言語では、「汁」と「シール」のように、母音の短長でことばを区別する特徴はない。日本語のように区別を持つ体系は、どちらかといえば少数派であり、海外からの来訪者のためのローマ字表記と割り切れば、「本郷通り」はHongō dōriでもHongo doriでもどちらでもよく、長音符号は不要とも考えられる。が、日本語を正確に表せているかといえば、疑問である。表示にゆれがあることは、なお一層、問

図7　渋谷駅構内の「京王線」の表記。(a) 京王線のロゴマーク。長音符号はない。(b) 車内の案内表示。(c) 長音符号のない案内板。(d) 長音符号のある案内板。

図8　渋谷駅構内の「東急東横線」の表記

図9 「杉並公会堂」のローマ字表記。案内板の下部に「杉並区区民生活部」とあり、杉並区役所の表記であることが確認できた。

題ではないか。

例え、マクロン付きの母音の発音が、外国人旅行者の全てにはわからなかったとしても、短母音とは異なる発音なのであると示唆することにはなるであろう。このままでは、銀座の真ん中で、「Harumidori はどこか」と尋ねた旅行者が、「そんな鶏料理屋はない」とあしらわれかねない。

(四)今を生きる「ヘボン」

実際の地名、駅名の表示において、基本的にはヘボン式であり、長音の表記に有無の相違があっても符号が付される場合にはヘボン式が採用されていることが見て取れた。つまり、現在、我々が日常目にするローマ字は、ヘボン式なのである。近年、観光国としての誘致も盛んであり、特に東京都はオリンピック・パラリンピックの開催があることを考えると、日本語をわかりやすく他言語話者に伝える言語的配慮の必要性が、今後ますます重視されていくことになる。冒頭に述べたように、日本語は表記体系が特徴的に複雑であり、言語内でしか用いられない表記も有している。他言語の話者から見れば、漢字、平仮名、片仮名の混在する表現は、異質な世界である。この「異質さ」を助けるのが、ローマ字だ。英語式のローマ字を示したヘボンの功績は、何にも代え難い。ヘボンの澄みきった目は、遠く、一五〇年先を見ていたのだ。

注

(1) ローマ字の起源、歴史に関して、蜂谷清人「ローマ字」(『日本語学研究事典』明治書院、二〇〇七年)一二三―一二四頁および三八三―三八五頁を参照した。

(2) 文化庁ウェブサイト「ローマ字のつづり方 解説」http://www.bunka.go.jp/kokugo_nihongo/sisaku/joho/joho/kijun/naikaku/roma/kaisetu.html(二〇一七年七月五日最終参照)。

(3) 文部科学省ウェブサイト「ローマ字のつづり方」http://www.mext.go.jp/b_menu/hakusho/nc/k19541209001/k19541209001.html(二〇一七年七月五日最終参照)。

(4) 文部科学省ウェブサイト「現代仮名遣い」http://www.mext.go.jp/b_menu/hakusho/nc/k19860701001/k19860701001.html(二〇一七年七月五日最終参照)。

(5) 蜂谷清人「ローマ字」(『日本語学研究事典』明治書院、二〇〇七年)三八三頁。

(6) 『国語国文学資料図解大事典 上』(全国教育図書、一九六二年)。

(7) 前掲注6書によると、ドミニコ会によるローマ字つづりは一部スペイン式であった。ロドリゲス「日本大文典」など。

(8) 望月洋子『ヘボンの生涯と日本語』(新潮社〈新潮選書〉、

一九八七年）一五頁。

（9）高谷道男『ヘボン』（人物叢書六一、吉川広文堂、一七六一年）。

（10）『キリスト教人名辞典』（日本基督教団出版局、一九八六年）。

（11）前掲注9書、四頁。写真のキャプションに「スコットランドのアスルスチーンフォードにあったヘボン家の祖先ジョン・ヘップバーンの家」との記述がある。但し、本文中にジョン・ヘバンとヘボンの関係についての詳しい説明はなされていない。

（12）ヘボンの来歴について、前掲8・9書、『来日西洋人名辞典』（日外アソシエーツ、一九八三年）、『キリスト教人名辞典』（日本基督教団出版局、一九八六年）、明治学院大学ウェブサイト「明治学院大学の歴史と現在」http://www.meijigakuin.ac.jp/about/history/history.html#A（二〇一七年七月五日最終参照）を参照した。

（13）岡部一興編、高谷道男・有地美子訳『ヘボン在日書簡全集』（教文館、二〇〇九年）。

（14）前掲注9書、一七―一八頁。

（15）前掲注9書、三四―三五頁。

（16）W・E・グリフィス著、佐々木晃訳『ヘボン――同時代人の見た』（教文館、一九九一年）三二頁。

（17）前掲注16書、三三頁。

（18）前掲注16書、一一頁。

（19）前掲注9書、六九頁。

（20）『和英語林集成』の記述は、飛田良文「和英語林集成」の項（『日本語学研究事典』明治書院、二〇〇七年）、および前掲注8書、一三九―一四九頁による。

（21）江戸期には、『下学集』、『節用集』などの辞書が大衆に流布していた（吉田金彦「辞書」『日本語学研究事典』明治書院、二〇〇七年、四一四頁）。

（22）http://www.meijigakuin.ac.jp/mgda/waei/（二〇一七年七月二十七日最終参照）。

（23）前掲注8書、一四〇頁。

（24）菱山剛秀「地名のローマ字表記」（『国土地理院時報』一〇八、二〇〇五年）六五―七五頁。

（25）東京都産業労働局「国内外旅行者のためのわかりやすい案内サイン標準化指針」http://www.sangyo-rodo.metro.tokyo.jp/tourism/signs/（二〇一七年七月三十日最終参照）。

バジル・ホール・チェンバレン
――日本語研究に焦点を当てて

大野眞男

おおの・まきお――岩手大学教育学部教授。専門は日本語学。主な著書・論文に「純化論の観点から見た近代国語観の変遷――柳田国男に焦点を当てて」（『國學院雜誌』一一二（一二）、二〇一一年）、「東日本方言における中舌母音の起源に関する一つの仮説――琉球方言の音変化に照らして」（『音声研究』一五（三）、二〇一一年）、『方言を伝える　3・11東日本大震災被災地における取り組み』（共著、ひつじ書房、二〇一五年）などがある。

バジル・ホール・チェンバレンは、明治六年に二十四歳で横浜港に上陸し、明治四十四年に最終的に日本を去るまでの三十年以上にわたり、言語・文学・歴史などの広範な領域で日本研究に多くの業績を残し、日本の文系学問の近代化に大きく貢献した。明治十九年から四年間、帝国大学博言学科の教授として上田萬年や岡倉由三郎など近代日本を牽引する青年学者たちを育成した。また、伝説や昔話などの日本文化を西洋人に紹介する役割をも果たした。その生涯については、楠家重敏（一九八六）、平川祐弘（一九八七）、太田雄三（一九九〇）、山口栄鉄（二〇一〇）などの優れた評伝によって広く知られている。主要著作である『日本事物誌』『英訳古事記』などについては上記評伝に譲り、本稿では筆者の専門である日本語学の分野に焦点をしぼって、チェンバレンが外国人としての立場に立脚して日本語研究に果たした役割について掘り下げてみたい。

一、チェンバレンの日本語研究

チェンバレンの日本関連の言語関係主要著作は、日本アジア協会紀要（*Transactions of the Asiatic Society of Japan*, 以下 *TASJ* と略）に掲載された多くの論考を除くと以下のとおりである。なお、チェンバレンの語学を中心とした日本研究に焦点を当てた「日本学者としての故チェンバレン教授」が村岡典嗣（一九三九）に収められており、現代においても書誌情報等を知るうえで参考になる。

A Simplified Grammar of the Japanese Language (*Modern Written Style*).（『簡約日本語文典（現代文語体）』一八八六年）

『日本小文典』（和文）明治二十年（一八八七）

A Handbook of Colloquial Japanese.
（『日本口語文典』一八八八年）

The Language, Mythology and Geographical Nomenclature of Japan Viewed in the Light of Aino Studies.（『アイヌ研究より見たる日本の言語、神話及び地名』一八八七年）

Essay in Aid of a Grammar and Dictionary of the Luchuan Language.（『琉球語文典及び辞典に関する試論』一八九五年）

A Practical Introduction to the Study of Japanese Writing.
（『文字のしるべ』一八九九年）

チェンバレンの日本語文法に関する考え方が反映した『簡約日本語文典（現代文語体）』『日本小文典』『日本口語文典』については次節で詳細に論じることにして、氏の日本の言語に関する研究の広さと貢献度を知るために、執筆年代は前後してしまうがまずは文法以外の論考について概観しておこう。『アイヌ研究より見たる日本の言語、神話及び地名』は、当時チェンバレンが在職していた帝国大学文化大学紀要Memoirs of Literature College, Imperial University of Japanの第一冊目として刊行されたものであり、紀要自体は以下のような三部構成となっている。

The Language, Mythology and Geographical Nomenclature of Japan Viewed in the Light of Aino Studies. by Basil Hall Chamberlain.
including
"An Aino Grammar" by John Batchelor. and A Catalogue of Books Relating to Yezo and the Ainos.

やがて蝦和英三対辞書を編纂することとなるアイヌ語研究の先行者としてのバチェラーの文法記述が第二部分として収載されており、そのことに関する経緯はチェンバレンにより説明されている。チェンバレンはアイヌ語と日本語の言語的特徴を比較したうえで、その姉妹関係に否定的であり、アーリア系と見なそうとする西洋人の見方にも懐疑的な態度を示している。さらに、記紀に現れる日本神話とアイヌの伝説や民話との比較を試みている。

圧倒的なのは地名に関する部分であり、七五頁にわたる論全体の半分近いページ数を割いている。先ず北海道地名のアイヌ語解が示され、続けて三十以上にも及ぶ青森県地名のアイヌ語解が示されたあとで、出羽・奥州・越後・越中・能登というように、最終的には九州にも及ぶアイヌ語による地名解が呈示されていく。日本列島の先住民としてのアイヌの歴史が背後に想定されており、今日から見れば的外れな解釈も含まれていようが、後々には金田一京助による北東北アイヌ語地名の精密な研究へと連なっていく先駆けである。

チェンバレンと同名の母方の祖父バジル・ホールが、英軍艦ライラ号の艦長として東シナ海を調査航海した報告『朝鮮西海岸及び大琉球航海探検記』（一八一八年）と、それに付載されたジョン・クリフォードによる琉球語彙の記録はチェンバレンを南海へと駆り立てずにおかなかった。明治二十六年の那覇滞在以降、一連の琉球に関する論考が発表されているが、*TASJ*の第二三巻付録として発刊された『琉球語文典及び辞典に関する試論』はチェンバレンの琉球語研究の集大成である。

日本語との音対応の存在を指摘して日琉両言語が姉妹語であることを立証し、現代日本語では失われた係り結びが琉球語に存在することも既に指摘している。巻末には「日琉語文例」として慣用句、会話例、琉球歌劇などが日琉対訳の形式で収められている。また、琉球国の聖典と称される歌謡集「おもろさうし」とその語彙集成「混効験集」の校本を見出し、当時の県令の斡旋によりその転写を作成した旨が記載されているのも興味深い。その転写は田島利三郎・伊波普猷などによるその後の本格研究の中で「王堂本」として扱われるようになっていく。この『試論』を全訳したものとして山口（一九七六）がある。

『文字のしるべ』は、外国人日本語学習者のために必要な基本的漢字を、印刷所の活字の使用頻度を参考に二三五〇字に限定して、日常生活で出会う社会的文脈の中で習得することを目指した実践的な漢字学習書である。チェンバレン自身もローマ字運動に肩入れしていた時期もあったが、「羅馬字会」での「Gem-bun Itchi」（『ローマ字雑誌』二四号所収・明治二十年）と題する講演で、当時の日本語が同音異義語の多い難漢字・難漢語ばかりを好んで用いている状況では、表記手段のみローマ字に変えても「パンを食べさせんと約束しおきながら、石を御馳走に出した」という西洋のことわざのとおりであり、言文一致が達成されない限りローマ字が一般に広がることはないとローマ字論の限界を喝破している。文部省が難漢字を排除する漢字制限の教育政策を開始したのは、明治三十三年の小学校令改訂に伴う教育漢字の制定であったが、それより一年早いことになる。

二、チェンバレンの三つの日本語文典

『簡約日本語文典（現代文語体）』『日本小文典』『日本口語文典』は明治十九年から二十一年にかけて立て続けに刊行されており、相互に強い関連性を持つと同時に、それぞれ異なる意図を持っている。

明治十九年の『簡約日本語文典』は、副題に *Modern Written*

*Style*とあるように文語体日本語の習得のために作られた文法書である。*Written Style*といっても古文のことではない。当時はまだ言文一致が社会全体はおろか文学運動としても黎明期に過ぎなかったこともあり、外国人の目には話すためのdialectと書くためのdialectというように二種の日本語が存在することが序文に指摘されている。書き言葉文体を習得しなければ日常生活が送れないために、あくまでも現代（当時）の言語状況に対応することが目的であって、純粋の古文を読むための文法ではないことが明記されている。巻末には、いわゆる「存じ奉り候」というような当時の書簡体Epistolary Styleについての一節も設けられているのも実用が意図されていたためである。チェンバレンの日本語文法の枠組みはほぼこの著作で完成されており、その後の文典の下敷きとなっている。

明治二十年の『日本小文典』は文部省の依頼により和文で執筆されたものであり、文部省編輯局より刊行されている。これには連綿体の筆書きで以下のような自序が冒頭に添えられている。少々長いが発刊の趣旨がよく表現されているので全体を引用する。

> こたび此小文典を梓に彫るに方り　おのれ世の人のゆるしを得まほしきことこそあれされば巻の端にひとことこそへてん　おのれは外つ国人にして皇国学のみちにはたどたどしければ　爰に書きつらねたらむことどもは皇国人の心にはあかぬことのみなんおほかるべき　まして皇国のふみののりを外つ国のふりして撰みつれば耳あたらしくききなさるるままに　とみにはさとりがたかめるふしぶしもおほかるべし　また縣居の翁（筆者注・加茂真淵）鈴の屋の大人（筆者注・本居宣長）などの書をばふつにひきいでず　はた大人たちの説といたく異にしあれば　見むひとあたら皇国の博士たちのいたつきをばうちすてたりとやおもふらむ　されどすべてのことはその世のふりのまにまにものするこそことわりなれば　今明治のみさかりにひらけゆく大御代に　言葉のすぢを教ふるひとふしのみむかしのままになづみものすべきことにやはある　さればいたうそのおもむきをかへたるなり　しかはあれどかの博士たちは　このすぢにとりてはここらのいさをしあれば　その書どもはながく世にちりうせぬやうにこそせまほしけれ　うちすてんなどはつゆばかりもおもはずかし　かの博士たちの説のよしあしの品定は此後出さん大文典につばらにしるすべければ　今ひときざみすすみたらん学生たちはそが出んをりをぞまつべき　此小文典はかく新に考へ出たる皇国語ののりの大むねを示し

かつは童たちのためにもとてつづまやかなるをむねとして　大文典のはしだてとはするなりけり　さればこちたきあげつらひどもはそれにゆづりてすべてもらしつ　ただしこはいとかたきわざにしあれば　おのがごときかいなでびとの企てでもおよぶべきにはあらねど　公よりゆだねられたるがかしこさにかくなん

この自序について、愛弟子であった岡倉由三郎は、文部省の発案によってチェンバレンが英文で起草したものを国学者の手で雅文に翻訳したものではないかと推測している（岡倉由三郎 一九三五）。「かつは童たちのためにもとて」とあることから、学校教育で使用することが前提されていたことが察せられる。

後述するように、チェンバレンの動詞活用の説明などは、本居宣長、春庭、鈴木朗、東条義門たち国学者たちが江戸期に築き上げてきた、仮名をベースにした分析とは根本的に異なっている。この自序には、そのような新しい文法を教育界に広めようとする当時の明治政府（森有禮）の性急な欧化主義と、一方で対立勢力と想定された国学者たちへの慎重な配慮が盛り込まれていて興味深い。『小文典』が当時の国学者たちに大きな刺激を与え、覚醒を促したことは間違いなく、ただちに明治二十年中に徳島県の国学者である谷千生による『ビー、エッチ、チャンブレン氏日本文典批評』が刊行されている。谷の批評は一概に『小文典』を否定し去るものではなく、むしろ国学者流の文法との誠実な突き合わせのもとに真摯な評価が行われている。ただし、ローマ字による動詞の活用分析などについては、

さて第十三章として附録のやうに書かれし処に日本語音韻のこととありて　その第一節に文字とあり　これは緊要の事なれば十分に論らはまほしけれど　いかにせむ巳《ママ》の知らぬ羅馬字にて書かれたる事なれば　読む事を得ず　然るに幸ひに上に訳文ありて其大かたを知るを得たり　然れどもまた巳が専ら目をつくべき音韻の事に至りては又羅馬字をもてせられたればわからず　仍て或るわかう人によませて聞きたるがややわかるやうなれども　なほ靴を隔てて痒を掻くとか云へる心地して　其意味判然せざる故、なまじひに論らはんは人わらひなるべければ止むべしと思ひなりぬ

ローマ字が障碍となって谷は動詞活用論についての批評を行っていない。後述するように、チェンバレンの動詞分析の眼目がローマ字単位であったことと関連して残念なことであった。

自序中でやがて刊行されるべきものとして言及されている

大文典が世に出ることがなかったのは言うまでもない。一方で、大槻文彦による最初の国語辞典『言海』（明治二十二～二十四年）の巻頭に付載された「語法指南」が、独立した冊子の形で師範学校に広められていったものが、明治三十年代以降のいわゆる学校文法へと連なっていく。

明治二十一年の『日本口語文典』は、『簡約日本語文典』が文法説明に終始したのと大きく異なり、全体が理論篇Theoretical Part or Grammarと実用篇Practical Part or Readerの二篇に大きく分かたれており、もちろん理論篇での文法説明は西洋人の文典中で最も詳細なものであるが、どちらかといえばチェンバレンは実用篇に重きを置いているのが特徴である。第一章は次のように始まる。

どのように日本語を学ぶことができますか？ ――このような質問があまりにしばしば尋ねられることが多かったため、著者は永久的な形で答えを用意している。どんな言語も文法だけから学ばれることはない、とくに日本語のように、我々ヨーロッパ人となじみのあるすべての言語とは異質の言語においては。…（中略）…そこで、読者はこれから征服する領域の一般的観念を持つために、理論篇をまず一瞥するだけにとどめることをお勧めする。…（中略）…そして実用篇に進んで、たとえ長大な文章に直面して当惑することがあっても、「会話の断片」や「逸話」などの文例に可能な限り速やかにアタックしてほしい。その時々に難しく感じた点について理論篇を参照してほしい。理論篇を少しずつ注意深く読み通し、実用篇を勤勉に学びその数ページを記憶することによって、日本語をマスターすることにつながる。…（中略）…記憶することの必要性は強調しすぎるということはない。それは、英語で考える、つまり英語によるもともとの囁きから日本語に逐語的に翻訳するという、本来のJapanese Japaneseの代わりにEnglish Japaneseで終始する有害な習慣から遁れる唯一の手段である。（筆者訳）

実用篇には、挨拶などの日常に使用する語句、問いと答えの受け答え、会話の断片、講談などから採録された逸話、落語「牡丹灯籠」などが豊富に読み物として採録されている。日本語学の立場からは、『日本口語文典』は優れた語学書という評価が一般に与えられている。それに加えて、庶民的な文芸に至るまで日本文化全体に通じたチェンバレンがリーダーの内容を厳選しているという意味で、充実した日本文化に関する学習書でもあったというべきだろう。初版はCambridge Library Collection - Linguisticsの一冊（Cambridge University Press, 2015）として、第二版はKaiser, S. *The Western*

Rediscovery of the Japanese Language, vol. 8.（Curzon Press, 1995）としてリプリントが刊行されており、一応の全訳（第三版）としては丸山和雄・岩崎摂子（一九九九年）がある。

三、チェンバレンの日本語文法観

チェンバレンは、"Past Participle or Gerund ? —A Point of Grammatical Terminology—"（*TASJ*,14、一八八五年）など、さまざまなところで、西洋人が西洋語の文法カテゴリーを日本語文法の説明の中で乱用することを批判している。まず、文法観全体を象徴的に特徴づける品詞論をとりあげる。

イエズス会士J・ロドリゲスの日本語研究は西洋人の日本語研究の嚆矢であるが、ローマ・カトリックのミッションの特徴としてヨーロッパ中心の世界観・言語観が著作の端々に認められる。例えば、日本語の品詞についても、**Na**（名〈体言〉）、**Cotoba**（詞〈用言〉）、**Te・Ni・Fa**（てには〈付属語〉）という三分類を日本人は素朴に考えていることを知っていながら、「しかし日本語の品詞は、厳密に言えば十で、これらは問題なくラテン語の一般に行われている八品詞にまとめ得るが、われわれとしては理解を容易ならしめるため十品詞、すなわち詞・代名詞・動詞・分詞・後置詞・副詞・感嘆詞（・接続詞）・冠詞・小辞にわける。」（池上岑夫訳『ロドリゲス日本語小文典』岩波書店、一九九三年〈原著は一六二〇年〉より）というように、ヨーロッパのラテン文法が日本語に対してもメートル法として使われている。江戸時代の最後の年に刊行され、当時のヨーロッパの日本語研究の最高峰とされるJ・J・ホフマンの*A Japanese Grammar*（一八六八年）においても、基本的にはロドリゲスの記述が継承されている。

しかしながら、チェンバレンの三文典においては西洋語文法の品詞観は直接反映してはいない。「働く（活用する）」か「働かない（活用しない）」かが、まず全体を二分する基準として想定されており、日本人の素朴な言語観、あるいは膠着語といわれる類型の言語の特性をよく見抜いている。『簡約日本語文典』においては、

日本語を構成する語は、屈折しない（語形変化しない）語類**the uninflected**と屈折する（語形変化する）語類**the inflected**という二つの大きなグループに分かれる。屈折しない語類は、Ⅰ．実名詞に加えて代名詞を含む名詞、数詞、そして多くの英語の形容詞に相当する語、Ⅱ．英語の前置詞の多くに相当する後置詞、である。屈折する語類は、Ⅰ．形容詞、Ⅱ．分詞を含む動詞、である。この区分は便宜のためにつくられた人為的なものではなく、日本語の性質と歴史の中にその基礎が置かれている。…

（中略）…一つの品詞から語尾terminationを付け加えることで別の語がしばしば形成される。例えば、「らしき」は類似を表す形容詞「男らしき」を、「まほしき」は願望を表す形容詞「行かまほしき」を、まれには「なう」が動作を表す動詞「ともなう」を形成する。（筆者訳）

のように、体言と用言に相当する基準を最優先している。

『日本小文典』においては、

日本語には、働き辞と働かざる辞との二種あり、働き辞は、形容詞、動詞の二種に分ち、働かざる辞は、実名詞、代名詞、副詞、接続詞、数詞、間投詞、関係詞の七種に分つ、それ故に、我が国にては、辞に九品の詞ありといふ、

とあり、「九品」はヨーロッパ語文法のいわゆる九品九格と同じになっているが、全体が体・用で分たれており、それを「我が国にては」と表現するチェンバレンのスタンスは興味深い。『日本口語文典』では、

日本語の品詞について、厳密にいえば、動詞と名詞の二つしかない。西洋語の前置詞、接続詞、活用語尾に当たる、（日本語の）小辞particleあるいは後置詞、そして接尾語suffixesは、それ自体もともとは名詞や動詞の残存物だったものである。代名詞や数詞は単に名詞である。真の形容詞は、副詞を含めて中性動詞neuter verbの一種である。しかし、西洋語の形容詞と副詞に対応する多くの語は日本語では名詞である。我々の文法範疇は日本語には全く適当ではなく、馴染みのある道しるべとして機能する限りにおいて、それらを本書の中で用いているだけである。（筆者訳）

チェンバレン以前に西洋人によって書かれ広く読まれた口語日本語文典に、W. G. Aston, *A Short Grammar of the Japanese Spoken Language.*（初版一八六九年〜三版一八七三年）があるが、そこでは日本語の品詞の説明は一切なく、英語の品詞が当然のごとく使われている。しかし、その四版として刊行された*A Grammar of the Japanese Spoken Language.*（一八八八年）においては、チェンバレンが指摘したような日本語と西洋語の品詞概念の違いについて言及したPARTS OF SPEECHの一節が加えられており、序文にチェンバレンらへの謝意が言及されていることは、西洋人同士の間で日本語理解の切磋琢磨があったことをうかがわせる。

四、西洋人による従来の活用分析

品詞論と同様に、西洋語と日本語の構造的な相違が顕著に表れる部分に動詞の活用がある。西洋語はいわゆる屈折語と

呼ばれる類型の言語であり、日本語は膠着語といわれる類型の言語であって、西洋人たちがどのように日本語の動詞活用をとらえようとしていたか、はるかにキリシタンの時代まで溯ってみよう。ランドレスによって仏訳されてヨーロッパに広まった『ロドリゲス日本語小文典』(上述)では、日本語の動詞活用には三種あり、「直接法と命令法の各〔肯定〕語形は語根から導き、…(中略)…同様に直接法現在時制の否定語形は語根から導き…」のように動詞の活用の出発点に「語根」という文法概念が使われている。第一活用型動詞(二段活用に相当)の語根の例としてCurabe(比べ)があげられ、「Curaburu(現在時制ではEをVruに換える)、Curabeta(過去時制では語根に音節Taを加え)、Curabeô(未来時制では語根にô, ôzuまたはôzuruを加える)、Curabeyo, ei, sai(命令法では語根にYoまたはiまたはsaiを加える)、CurabenuまたはCurabezu(現在時制否定形では語根にNuまたはzuを加える)」のように、語根から各活用形が派生するという説明の仕方になっている。第二活用型動詞(四段活用に相当)の語根の例としてTobi(飛び)、第三活用型動詞(ハ行の四段活用に相当)の語根としてVomoi(思い)があげられており、学校文法でいうところの連用形を語根として位置づけていたことが知られる。ちなみに、『日葡辞書』などにおいても動詞の見出し語形は連用形になっていることも、上記の説明と符合する。

幕末のホフマン*A Japanese Grammar*(一八六八年)においても、ロドリゲスを継承して動詞の原形はRoot-formとしてとらえられており、動詞活用全体をNondeflecting Conjugation(非屈折活用・「開け」「見」)とDeflecting conjugation(屈折活用・「行き」)とに分けて、ROOT-FORM(Ake, Mi, Yuki)、INDICATIVE CLOSING-FORM(直接法終止形Aku, Miru, Yuku)、SUBSTANTIVE AND ATTRIBUTIVE FORM(名詞・修飾形Akeru or Akuru, Miru, Yuku等)、PRETERIT(過去形Ake ki, Mi ki, Yuki ki)、FUTURE(未来形Ake mu, Mi mu, Yuka mu等)のように活用表を構成している。

ロドリゲスやホフマンのような語根rootを基軸に据えた日本語動詞活用観は、チェンバレンと同時代のアストンも採用している。*A Short Grammar of the Japanese Spoken Language*(一八六九年)では、口語日本語には二種の動詞の活用があり、それぞれの活用の語尾について以下のように説明している。

	CONJ. I	CONJ. II
Root…………………………	i	e e or i
Base for Negative and Future forms ………	a	e e or i
Present Indicative ………………	u	e eru or iru
Base for Conditional forms ………………	e	eru or iru

CONJ. Iは五段活用動詞、CONJ. IIは一段活用動詞を指し

ている。そして、連用形に相当するものに対して**Root**、今日の用語としては「語根」という命名になっている。

ロドリゲス、ホフマン、アストンに対して、チェンバレンは『簡約日本文典』刊行の二年前に**"The So-Called "Root" in Japanese Verbs"**（*TASJ*, 13、一八八四年）を発表して批判している。その趣旨は、従来**root**と表現されてきたものは**advervial form**か、**indifinite form**と呼んだ方がよいこと、本来の語根**root**とは「荒れる」「荒らす」「嵐《あらし》」「荒神《あらがみ》」に共通する意味**"rough"**を表す**ar**の部分に適応されるべきということであった。従来の活用形の形態上の共通部分に対しては、そこにすべての語尾が付け加わるという意味で、新たに**stem**（語幹）という文法概念を提案している。この語幹**stem**に関しての具体的な分析は『簡約日本文典』に始まる三文典を待たなければならない。

なお、チェンバレンはこの時期、語幹の規定と用語について、W・インブリー（*Handbook of English-Japanese Etymology*. 第二版、一八八九年）との間で、きわめて紳士的な論争を*TASJ*誌上で行っている。また、W・G・アストンは、*A Grammar of Japanese Spoken Language*.（一八八八年）において**root**を**stem**にあらためている。チェンバレンの意図とは外れているが、これまた当時の西洋人の日本語研究の切磋琢磨のひとこまと評価できるだろう。

五、チェンバレンによる活用分析（『簡約日本文典』『日本小文典』）

『簡約日本文典』では書き言葉が対象であるため、第二活用・第三活用（二段活用）において話し言葉の「誉める」「入れる」「過ぎる」というような形はなく、終止形で「誉む」「入る」「過ぐ」、連体形で「誉むる」「入るる」「過ぐる」という形であることを断ったうえで、動詞の活用の説明を以下のように規定している。

すべての屈折語尾**inflections**は、それ自体は不変化である語幹**Stem**に付加される。屈折語尾のいくつかは、**yuki**（行き）**yuku**（行く）**yuke**（行け）のように、もともとの意味は不明である単一の母音（筆者注・活用語尾）から構成される。しかし、はるかに多くの屈折語尾（筆者注・後接語）は、この単一母音形**the simple vowel form**に、古い時代の補助的動詞や、場合によっては後置詞や形容詞の名残が膠着することで得られる。例えば、**yukiki**（行きき）**yukishi**（行きし）**yuku-beshi**（行くべし）**yukeba**（行けば）のように。文法家が単一母音形と一二の他の形式に「語基**bases**」という名称を与えた理由である。書き

言葉に普通に用いられる動詞の語形変化表paradigmsは次のとおりである。（筆者訳）

として、四種の動詞について肯定態と否定態に分け、それぞれの態について直接法・間接法・命令・分詞・可能形・願望形・推量形を呈示している。その際、それぞれの動詞の語幹についても語形変化表の頭位に下記のように明示している。

FIRST REGULAR CONJUGATION

Yuku, "To go."（Stem Yuk）

SECOND REGULAR CONJUGATION

Homuru, "To praise."（Stem Hom）

THIRD REGULAR CONJUGATION

Suguru, "To pass."（Stem Sug）

FOURTH REGULAR CONJUGATION

Miru, "To see."（Stem Mi）

日本語動詞で語幹stemが明確に規定されたのは『簡約日本文典』が初めてであり、第一活用が四段活用、第二活用・第三活用は二段活用、第四活用が一段活用に相当する。第一活用の語幹はyukのように子音終わりであり、第四活用の語幹は母音終わりになっている。二段活用は、home-nu, home-tari, hom-u, homu-ru-toki, homu-re-ba, home-yoのようにhomeあるいはhomuという母音終わりの語幹の中に、終止形のみhomという子音終わりの語幹が混ざりこんでくる一種の混合語幹活用と現代では考えられる。しかし、当時のチェンバレンはhomあるいはsugのように子音終わりの語幹しか認めていない。この二段活用に関する語幹理解が二年後の『日本口語文典』での語幹の規程をやがて歪めていくことにつながってしまう。

『日本小文典』においては、語幹分析はより明確になっていく。谷千生『日本小文典批評』に「附録のやうに書かれし」と評された第十三章にはローマ字による動詞活用の説明が行われており、肝心のところを谷は読めていないということが分かる。

百八十九　右等の類せる詞のうち、普く通じてかはらざる文字を根言（root）といふ、たとへばあむ、あみ、あまの根言はam、せまき、せまる、せむるの根言はsem、

…（下略）…

百九十　働詞をさまざまに働かしても、かはらざる文字をば幹言（stem）といふ、たとへばaratamaruの幹言はaratamar、aratamuruの幹言はaratam、yuku, homuru, suguru, miruの幹言はyuk, hom, sug, miなるが如し、

百九十二　働詞の語尾を二つに別つ、即枝言と真の語尾とこれなり、たとへばsamasabaにては、samは根言とし、

samasを幹言とし、eを枝言とし、baを真の語尾とする
　がごとし、

として、一枚の活用表を付載しており、表頭には「根言并に幹言は黒く、枝言は赤く、語尾は紫なり」と断り書きがあって、当時としては珍しい三色刷りで作成されている。表中にはあきらかに誤植と思われる部分もあるが、概ね上記の規定通りに語幹が分析されている。第一活用（四段活用）「あらたまる」の語幹＋枝言として aratamar-i, aratamar-u、語幹＋枝言＋語尾として aratamar-i-ki, aratamar-a-n, aratamar-u-beshi などがあげられている。第二活用（二段活用）「あらたむ」の語幹＋枝言として aratam-e, aratam-u、語幹＋枝言＋語尾として aratam-e-ki, aratam-e-n, aratam-u-beshi などが（第三活用も同じく二段活用）、第四活用（一段活用）「見る」の語幹＋枝言として mi, mi-ru、語幹＋枝言＋語尾として mi-ki, mi-n, mi-ru-beshi などが挙げられている。

　四段動詞と一段動詞について、江戸時代の国学者たちの仮名に基づく動詞活用の説明と、チェンバレンのローマ字による分析とを比べてみてほしい。問題の所在をわかりやすくするために、私たちが学校文法で習った国語教科書の説明と、日本語教育の世界で外国人学習者を対象とするローマ字による分析とを、語幹・活用語尾・後接語に分けて以下に比較してみよう。なお、表中の「ø」は零記号と呼ばれ、そこに言語形式が存在しないことを示している。

「書く」	か・か・ない	「起きる」	お・き・ない
	か・き・ます		お・き・ます
	か・く・とき		お・きる・とき
	か・け・ば		お・きれ・ば
	kak-a-nai		oki- ø -nai
	kak-i-masu		oki- ø -masu
	kak-u-toki		oki-ru-toki
	kak-e-ba		oki-re-ba

語幹を「活用させても不変化の部分」と規定すると、仮名式の分析とローマ字式の分析とで語幹の範囲が異なっていることが分かる。それどころか、「着る」「見る」「煮る」などに至っては、仮名式の分析では語幹が消失してしまうことになってしまう。語幹は動詞の辞書的意味を担う部分であるので、存在しないというのは非論理的なことである。

　日本語の仮名は古代に中国から渡来した漢字を草体化・省画化して創り出した文字であり、音節文字である性格は漢字と変わらない。それに対してローマ字は単音文字であり、子音と母音を書き分けることが可能である。チェンバレンは、西洋人として仮名に執着する必要はなく、むしろローマ字の

方がなじみの深い文字であったために、上記のような語幹と活用語尾の規定の違いが生まれてくることとなった。

仮名かローマ字かの問題について、チェンバレンは"What are the Best Names for the "Bases" of Japanese Verbs? "（*TASJ*, 18、一八八九年）でこのように述べている。

日本語の音節文字は、よく知られているように、母音を先行子音から解放することに失敗している。たとえば、o＋*ku*（オク）と綴られる「置く」という語において、我々にとって*k*と*u*の2文字は単一の仮名クで表される。*o*＋*ki*（オキ）において、我々の*k*と*i*の2文字は単一の仮名キで表され、*ku*と共通するものは何もない。*ka ki ku ke ko*は、日本人の心には全く単一な、それ以上分析不可能な要素である。日本人は、アルファベットという、我々には馴染みのある素晴らしい科学的研究の道具を奪われているために、このような、そしてすべての同様の音節を子音と母音の二つの部分に分けることに失敗している。…（中略）…そのために、*oku, okite, okazu, okedomo*のような動詞形式に出会ったときに、日本人は、*ok*が語幹であり、残りの部分が語尾であることを、我々のように一目で見分けることができなかった。（筆者訳）

確かに、日本の隣国が中国ではなくローマ帝国であったなら、日本語の表記はローマ字になっていたろうし、音節を子音と母音に切り分けることにも抵抗はなかったことだろう。

このようなローマ字による分析は、チェンバレンが完成したというわけではなく、次節で述べるように、一段活用の母音終わり語幹は『日本口語文典』で撤回されてしまう。語幹の終わり方が母音であるか子音であるかによって、動詞を母音動詞vowel verbと子音動詞consonant verbに二分したのは、戦後のアメリカの構造言語学者バーナード・ブロックであり、それが今日の日本語教育で用いられている動詞活用の説明に直接つながっている。

六、チェンバレンによる活用分析（『日本口語文典』）

『日本口語文典』において、語根・語幹・語基の概念が初めて以下のように規定されている。

日本語の語根rootは不明瞭な対象であり、ほとんど実用的有用性はないために初学者が飛び込む必要のない問題である。実用目的のためには、語幹stem（語根と同形だろうが、長められた形だろうが）が、本源的な事実として受け入れられる。完全な語としてということではなく、そこに語基baseが附属する単位としてということである。語幹それ自体は、理論的にいえば、常に絶対的に不変化でありつづける。…（中略）…語基baseは、その起源をここで議論するにはあまりに曖昧な一つか二つの文字（筆者注・活用語尾）を付け加えることによって、語幹から形成される。語基は四つあり、すべての活

¶ 225. EXAMPLES OF THE BASES IN THE THREE REGULAR CONJUGATIONS OF VERBS.

(The stem is italicised.)

	1st. Conj.		2nd. Conj.		3rd. Conj.	
	to sell	**to put**	**to sleep**	**to eat**	**to fall**	**to see**
Certain Present	*ur*u	*ok*u	*n*eru	*tab*eru	*och*iru*	*m*iru
Indefinite	*ur*i	*ok*i	*n*e	*tab*e	*och*i	*m*i
Negative Base	*ur*a	*ok*a	*n*e	*tab*e	*och*i	*m*i
Condit. Base	*ur*e	*ok*e	*n*ere	*tab*ere	*och*ire	*m*ire

N. B. Observe how the letter *r* never enters into the formation of the "bases" of verbs of the 1st. conjugation, but always enters into the formation of those of the 2nd. and 3rd. conjugations. Of course *r* may appear in the *stem* of any verb, as it does in that of *uru*, "to sell," 1st. conj.

図1 『日本口語文典』における語幹と語基の構成図

用形式conjugational formsは、語基に特定の接尾語を付け加えることによって得られる。それらの語基の名称は、現在形Certain Present、不定形Indefinite Form、条件語基Conditional Base、否定語基Negative Baseである。（筆者訳）

口語を扱う文典なので、もちろん二段活用は扱われていない。チェンバレンは口語の動詞の活用類型を三種に絞り込み、第一活用は四段活用、第二活用は下一段活用、第三活用は上一段活用という構成になっている。『日本口語文典』の語幹と語基の構成図を示すと**図1**のとおりである。

『小文典』までの語幹分析と大きく違っているところは、一段活用の語幹が母音終わりでなく、四段活用と同じように子音終わりにしてしまっていることである。これは、『小文典』までの二段活用の語幹が子音終わりであったことと深く関係していると思われる。また、得意そうに"What are the Best Names for the "Bases" of Japanese Verbs?"で述べているような、五段活用には有効であった子音と母音を切り分ける語幹分析を、一段活用まで拡大して適応してしまった結果とも考えられる。あるいは、明治前半期の書き言葉における二段活用の多用が、二段活用の子音終わりを一段活用にまで及ぼしてしまったということかもしれない。戦後のバーナード・

ブロックが、二段活用の完全に消滅した時代の日本語を扱ったのとは時代状況が違っている。また、ブロックは、チェンバレンの文典にも昔の日本語の二段活用にも言及していない。チェンバレンが日本語を知りすぎていたことにより、余分な重荷を負わされていたということだろうか。まことに惜しまれることであった。

なお、ブロックは母音動詞・子音動詞という活用カテゴリーを確立したものの、語幹に関してはstemではなくbaseの用語のみを用いて説明しており、チェンバレンのような活用形形成の階層性を示してはいない。五段動詞「書く」を例にとってチェンバレンの分析を示すと、

語幹 kak　＋　語尾 a

語基 kak-a　＋　後接語 nai　＝　kak-a-nai

のようになる。語幹と語尾から形成される語基という単位が、ちょうど国学者たちの未然形・連用形・終止形などのいわゆる活用形に相当することを考えると、そこにチェンバレンの日本固有の学問である国学への深い理解と目配りが隠されていると解釈できるかもしれない。

参考文献

太田雄三（一九九〇）『B・H・チェンバレン——日欧間の往復運動に生きた世界人』リブロポート

岡倉由三郎（一九三五）「チェンバレン先生を憶ふ」『国語と国文学チェンバレン氏記念特集号』

楠家重敏（一九八六）『ネズミはまだ生きている——チェンバレンの伝記』雄松堂出版

平川祐弘（一九八七）『破られた友情——ハーンとチェンバレンの日本理解』新潮社

丸山和雄・岩崎摂子（一九九九）『チャンブレン著「日本口語文典」全訳』おうふう

村岡典嗣（一九三九）『続・日本思想史研究』岩波書店

山口栄鉄編訳（一九七六）『チェンバレン日琉語比較文典』琉球文化社

山口栄鉄（二〇一〇）『英人日本学者チェンバレンの研究——〈欧文日本学〉より見た再評価』沖積社

【I　言語と文学――日本語・日本神話・源氏物語】

カール・フローレンツの比較神話論

山田仁史

やまだ・ひとし――東北大学大学院文学研究科准教授。専門は宗教民族学、神話学。主な著書に『首狩の宗教民族学』（筑摩書房、二〇一五年）、『いかもの喰い』（亜紀書房、二〇一七年）、『新・神話学入門』（朝倉書店、二〇一七年）などがある。

フローレンツはドイツ日本学の創始者で、主要業績のひとつに日本神話の翻訳・紹介がある。その『日本の神話』と『神道史料』には、当時知ることのできた比較資料が多数、脚注の形でふくまれており、今でも有益である。彼はどんな典拠を利用し、いかなる視点から日本の神話をとらえていたのだろうか。

一、生涯と評伝

ドイツにおける日本学《ヤパノロギー》の創始者、カール・フローレンツ――。この興味深い人物について、基本的なことがらは既によく知られている。

一八六五年一月十日、ドイツ中部テューリンゲン州の州都エアフルトに教師の子として誕生、ライプツィヒ大学とベルリン大学で言語学ことに中国語・日本語・サンスクリットなどを学び、古代インドの聖典『アタルヴァ・ヴェーダ』本集（サンヒター）の研究で学位を得たのち、一八八八年（明治二十一）に二十三歳で来日。翌年、帝国大学文科大学講師に就き初めドイツ語を、後に比較言語学（博言学）を講ずる。『日本の神話――日本紀』（一九〇一年）で文学博士号を受け、第一次大戦の暗雲ただよう一九一四年（大正三）にドイツへ戻るまで、四半世紀あまりを日本に暮らした。帰国するとハンブルク大学に新設された日本学講座の教授に着任し、『神道史料』（一九一九年）を出版、また『宗教史教本』第四版（一九二五年）に「日本人」の項目を寄稿し、一九三九年二月九

写真1　カール・フローレンツ（佐藤1995より）

日に同地で死去した。私生活では従妹でもあった妻テレーゼとの間に四子をもうけた［Schuster 1961, 佐藤 一九九五：一九三―二八五］。

その生前から、七十歳の誕生日を記念し論文集が編まれて、フローレンツの著作リストが掲載されたほか［Jäger 1935］、一九八五年にはハンブルク大学日本学講座の創設七十年にあたり、シンポジウム「フローレンツとドイツの日本学」が開催されて、この碩学の多様な側面が議論された［Schneider & Pörtner Hrsg. 1985］。その後、佐藤マサ子は彼の生涯と関連文献を丹念にたどり直し［佐藤 一九九五］、ミヒャエル・ヴァフトカはフローレンツと飯田武郷《たけさと》の神話研究法を比較［Wachutka 2001］、さらにハンス＝ヴィルム・シュッテはドイツのアジア学の中で、イェルク・B・クヴェンツァーはハンブルク大学アジア・アフリカ研究所の歴史という枠内で、それぞれフローレンツを採り上げている［Schütte 2004: 62–64, 114–117, Quenzer 2008: 32–34］。また彼の日本観を再考する研究もある［辻 二〇一五ほか］。

フローレンツの業績は多岐にわたっているが、日本神話の原典をドイツ語に訳し、その後の研究の基礎をきずいたことは、疑いなく学問に対する最大の貢献のひとつである。ここではその翻訳に付された詳細な脚注をもとに、彼が日本神話をみる際、いかなる比較の視線を送っていたのか、確かめてみることにしたい。

二、日本神話にかんする論著

彼のなした日本神話論は、『日本文学史』で『古事記』を紹介し［Florenz 1909: 66–72, 邦訳 一一九―一二九］、「日本人」の宗教論において神話の比較に言及したのを除けば［Florenz 1925: 276–284］、先にあげた翻訳の労作たる『日本の神話――日本紀』と『神道史料』にほぼ集大成されている。

そのうち『日本の神話――日本紀』［Florenz 1901］には前史がある。フローレンツは一八九二年以来、『日本書紀』ドイツ語訳を『ドイツ東アジア自然学・民族学会誌』（MOAG: *Mittheilungen der Deutschen Gesellschaft für Natur- und Völkerkunde Ostasiens*）に逐次、部分的に発表していた。本書はそれらを再編集し取りまとめたもので、内容は重複する部分もあるがまったく同一ではない。これに含まれるのは、『日本書紀』神代紀上下巻の全訳にくわえ、付録として『古事記』の神話で『日本書紀』に見えないもの、『先代旧事本紀』の神話抜粋、さらに『風土記』からの抜粋、そして『日本書紀』の神々系図一覧、重要な自然神の名称比較、補遺、索引、正誤表、図版・地図である。なおMOAG誌の別巻として出版された。

一方『神道史料』[Florenz 1919] のほうは、ゲッティンゲン大学王立学術協会の宗教史部会が編纂した『宗教史史料』叢書の第七巻として刊行された。内容は『古事記』上巻の全訳・注と中下巻の抄訳・注、『日本紀』神代紀上下巻の全訳・注（『日本の神話』と内容は重複するが全面的に改稿されている）、および『日本紀』巻三以下の抄訳・注、『古語拾遺』全訳注、索引、訂正・補遺である。

以下では主にこれら『日本の神話』と『神道史料』の二冊に付された脚注をもちい、フローレンツの比較神話論を追ってみよう。その際、彼のもとづいた典拠という観点から、これら脚注をおおきく二つに分けることができる。第一に民族学的資料、第二は印欧関連資料である。くわしくは、順をおって説明してゆくことにしたい。

三、民族学的資料

フローレンツの知的活動がピークを迎えた十九・二十世紀転換期は、異民族の神話資料がヨーロッパ知識人の視野へと、大挙して入ってきた頃にあたっている［大林 一九七二、山田 二〇一二、二〇一七］。

とりわけ英国のアンドルー・ラングが『慣習と神話』および『神話・儀礼・宗教』などの著作にそうした民族学的資料を盛り込み [Lang 1885, 1887]、広く読まれていた。またアマチュア研究家ジョン・オニールの『神々の夜』[O'Neill 1893–97] も独創的な神話解釈を多々含んでおり、当時一定の影響力を有していた［大林 一九七八］。そればかりではない。人類学の父エドワード・タイラーの『未開文化』は一八七一年の刊行以後、民族誌資料に進化論的立場から秩序を与えた名著として版を重ね、ドイツ語訳（『文化の始原』）もすでに出ていた [Tylor 1873, 1891]。

こうした時代の空気を、フローレンツもまた吸っていた。しかし日本滞在中の彼は、資料の存在を知ってはいながらも、利用できる文献が限られていたため [Florenz 1901: III]、先行するアストン訳『日本紀』〔Aston 1896〕の注釈などから孫引きせざるをえないという事情もあった。

たとえばアマノミナカヌシについてフローレンツは

> オニール『神々の夜』五三五—五三六頁〔O'Neill 1893–97 I: 535–536〕（アストン〔Aston 1896 I: 5〕所引）によれば、北極星の神であろう〔Florenz 1901: 8〕

と、アストンから引用している。同様の箇所は数多い。たとえばイザナキ・イザナミが蛭児を葦船に載せて流しやった場面については、こう述べる。

> モーセの遺棄やアッカドのサルゴン伝説などと類似。ジョン・オニール『神々の夜』四一〇頁〔O'Neill 1893–97 I: 410〕参照〔Florenz 1901: 20, cf. 1919: 14〕。

明示されてはいないが、この比較はすでにアストン〔Aston 1896 I: 15〕も挙げていた。天地分離モチーフをマオリと比較した部分もそうだ。つまり『日本書紀』神代上・第五段・正文「是の時に、天地相去ること未だ遠からず」に注して、

> この観念は日本神話本来のものではないだろう。マオリの似た神話では（Lang, Custom and Myth, pag. 45〔Lang 1885: 45〕）、「初め天たるランギと地たるパパは、あらゆる物の父母だった。そのころ天は地の上に横たわり、真っ暗闇だった。両者は互いから別れようとしなかった」〔Florenz 1901: 26–27〕

というが、これもアストン〔Aston 1896 I: 18〕が先に指摘している。またウケモチノカミの身体から作物などが生じた神話については、世界巨人として次のように解する。

> この箇所全体を、注六九に上述した中国の盤古伝説と比較されたい。似たものはインド人、イラン人、カルデア人、イロクォイ人、エジプト人、ギリシャ人、ティネー人〔北米デネ族〕、マンガ人〔ポリネシア・クック諸島マンガイア島民〕といった、他の多くの民族にも見られる。以下参照、Transactions of the Royal Asiatic Society, Januar 1895, pag. 202; Lang, Myth, Religion, Ritual vol. II, pag. 246〔Casartelli 1895; Lang 1887 I: 246〕（アストン〔Aston 1896 I: 33〕から引用）〔Florenz 1901: 74, cf. 1919: 42〕。

ほかにスサノヲの八岐大蛇退治（神代上・第八段・正文）については、

> すでにアストン〔Aston 1896 I: 53〕が、この伝説とペルセウスとアンドロメダ伝説の類似を示唆している〔Florenz 1901: 124〕

と短くコメントする。

さて比較神話論という見地から、やや長めの注釈がいくつ

も付されているのは、『日本書紀』神代下・第十段・正文の海幸・山幸神話である。ここで山幸がトヨタマビメと出会った場面については、例によって明示はされないが一部アストン［Aston 1896 I: 93］と重複する。

古い物語のいくつかが伝えるには、城門の前に木と泉があり、木の中か傍に隠れていた余所者を、水汲みに来た乙女がその泉に映った水鏡で見つける（一書第一・第二に詳しい）。ことに注目すべきはラング同上書八九―九二頁〔Lang 1885: 89–92〕に引かれたスコットランドの《Nicht Nought Nothing》物語である。その九一頁には次のように言う。「巨人の娘が（意地悪な父親に仕えて、いくつものヘルクレス的仕事を果たしていた恋人に）逃げるように、自分も後から行くから、と言った。こうして彼は旅をするうち王宮へたどり着く。王と王妃は彼を迎えてとても友好的に遇した。巨人の娘が父親の家を離れると、父は追って来て途中溺死した。彼女が王宮に着くと、そこには《Nicht Nought Nothing》が住んでいる。彼女は木に登って彼を待った。庭師の娘が泉へ水汲みに行くと、彼女は貴婦人を水鏡に見る、云々」。似た話をラングは九九頁に〔Lang 1885: 99〕、マダガスカルの話から報じている［Florenz 1901: 219–220, cf. 1919: 78］。

どうやらフローレンツは、単にアストンから孫引きしていただけではない。自らラングの著作を読み、数多くの比較資料に接していたようなのである。それが分かるのは、同じ海幸・山幸の話の類例として北米アルゴンキンの事例も挙げているからである。すなわち、

ラングが『慣習と神話』九九頁〔Lang 1885: 99〕に報告するアルゴンキン族の神話の筋と、この物語の冒頭とに一定の類似があるのは、見逃せない。そこでは二人兄弟について語られ、片方が矢を水中に失う。兄のパニグウンは水中へ追う。不思議なカヌーが飛んで来て、独り乗った老呪術師がパニグウンを摑み、彼が二人娘と暮らす島へ連れて行く。残りはイアーソーン神話のインディアン形である。パニグウンは様々な難題を果たした後、娘の一人を得るのである［Florenz 1901: 219, cf. 1919: 78］。

さらにまた物語の結末、山幸がトヨタマビメの出産場面をのぞき見たため、「草を以て児を裹み海辺に棄て、海途を閉ぢて径に去ぬ」の部分についても、フローレンツの注釈は饒舌である。

譚詩《バラード》でも、箱を開けないようにという海王女の禁止を破ったため、上界と海たる下界の関係が杜絶する。浦島は後者へ帰ることができず死ぬ。ラング『慣習と神話』

> は「クピードー、プシューケー、太陽の蛙」の章（六四頁以下）で〔Lang 1885: 64–86〕、婿か嫁が何らかの神秘的規則を破ったため消えてしまう、多くの事例を挙げる。ふつうは結婚生活における礼儀規則で、その違反が罰せられると、たいていは恋人か妻が特別な類種、時に超自然的な類種（ニンフ、妖精）でさえあることが分かる。インドのウルヴァシーとプルーラヴァスの話では、夫は妻に裸体を見せてならないが、これが（意図に反して）起きるや否や、ウルヴァシーは消える。「クピードーとプシューケー」では夫は決して見られてならない。美しいメリュジーネの話では、彼女は恋人に裸体を見られてはならない、などなど。この日本の伝説のように、妻が動物（ここでは竜）の化身であり、夫がふつう妻ともとの動物存在との結合が再び引き起こされるような行為をしてはならない、という伝承は特別な一群をなす。勧告された予防措置を怠るか、禁止された行為をするかによって、この結合が引き起こされると、妻は消えるのである。これに属するのは古代インドの王と蛙娘ベキの物語、オジブウェーの猟師とビーバー妻の昔話（Lang, p. 79〔Lang 1885: 78–80〕）、蛇の化したプンダリカ・ナグとバラモンの娘パルヴァティの話（Lang 80〔Lang 1885: 80–81〕）だ。後者ではローエングリン伝説同様、運命的な転換点は禁止された質問をする所である。当該の日本神話は、私見によれば当時存在していた古い慣習、すなわち夫が妻の出産行為に立ち会ってならない（出産行為は穢れをもたらすと見られてもいる！）という慣習を、物語によって明示し、根拠づけようという欲求に、その起源を有する。これは少なくとも、一つのライトモチーフである。この伝説を形成した他の要素としては、豊玉姫が本来の動物の姿を見られたくなかった、という事情がある〔Florenz 1901: 224–225, cf. 1919: 82–83〕。

　ところで我らが日本学者は、狭義の神話のみに注目したわけではない。彼は記紀神話を通して古代の習俗を知ることができると考え、その比較資料も提出している。たとえばイザナキ・イザナミがヌボコをさしおろした場面（『日本書紀』神代上・第四段・正文）については、やはりアストンなどと同じく男根崇拝の関連を示唆する一方、オニール流の地軸としての解釈を退ける。

> 　ヌボコ（タマボコとも）は、宝石で飾った矛である。カミムスビからイザナギに、任務の象徴として与えられた。このヌボコが、古代日本で広く知られ、今も完全には廃れていない陽物崇拝と関係するというのは、あり

えないことではない。『通証』〔谷川士清『日本書紀通証』〕に挙げられた引用の一つは、タマボコを「性交の根元」と称している。平田〔篤胤〕によれば、ヌボコはヲバシラつまり「男柱」の形〔ヲバシラとは欄干や橋などの終端の柱で、球形あるいは亀頭形の帽子をかぶっており、ペニスに似ていなくもない〕、つまり男根に似た形をしていた。面白いのはアストン〔Aston 1896 I: 11〕が引いたオニール『神々の夜』〔O'Neill 1893–97〕の仮説で、こうした神話上の矛は地軸とその延長を象徴したものにすぎないというが、これは同時に、男根という解釈とも折り合う。しかしこの場合、当仮説は私にとって納得のゆくものではなく、最初に挙げた単純な説明の方を選びたい［Florenz 1901: 13–14, cf. 1919: 12］。

そして民俗や神話の比較においてフローレンツは、タイラーにも多くを依拠している。たとえば黄泉国から逃げ戻ったイザナキの禊について、

> 死者と接触した後で身を浄める慣習は、広く分布する。タイラー『未開文化』第二巻四三五頁以下〔Tylor 1891 II: 435–442〕を参照。オウィディウスは、ユーノーが下界を訪れた後、身を浄めたと伝える［Florenz 1901: 57, cf. 1919: 26］

と指摘し、ツクヨミがウケモチノカミを殺したため、アマテラスと仲違いしたエピソードに関連して、

> 他の多くの民族における神話も、太陽と月が昼と夜の神として敵対することを語る。たとえばタイラー『文化の始原』第一巻三四七頁、第二巻三二四頁〔Tylor 1873 I: 347, II: 324〕などを参照せよ［Florenz 1901: 72, cf. 1919: 45］

と述べ、さらには神代下・第九段・正文、アメワカヒコの葬儀における「宍人者《ししひと》」つまり死者に捧げる食物の調理人に関して、

> 死者に食物を捧げる慣習が広く分布することについては、以下参照。Tylor, Anfänge der Cultur, vol. 2, Kap. 12〔Tylor 1873 II: 29–42〕［Florenz 1901: 161, cf. 1919: 63］

と注記するがごとくだ。

ところでフローレンツは、日本語の系統についてかなり明確なビジョンを持っていた。すなわち彼によれば日本語はアルタイ系に属するのである［Florenz 1901: III］。そしてこの視点から、語彙の解釈を行なった場合も少なくない。たとえば日本語のカミという語がもともとウラル＝アルタイ系の語で、それがアイヌ語に借用されてカムイの語となった、という次の説明がそれにあたる。

> バッチェラー『日本のアイヌ』二四八および次頁

〔Batchelor 1892: 248–249〕が提出した、日本語のカミという語はアイヌ語のカムイ「神」（原義は「覆う者」「まさる者」）由来だという仮説は、きわめて蓋然性が低いと私は思う。……日本語とアイヌ語の同音語は偶然ではありえないだろうから、私は実のところ、アイヌ語カムイの方を日本語起源と考えたい。カミの語が原始ウラル＝アルタイ語と関係することは、坪井〔久馬三〕教授が教示してくださった「司祭」をさす古モンゴル語から、私にはほとんど確信となっている。すなわちカミとは、古代モンゴル人における「司祭」の名称である（シャマンとも呼ばれる）。ラシード・ウッディーンはトゥルイの死に際し、「この王子はオゴタイの病気を見舞に行った時、彼のベッドわきに木製の器を見た。その中には液体があり、妖術で汗《カーン》を治すよう召喚されたカムたち（Cames）は、これで彼の患部を濡らした」云々と言う（D'Ohsson, Histoire des Mongoles. Tom. II, Liv. II, Chap. II, p. 58, Note〔d'Ohsson 1852: 58〕）〔Florenz 1901: 4, cf. 1919: 10–11, Aston 1896 I: 3〕。

また日本語で神を「柱」と数えることについては、朝鮮半島における木彫像と関連づけ、こう述べた。

私はアストン〔Aston 1896 I: 3〕同様、この特異な数詞は日本人が、今なお朝鮮人がしているように、上部に頭を浮彫するか、または人の全身を粗く刻むかした木製柱の形で、神像を有していた時代の名残だと確信している。アムール地域でも柱形神像がきわめて一般的に見られることは、コーンとアンドレーの『シベリアおよびアムール地域』〔Kohn & Andree 1876〕から明らかだ。そうした朝鮮の柱状神像の一本は、東京上野の博物館階段入口に立っているのを見ることができる。アストンによれば、朝鮮で里程標とされるこの柱は、上端が神像の形をしており、大袈裟な名前が与えられる。また彼は首都ソウル近くの村で、ウォンサンへ向かう道すがら、住民の守護者として疫病の伝染時に立てられた、そうした柱状神像を一ダースほども見たと述べる。歴史時代の神道は、そうした神像をもはや有していない。また神道には、稲荷様（老爺姿の稲神で左肩に稲束を負い、時に白狐の上に立つ）、両翼をもつ天狗様（長い鼻をした天の狗。坪井〔久馬三〕教授の見解では、これは恐らくインド由来であり、いずれにせよチベットでも知られている。Waddell, Buddhism of Thibet〔Waddell 1895〕を参照すると、天狗は地獄の鬼の一人として、ラマ教の宗教的喜劇に登場する）、ドウリュ様・水天宮様（住吉の海神とインドの海神スイテンすなわちヴァルナとが混淆した後、幼少の安徳天皇と同一視された）などのような、木や石などで作った神像がほとんどない［Florenz 1901: 5–6, cf. 1919: 10］。

以上のように、民族学的な注釈の多くをフローレンツはラングやタイラーに負っていたが、資料の制約からアストンを通して引用する場合も多くあった。そして日本語の系統については、アルタイ系との説を持っていたため、大陸北方との比較が増えることともなったことが分かる。

四、印欧関連資料

さて、フローレンツの比較資料のもう一群はインド＝ヨーロッパ（印欧）語族にかかわるものだ。こちらについては、フローレンツがおそらく子供の頃から親しんでいたであろうゲルマン神話やギリシャ・ローマ神話と、学位論文のテーマともなった古代インドの資料とが主体をなす。

たとえば「天浮橋」について彼は、

アマノウキハシ、天地をつなぐ橋。虹がこの観念の契機を与えたのだろうか？　古い伝承によれば、丹後国のいわゆる天橋立は、転倒し流動する橋だという。……この橋の観念は、ゲルマン神話で天地をつなぐビフレストの橋を、思わず想起させてしまう［Florenz 1901: 13, cf. 1919: 12］

と言い、イザナキ・イザナミの柱廻りについては、

これはインドのプラダクシナ（Pradakšina）儀礼を想起させる［Florenz 1919: 14, cf. 1901: 15］

と短く告げたほか、神代上・第六段・正文、アマテラスがスサノヲを迎えた場面で「沫雪の若くに蹴散し」とある表現については、ペルシャへと連想が及んでいる。

つまり沫のように柔らかく軽やかな雪。力強く踏むことは、フェルドウスィー『王書』に記されたロスタムの怪力を彷彿させる。

「聞くところ、ロスタムははじめに
神から非常な力を授かり
もし彼が岩を踏んだら
その足が岩にめりこんだという」
〔フィルドゥスィー　一九六九：一九三―一九四参照〕

［Florenz 1901: 78, cf. 1919: 32］

もうひとつ、フローレンツのインドに関する知見のほどを示すのは次の脚注だ。つまり神代下・第十段・一書第一、「天垢《あめのかほ》」という語について。

もし著者が原義たる「汚れ」を意図していたとすれば、インドの叙事詩『マハーバーラタ』中、ナラ王の挿話第五歌二五・二六節を生き生きと想起させる。それは「そ

して直ちに［ダマヤンティーは］神々（すなわちシャクラ〔インドラ〕、アグニ、ヴァルナ、ヤマの四神）を目にとめた。汗もかかず、目は瞬きせず、堅固な冠をいただき、ちりにまみれず、大地に触れずに立っている神々だった。対してニシァダ（人間たるナラ王）は影を伴い、冠は萎え、ちりと汗にまみれ、大地に立っていて、瞬きでそれと分かった」〔鎧訳 一九八九：三四—三五参照〕というのである。正確に一致するわけではないが、注目すべき対応である［Florenz 1901: 228］。

こうした部分には、フローレンツの教養と学識がしのばれる。

きわめて詳細な注釈があるのは、カグツチ出生時にイザナミが死に、黄泉国へ赴いたのをイザナキが追い、最終的に引き返してくるあの場面だ。まずカグツチについて、

日本の火神が誕生時にその母を焼いて母殺しとなるのと同じく、インドの火神アグニも、火を起こす火鑽具両方を呑み込むことで、両親を殺害する。リグヴェーダ一〇・七・九参照［Florenz 1901: 32］。

そして湌泉之竈《よもつへぐひ》（神代上・第五段・一書第六）については、アストン［Aston 1896 I: 24］の注とかなり重複する記述だが、こう言われる。

すなわち下界で食物を味わったということ。……これは多くの神話に共通する特徴である。まず想起されるのは、ケレースの娘プロセルピナが、プルートーにより奪い去られたことだ。劫掠の当人を知ったケレースはユーピテルに、娘を帰してくれるよう乞うた。ユーピテルはしかし、プロセルピナがまだオルクス〔冥界〕の食物を口にしていないならば、という条件でのみ、その頼みに同意した。ところがプロセルピナは、すでにザクロを採ってその七粒を食べてしまっていた〔オウィディウス『変身物語』五・五三四—五三八〕。これが知られて、彼女が上界に戻ることは永遠に不可能とされたのである。インド神話ではカタ＝ウパニシャッド冒頭のナチケータスの話を引くことができる。そこでは次のように言う。

「三夜のあいだ彼（ヤマ）の家に逗留せよ。
ただし彼の客であるにせよ、その食事を味わってはならぬ」。

似た観念はインディアン、メラネシア人、フィン人などの下界神話に見られる。フィンランドのカレワラではワイナミョイネンが冥界トゥオネラを訪れるが、人間界に戻れるよう、何も摂らないよう用心するのである［Florenz 1901: 49, cf. 1919: 22］。

つづく神代上・第五段・一書第六、イザナキの黄泉国からの逃走についても、くわしい注がある。おそらくこのエピソード自体がフローレンツの興味をひいたのと、当時すでに多くの比較資料が利用可能だったためだろう。

イザナギの逃走、とりわけそこで投げ棄てた様々な物が追手に対し呪的障害物となることは、非常に多くの民族における神話に、類似のものがある。たとえばイアーソーン伝説や、サモアのシアティとプアパエの伝説などであり、これについてはラングの『慣習と神話』中、「遠く旅した神話」の章（八七頁以下、とくに九二頁以下〔Lang 1885: 92–102〕）を参照されたい。またグリアスンがZ・D・M・G〔ドイツ東洋学会雑誌〕第五四巻五八六および次頁〔Grierson 1900: 586–587〕に報告した、インドのラグマーニー伝説も比較されたい。そこでは人喰い鬼たる妹が兄をむさぼろうとするが、兄は逃走し、追手をとどめるために針、塩、石鹸を次々に投げる。するとその度に山に変じ、妹は苦労して登り越え、追跡を続けるのである〔Florenz 1901: 51, cf. 1919: 23〕。

今の、いわゆる「呪的逃走」についての説明はアストン〔Aston 1896 I: 25〕とも少し重なるのだが、インドへの言及はやはりフローレンツならでは、である。

次の脚注は独創的だ。同じ場面について、

鬘や櫛などを投げ棄てることも疑いなく、イザナギが追手の鬼〔醜女〕たちを振り返ることなく行われている。同様の行為において「振り返らない」のは、しばしば見られる神話的特徴だ。たとえば鎮まらぬ霊たちとその女主人へカテーに対しては、浄めの供犠の残り物を投げやる際、顔をそむけることで、人間の住処へ寄せつけぬようにした。オデュッセウスは死者供養において「顔をそむけ」ねばならなかった（『オデュッセイア』一〇・五二八）。メーデイアは魔法の汁を集める際に両眼を「後ろへ向けた」。地下の神々への供犠などでも、同様の決まりだった。エルヴィーン・ローデ『プシュケー』三七六および次頁〔Rohde 1898: 376–377〕を参照〔Florenz 1901: 52, cf. 1919: 24〕。

つまり死者を避ける呪術的行為について、古典古代の例が挙げられている。

呪的逃走についての注釈はさらにつづき、サモアの伝説がくりかえし引用される。すなわち「葡萄《えびかづら》」について

エビカヅラとは野生のブドウ（Vitis Thunbergii）である。この広く伝わる逃走伝説のズールー版では（ラング上掲書、九三頁〔Lang 1885: 93〕）、少女がゴマを地面に投げ、

ゴマが大好きな人喰い鬼たちが追跡を中断するように仕向ける〔Florenz 1901: 52–53〕

と述べ、「筍《たかむな》」についてては

タカムナは、字義通りには「竹の芽の菜」。タカ・タケは竹、メは芽、ナは菜。これについてラング『慣習と神話』九二頁〔Lang 1885: 92〕参照、「櫛を後ろへ投げると藪になるというのは、しばしば見られる特徴である」。サモアの伝説では逃亡するシアティとプアパエの両者が櫛を投げ棄てると、これが茨藪に変じ、追手たるプアパエの父と姉妹の追跡をしばらく妨げる（ラング上掲書、九八頁〔Lang 1885: 98〕）〔Florenz 1901: 53〕

と言い、さらにまた同場面、イザナギが大樹に放尿したところ大川に化した、という所に注して、

サモアのシアティ・プアパエ伝説では、二人は逃走中に水の入った瓶を投げ棄てると、たちまち海に化し、追手たちはその中で溺死した〔Lang 1885: 99〕〔Florenz 1901: 54, cf. 1919: 138〕

と指摘する。

同様に、やや脱線しながらもたくさんの注が付されているのは、天石窟《あまのいはや》とその前後のエピソードである。すなわち、まずスサノヲがアマテラスに対する乱行として放り込んだ、天斑駒《あまのふちこま》（神代上・第七段・正文）については、

詳細は不明。アストンの注〔Aston 1896 I: 40〕によると、インド神話では天体の中に斑模様の鹿や牛が現れる。この観念はおそらく星の現象から示唆を受けたものであろう〔Florenz 1901: 93〕

と述べ、天岩窟の核心にかんしては、やはりアストン〔Aston 1896 I: 41〕と同様こう告げる。

この神話では、女神アマテラスが時に人格神として、時には自然現象として現れていることに注意されたい。似たことはしばしばヴェーダやその他諸民族の神話に見られる。たとえばミューア『サンスクリット原文テキスト集』第五巻五頁〔Muir 1884: 5–6〕を参照せよ。それによると「……同じ可視物が時によって、生命なき宇宙の一部として、または生命ある物や宇宙的な力として見なされた。こうしてヴェーダ讃歌では、太陽、天空、大地はさまざまに捉えられる――時には特定の神々に統治された自然物として、また時には他の物を生み出し支配する神々自身として」〔Florenz 1901: 94, cf. 1919: 37〕。

そしてまた

この神話は多くの点において、インド神話で悪魔ヴリトラが雨雲を岩窟へ閉じ込めたことを想起させる〔Florenz

1901: 95]。

なおまた、この挿話に出てくる「忌部」に注記し、『後漢書』倭伝の「持衰」にふれた所では、やや本題からそれて次のような民族学的注釈を入れる。

> さらに、これとの比較でアストン〔Aston 1896 I: 42–43〕は、近年アメリカの新聞に発表された「不幸な呪医の話」を引く。「ビッグ・ボブは種族のすぐれた一員で、〈テナニマスな〉男と称していた。これはチヌーク語からの翻訳語で、インディアンの医者を意味する。インディアンの俗信によれば〈テナニマスな〉男は、種族全体に難局が訪れた場合、その責任を有する。しばらく前からスウィノミッシュ・インディアンはうまく行っていなかった。病気が流行り、ビッグ・ボブはその責任ありと見なされた。そのため種族集会で、四人のインディアンが彼の殺害役に選出された。殺害の日、四人の殺し手はビッグ・ボブを待ち伏せし、摑んで取り押さえ、喉を左右にかき切った。インディアンたちは逮捕され、殺人罪でラコンナーの治安裁判所に引き渡された」[Florenz 1901: 97]。

ところで十九世紀末、いまだ欧州知識人において中国神話の知識は乏しく、主要な情報源としてはメイヤーズ『中国語読者への手引』[Mayers 1874]と、レッグによるいくつかの英訳〔たとえばLegge 1865〕が利用できるに過ぎなかった。それでも世界巨人たる盤古については知られており、イザナキ・イザナミ・スサノヲがしばしば比較されている。たとえばフローレンツは、

> スサノヲがイザナギの鼻、すなわち呼吸と息づかいの器官から生じたことは、盤古の気息から風が生じたことと、いくぶん共通する（Mayers, Chinese Readers Manual, pag. 174〔Mayers 1874: 174〕参照）[Florenz 1901: 30]

と述べたほか、イザナキが左眼を洗うとアマテラスが、右眼を洗うとツクヨミが生まれたという部分についてもメイヤーズを引きつつ、次のように詳しく論じる。

> 第三章冒頭〔神代上・第五段・正文〕に挙げた太陽女神・月神の誕生譚が、原初的な日本の伝説であると推測され、ここに挙げた版には中国からの影響、すなわち盤古伝説への適合化が認められるかもしれない。盤古伝説についてはメイヤーズ『中国語読者への手引』一七三および次頁〔Mayers 1874: 173–174〕を参照のこと。そこには特に「盤古は大いなる荒野に生じた——その始まりは知られていない。彼は天地の道（規範）を知り、自然界の二大原理〔陰陽〕間の相互関係を理解して、三大力能

〔三才〕の首となった。こうして混沌から発展が始まった」〔胡宏（仁仲）『皇王大紀』巻一〕……「その死によって、盤古は現在の物質界を現出させた。その気息は風雲に成り、声は雷霆に、左眼は日に、右眼は月に、四肢五体は東西南北と五大山岳に、血液は江河に、筋肉と血脈は地層に、肉は土に、髭と髪は星辰に、皮と毛は草木となり、歯と骨は金属に、髄は真珠や宝石に、汗は雨に、身の寄生虫は風に感精して人類となった」〔『繹史』巻一所引『五運歴年記』〕と言う。日本人が太陽と月の発生について似た伝説を有していた可能性自体は、もちろん否定できないから、中国人からの借用とは限らない（第三章注十九を参照）。ゲルマン神話にしても盤古伝説と同じく、世界は殺された巨人ユミルの身体から創られたとする。しかしこの伝説が二重形成されたというのは、どうも疑わしい。平田〔篤胤〕は、すでに第三章注十六で挙げたように、日月両神の性が中国人と日本人で異なることから、借用説に反対する。けれど、同源の神話を有する近縁種族間においても日月神の性別観が異なる例もあるから、この理由付けは十分ではない。それに、これは別に中国の太陽伝説を借用したというわけではなく、単に中国神話の一特徴がたまたま似ているだけにすぎない［Florenz 1901: 60–61, cf. Aston 1896 I: 28］。

そして神代下・第九段・一書第一、アジスキタカヒコネにかんする歌に注記して、やはりメイヤーズを引きつつ、

「織女《たなばた》」は今なおヴェガ（こと座のα星）の星名である。この星は中国神話では天の織女として人格化された。この「織女」は中国文学で、また後には日本の詩文でもこれに倣って、大きな役割を演じた。メイヤーズ『中国語読者への手引』九七および次頁〔Mayers 1874: 97–98〕も参照のこと。管見の限り、日本の注釈者の誰一人として、この詩の「織女」を星の人格化とは見なしていない。しかしチェンバレン（『古事記』の異伝、九九頁〔Chamberlain 1882: 99〕参照）やアストン〔Aston 1896 I: 75〕と同じく私も、この詩におけるこの形象には、中国神話が反映されているものと確信する。よってこの詩は、日本人が中国の天文学を——より正確には中国の天文学と結びついた神話を——知った後で生じたものでしかありえない［Florenz 1901: 182］。

他方で、神代下・第九段・一書第二、「太占《ふとまに》の卜事《うらごと》」についての情報源はレッグである。

大いなる占いとは、おそらく鹿の肩甲骨を火にくべて割れ目で占うものと理解されよう。この卜占法は中国人や

モンゴル人にも見られる。しかし中国人はこの目的で、たいていは亀甲を用いる。レッグ『中国の古典』第三巻三三五および次頁（『書経』）〔Legge 1865: 335–336〕を参照〔Florenz 1901: 197, cf. Aston 1896 I: 83〕。

なお、これと類似の指摘は『神道史料』にもあるが、そこではさらにカルミュク族の例を加えている〔Florenz 1919: 14〕。

さて興味深いことに、フローレンツの解説には時折、台湾（フォルモサ）の原住民族が登場する。たとえば天岩屋戸の話の最後、シリクメナワに関する注で、

最も古い時代、日本人は誰かが死ぬと、住んでいた洞穴を棄て去ったらしく、これと似た慣習は住居に関してフォルモサの野蛮な種族たちにも見られる〔Florenz 1919: 40〕

と指摘し、また『古事記』で八千矛の神が越のヌナカワ姫に求婚した歌の中、夜這いへ言及した部分でも、

鳥の鳴声が夜明けの近いことを告げる。古代には、恋人や若い女性を夜間その家に訪れる習わしだった（たとえばフォルモサの多くの種族では今なおそうである）。しかし夜が明けるとともに、彼は再び帰らねばならなかった。ここではがっかりした恋人が、待ち望んだ愛の夜を鳥が鳴いて追いやったと、黎明を告げる鳥に責任を負わせている〔Florenz 1901: 264, cf. 1919: 52〕

と述べるのである。おそらくフローレンツの脳裏には、来日して間もないころ、いまだ日本語よりも漢文の知識の方が豊かだったためもあり、また台湾が日本領に組み込まれたことに刺激されたせいもあって取り組んだ、台湾原住民の歌謡研究の蓄積が〔Florenz 1899〕、去来していたことであろう。

いま最後にかかげた引用は、フローレンツが『古事記』に付した数少ない比較神話論的な注である。もうひとつ、スセリビメがオホクニヌシを父から逃がした場面についても、思い入れたっぷりの注が見える。

スセリビメが父の奸計に対し、呪的方策でその恋人を助け、ついには共に逃げたのは、イアーソーン神話を強く想起させるので、この物語はラングの『慣習と神話』「遠く旅した物語」の章〔Lang 1885: 87–102〕に引かれる価値がある。スセリビメは特にメーデイアを思わせる。メーデイアはその過剰な嫉妬により、いささか色好みにすぎる夫を窮地に追いやり、しまいには退散させた。結末はしかし、イアーソーン＝メーデイアの話とは異なり、和解である〔Florenz 1901: 260, cf. 1919: 49〕。

これまでに見てきた他の注釈にも、イアーソーンとメーデイアはしばしば出てきた。思うにフローレンツは少年の日か

ら、このギリシャ神話に親しんでいたのではないだろうか。

むすび

『日本の神話』が出た二十世紀初頭は、タイラーやラングらによって、世界の民俗・神話資料がようやく研究者たちの視野に入ってきた時代だった。フローレンツもそうした知識をヨーロッパ学界と共有していたが、利用できた文献の制約から、アストン『日本紀』に依拠せざるをえない場合もあった。しかし、そこにふくまれた豊かな比較資料は、今後も十分参照に値するものばかりである。

ただし、より独創的な見解がみられるのは、むしろフローレンツが幼時から知悉していたとおぼしきインド＝ヨーロッパ語族の神話群、とりわけゲルマン神話や古典古代の神話、さらには修行時代に徹底的に学んだにちがいない古代インドにかんする箇所である。さらにまた、若き日に一定の情熱をかたむけた台湾オーストロネシア系の習俗についても、彼の造詣の深さが垣間見られるのである。

引用文献

Aston, William George, *Nihongi: Chronicles of Japan from the Earliest Times to A.D. 697*, 2 Vols.,（Transactions and Proceedings of the Japan Society, London; Supplement 1）, London: Kegan Paul, Trench, Trübner & Co., 1896

Batchelor, John, *The Ainu of Japan: The Religion, Superstitions, and General History of the Hairy Aborigines of Japan*, London: Religious Tract Society, 1892

Casartelli, Louis Charles, "An Indo-Eranian Parallel," *The Journal of the Royal Asiatic Society of Great Britain and Ireland*, 27, 1895, pp. 202–203

Chamberlain, Basil Hall, *Ko-ji-ki or "Records of Ancient Matters,"*（Transactions of the Asiatic Society of Japan; Supplement to Vol. 10）, Yokohama: Meiklejohn, 1882

d'Ohsson, Ignatius Mouradgea, *Histoire des Mongols depuis Tchinguiz-Khan jusqu'à Timour Bey ou Tamerlan*, tome 2, Amsterdam: Frederik Muller, 1852（ドーソン『蒙古史』上下、岩波文庫、田中萃一郎訳補、岩波書店、一九三六年）

フィルドゥスィー『王書（シャー・ナーメ）——ペルシア英雄叙事詩』（東洋文庫一五〇、黒柳恒男訳、平凡社、一九六九年）

Florenz, Karl, "Formosanische Volkslieder nach chinesischen Quellen," *Mittheilungen der Deutschen Gesellschaft für Natur- und Völkerkunde Ostasiens*, 7（3）, 1899, S. 110–158

——, *Japanische Mythologie. Nihongi "Zeitalter der Götter,"*（Supplement der Mittheilungen der Deutschen Gesellschaft für Natur- und Völkerkunde Ostasiens）, Tokyo: Hobunsha, 1901

——, *Geschichte der japanischen Litteratur*, 2. Ausgabe,（Die Litteraturen des Ostens in Einzeldarstellungen; 10）, Leipzig: C. F. Amelangs Verlag, 1909（フローレンツ『日本文学史』土方定一／篠田太郎訳、楽浪書院、一九三六年）

——, *Die historischen Quellen der Shinto-Religion*,（Quellen der Religionsgeschichte; Bd. 7）, Göttingen: Vandenhoeck & Ruprecht,

1919
——————, "Die Japaner," *in*: Chantepie de la Saussaye (Begr.), Alfred Bertholet & Edvard Lehmann (Hrsg.), *Lehrbuch der Religionsgeschichte*, 4. Aufl., 1. Bd., Tübingen: J. C. B. Mohr (Paul Siebeck), 1925, S. 262–422

Grierson, George Abraham, "On Pashai, Laghmānī, or Dehgānī," *Zeitschrift der Deutschen Morgenländischen Gesellschaft*, 54, 1900, S. 563–598

Jäger, Fr., "Bibliographie der Schriften von Karl Florenz," *in*: Franke, Otto u.a., *Festgabe der Deutschen Gesellschaft für Natur- und Völkerkunde Ostasiens zum 70. Geburtstag von Prof. K. Florenz am 10. Januar 1935*, (Mitteilungen der Deutschen Gesellschaft für Natur- und Völkerkunde Ostasiens; Bd. 25, B), Tokyo, 1935, S. 3–6

Kohn, Albin & Richard Andree, *Sibirien und das Amurgebiet*, (Das neue Buch der Reisen und Entdeckungen), Leipzig: Otto Spamer, 1876

Lang, Andrew, *Custom and Myth*, 2nd ed., revised, London: Longmans, Green & Co., 1885

——————, *Myth, Ritual, and Religion*, 2 Vols., London: Longmans, Green, and Co., 1887

Legge, James, *The Fifth Part of the Shoo King, or the Books of Chow, and the Indexes*, (The Chinese Classics, with a Translation, Critical and Exegetical Notes, Prolegomena, and Copious Indexes; Vol. 3, Pt. 2), Hongkong: At the Authors, 1865

Mayers, William Frederick, *The Chinese Reader's Manual: A Handbook of Biographical, Historical, Mythological, and General Literary Reference*, Shanghai: American Presbyterian Mission Press, 1874

Muir, John, *Original Sanskrit Texts, or the Origin and History of the Peoples of India, Their Religion and Institutions*, Vol. 5, 3rd ed., London: Trübner & Co., 1884

大林太良「一九世紀ヨーロッパ学者の日本神話研究」(『一橋論叢』六六、一九七二年)二四八―二六四頁

——————「ジョン・オニールの日本神話研究」(井上光貞博士還暦記念会編『古代史論叢』上、吉川弘文館、一九七八年)二七五―二九四頁

O'Neill, John, *The Night of the Gods: An Inquiry into Cosmic and Cosmogonic Mythology and Symbolism*, 2 Vols., London: Bernard Quaritch, 1893–97

Quenzer, Jörg B., "Zur Geschichte der Abteilung für Sprache und Kultur Japans," *in*: Paul, Ludwig (Hrsg.), *Vom Kolonialinstitut zum Asien-Afrika-Institut. 100 Jahre Asien- und Afrikawissenschaften in Hamburg*, (Deutsche Ostasienstudien; 2), Gossenberg: OSTASIEN Verlag, 2008, S. 31–51

Rohde, Erwin, *Psyche. Seelencult und Unsterblichkeitsglaube der Griechen*, 2., verb. Aufl., Freiburg i. Br.: Mohr, 1898

佐藤マサ子『カール・フローレンツの日本研究』(春秋社、一九九五年)

Schneider, Roland & Peter Pörtner (Hrsg.), *Karl Florenz und die Deutsche Japanologie*, (Nachrichten der Gesellschaft für Natur- und Völkerkunde Ostasiens, Hamburg; 137), Hamburg, 1985

Schütte, Hans-Wilm, *Die Asienwissenschaften in Deutschland. Geschichte, Stand und Perspektiven*, 2., überarbeitete und erweiterte Aufl., (Mitteilungen des Instituts für Asienkunde Hamburg; Nr. 380), Hamburg: IFA, 2004

Schuster, Ingrid, "Florenz, Karl," *in*: *Neue Deutsche Biographie*, Bd. 5, Berlin: Walter de Gruyter, 1961, S. 254

辻朋季「研究室紹介ドイツ語研究室」(『明治大学農学部研究報

告』六五〈二〉、二〇一五年）四三―四四頁

Tylor, Edward Burnett, *Die Anfänge der Cultur. Untersuchungen über die Entwicklung der Mythologie, Philosophie, Religion, Kunst und Sitte*, 2 Bde., übertragen von J. W. Spengel & Fr. Poske, Leipzig: C. F. Winter'sche Verlagshandlung, 1873

――, *Primitive Culture: Researches into the Development of Mythology, Philosophy, Religion, Language, Art, and Custom*, 2 Vols, 3rd ed., revised, London: John Murray, 1891

Wachutka, Michael, *Historical Reality or Metaphoric Expression? Culturally formed contrasts in Karl Florenz' and Iida Takesato's interpretations of Japanese mythology*, (BUNKA. Tuebingen intercultural and liguistic studies on Japan: Vol. 1), Hamburg: Lit, 2001

Waddell, Laurence Austine, *The Buddhism of Tibet or Lamaism*, London: W. H. Allen & Co., 1896

山田仁史「環太平洋の日本神話――一三〇年の研究史」（丸山顕徳編『古事記――環太平洋の日本神話』アジア遊学一五八、勉誠出版、二〇一二年）六―二四頁

――『新・神話学入門』（朝倉書店、二〇一七年）

鎧淳（訳）『マハーバーラタ　ナラ王物語――ダマヤンティー姫の数奇な生涯』（岩波文庫、岩波書店、一九八九年）

◎コラム◎

アーサー・ウェイリー

植田恭代

うえだ・やすよ――跡見学園女子大学教授。専門は平安文学。主な著書に『源氏物語事典』(共編著、大和書房、二〇〇二年)、『源氏物語の宮廷文化――後宮・雅楽・物語世界』(笠間書院、二〇〇九年)、『紫式部』(笠間書院、二〇一二年) などがある。

一、翻訳のちから

日本の古典文学を専攻する身ながら、幼い日に夢中で読みふけった愛読書は、『小公女』に『秘密の花園』、メアリー・ポピンズやナルニア国シリーズなど、西洋の児童文学であった。作品世界に入り込み、主人公の少女になりきって心をひとつにした体験は、いまもなおキラキラと輝き続け、大人になった私の心を満たしてくれる。異国の原典と日本の幼い私を確かに繋いでくれた、選び抜かれた翻訳のことばたち。それを「翻訳」などと意識せず、異文化とも思わず、母国語という自覚すら持つこともなく、心をときめかせて何度でも読み返した。幼少期のひたむきな読書体験に導かれて文学への興味は深まり、やがて「古典」とよばれる作品にも向かい、さらに古典文学研究へと進んだ。そう我が身を顧みるとき、あらためて、翻訳のちからを思わずにはいられない。

翻訳は、ひとりの読者を未知の世界へと導き、異国の文化と読者を繋ぐ。もとより、翻訳は原典そのものではない。しかし、作品の書かれた国の言語を母語とするのでなければ、翻訳こそ作品のすべてでもある。

日本の古典文学においても、さまざまな作品の翻訳が試みられている。「国際化」がキーワードとなる現代にあって、古典文学も翻訳がおのずと視野に入ってくる。『源氏物語』は早くから翻訳が注目を集めてきた作品であるが、翻訳の対象とされる古典文学の筆頭といってもよいこの物語の場合でも、紫式部の執筆したオリジナル原稿が残っているわけではなく、『紫式部日記』の記述によれば、紫式部の草稿もひとつではなかったらしい。現代からたどれるのは、書写と派生を重ねて伝えられた伝本である。『源氏物語』と呼ばれている活字の本は、そうした諸本群のなかから底本を選び、校合という作業を施し、幾人もの手を経て活字化された校訂本文にすぎない。校訂作業のなかには、当然のことながら、長い研究史が反映された校訂者の解釈が入り込む。翻訳の対象となる「原典」は、そもそも揺れを孕んでいる。したがって、「原典」を厳密に問うことは困難であり、原典と翻訳を比較して、どちらが格上かなどという議論もむなしい。「原典」と翻訳それぞれの魅力と役割がある。翻訳のちからによって、「原典」の魅力がひらかれていく。

17歳のアーサー・ウェイリー（平川祐弘『アーサー・ウェイリー——『源氏物語』の翻訳者』白水社、2008年より）

　実際、『源氏物語』は翻訳のちからによって、世界的評価を得る文学作品となった。とりわけアーサー・ウェイリーの英語訳は、英語による初めての全訳という画期的な試みであった。

二、源氏物語の翻訳

　『源氏物語』の英語訳は、明治十五年（一八八二）に、ロンドンの末松謙澄によって早く一部のみの抄訳が試みられているが、同じく英国ロンドンで、一九二五年から一九三三年にかけて出されたアーサー・ウェイリーの『源氏物語』訳は、全体にわたる初の翻訳として、この古典文学作品を異なる文化圏に知らしめた。それを受けて、昭和のサイデンステッカー、平成のロイヤル・タイラー訳が、それぞれの個性を備えつつ続く。そのなかにあって、最初の英訳であるウェイリー訳は、複数の英訳が出されたのちも読み継がれ、さらにそこから異なる言語への重訳という現象も呼び、フランス語訳やドイツ語訳が出されることになる。『源氏物語』の翻訳は、欧米のみならず、中国語訳や韓国語訳などのアジア圏にも及び、現在では世界各国の言語による翻訳が広く行われている。

　こうした翻訳は、すでに『源氏物語』研究の一分野をなし、最近では現代語訳をも視野に入れ国際化する研究の一環としてとらえ返す視座も提示されている。[1] 翻訳の場合、もとづくテキストは何かがまず問われるが、ウェイリーが大正二年初版の博文館「校註国文叢書」所収の『源氏物語』二巻をもとに英訳にとり組みはじめた頃は、北村季吟『湖月抄』や本居宣長『玉の小櫛』を参考にし、第四巻訳出後に金子元臣『定本源氏物語新解』（明治書院）を入手したとし、[2]近年では、『源氏物語』の現代語訳も参照していたことが指摘される。[3]もとづく本文は翻訳作業の根幹をなすが、異国において、可能なかぎり広く文献を参照するのは当然のことであろう。ウェイリーの時代にあっては、『湖月抄』の存在が大きく、研究史の長い『源氏物語』ゆえ、それ以外のさまざまな関連文献が入手可能となり、参照される文献は注釈から現代語訳まで拡大したようである。

後続の英語訳との比較から、アーサー・ウェイリー訳は芸術的と評価され、それゆえ、時に意訳という見方も招く。ウェイリー訳の約半世紀後のサイデンステッカー訳は、ウェイリー訳とは異なり、古典本文に忠実な姿勢が重んじられる。ウェイリー訳の姿勢が違っていれば、サイデンステッカー訳も、現在みる訳とは違っていたのであろうか。英語による全訳のさきがけであったアーサー・ウェイリー訳は、おのずとひとつの翻訳のスタイルをも示した。

翻訳は、異なる言語への置き換えではあり得ない。日本語の場合、主語が省略されがちであり、古典文学なら和歌や漢詩、さらには当時の社会背景や慣習も加わる。『源氏物語』の文章となれば、それは長く、心内語や会話の区別が明確になされるとは限らず、語り手のことばも自在に入り込む。本文に巧みに織り込まれた引用は、和歌や漢詩から、歌謡などにも及び多岐にわたる。言語の特性への深い理解のうえにたつ対処と表現のしかたに、翻訳者の個性と力量が光る。作品世界の魅力を伝えるためには、時には加筆や省筆が選ばれることとてある。

芸術的とも評価されるウェイリー訳の特徴のひとつは、作品全体を翻訳する最初の試みでありながら、鈴虫巻を欠くことにある。部分的な省略にとどまらず、一帖すべてが訳されていない。ここには、やはり感性の違いが反映しているのではないかと思ってしまう。虫の音を愛でる日本人の感性は、異文化における翻訳作業のなかで十分に掬い上げられていたのであろうか。

三、文化の翻訳

ウェイリー訳の省略については、すでに緑川真知子氏の精査にもとづく見解があり、[4]この物語の省略された部分を丹念にたどりつつ、省略はたまたま省かれたのではなく、意図的に、重複を避けるようになされていることが指摘されている。

鈴虫巻は、巻名に示唆されるように、「鈴虫」の鳴く声を基調とする。古典文学の鈴虫は現在の松虫であるという後世の説も知られるところだが、[5]この巻全体が、秋口に鳴く虫の音を愛でるという、日本人の聴覚に訴える描写を中心としており、安易な日本文化論に偏ることは自戒しつつも、それが異文化圏国での翻訳の際に理解の壁を生じたのではないかと思わずにはいられない。

物語第二部に入り、不義の子薫の誕生、

光源氏の若い正妻女三宮の出家と柏木の死を描く衝撃的な柏木巻、遺愛の笛を源氏に託すという謎めいた横笛巻のあと、鈴虫巻は、静謐を基調とした場面描写である。女三宮の持仏開眼供養から始まり、女三宮の出家生活を描く秋の場面に「鈴虫」の声が響きわたる。

> この野に虫ども放たせたまひて、風すこし涼しくなりゆく夕暮に渡りたまひつつ、虫の音を聞きたまふやうにて、なほ思ひ離れぬさまを聞こえ悩ましたまへば、……略……
>
> （鈴虫三八〇頁）

虫の音を聞くふりをしながら女三宮に心のうちを伝える光源氏を、尼となった女三宮は厭う。続く八月十五夜の夕暮の場面は、光源氏が「虫の音いとしげう乱るる夕かな」と言い、鈴虫の音の華やかな声が場面に響きわたる。

> げに声々聞こえたる中に、鈴虫のふり出でたるほど、はなやかにをかし。「秋の虫の声いづれとなき中に、松虫なんすぐれたるとて、中宮の、遠けき野辺を分けていとわざと尋ねとりつつ放たせたまへる、しるく鳴き伝ふるこそ少なかなれ。名には違ひて、命のほどはかなき虫にぞあるべき。心にまかせて、人聞かぬ奥山、遠けき野の松原に声惜しまぬも、いと隔て心ある虫になんありける。鈴虫は心やすく、いまめいたるこそらうたけれ」などのたまへば、宮、
>
> おほかたの秋をばうしと知りに
> しをふり棄てがたき鈴虫の声
>
> と忍びやかにのたまふ、いとなまめいて、あてにおほどかなり。「いかにとかや。いで思ひのほかなる御言にこそ」とて、
>
> 心もて草のやどりをいとへども
> なほ鈴虫の声ぞふりせぬ
>
> など聞こえたまひて、琴の御琴召して、めづらしく弾きたまふ。
>
> （鈴虫巻三八一―三八二頁）

訪れた光源氏のことばを通して、「松虫」と対照させながら「鈴虫」の音のはなやかさが描かれ、「鈴虫」を詠み込んだ和歌を詠みあう。飽きられていると知りつつも光源氏の放した「鈴虫の声」に心惹かれると詠む女三宮に対し、光源氏は女三宮の声を鈴虫に重ねて美しいと詠む。

激動の物語のあと、いまなお解消しきれぬ緊迫さえ孕む静謐を、聴覚に訴える虫の音が際立て、女三宮の心を照らす。秋の情趣にもとづく印象的な描写は、異文化を共有しにくい外国において、理解の難しいところでもあろう。翻訳する当事者のみならず、異文化圏の読者には、さらに伝わりにくい。こうした感性に寄

りかかる場面より、『源氏物語』全体の展開に重きが置かれ、衝撃的な物語のゆくえを伝えるべくウェイリー訳は進められているのではないか。

後世の『国宝源氏物語絵巻』には、持仏開眼供養の場面、十五夜に女三宮のところから冷泉院に参上した場面が残されている。鈴虫の鳴く場面は詞書のみであるが、女三宮のもとから参上した冷泉院の庭にも、鈴虫の音の余韻が及んでくるようである。

「翻訳」とは、言語のみならず、その言語が根ざす異文化とどう向き合い伝えるのかが問われる作業である。文学作品の翻訳は、「文化の翻訳」にほかならない。

こう書き進めてきて、ふと思う。日本の感性、と述べながら、それは聴覚機能が前提となっている。ならば、聴覚に障害をともなう日本人は、「異文化」になってしまうのか。

「日本文化」を真摯に問い返し、「文化」の底深さを思う。

注

（1）翻訳の現況についての最近の論考として、河添房江「『源氏物語』の翻訳と現代語訳の異文化交流」（『文学・語学』二〇一七年三月）。
（2）宮本昭三郎『源氏物語に魅せられた男――アーサー・ウェイリー伝』（新潮社、一九九三年）。
（3）緑川真知子『『源氏物語』英訳についての研究』（武蔵野書院、二〇一〇年）。
（4）注3緑川氏文献参照。
（5）屋代弘賢撰『古今要覧稿』。

フェノロサの見た日本——古代の美術と仏教

手島崇裕

てしま・たかひろ——韓国慶熙大学校外国語大学日本語学科助教授。専門は仏教を中心とした対外関係史（特に平安時代）。主な著書・論文に『平安時代の対外関係と仏教』（校倉書房、二〇一四年）、「高麗と北宋の仏教を介した交渉について——入宋僧を中心に」（伊東貴之編『「心身／身心」と環境の哲学——東アジアの伝統思想を媒介に考える』汲古書院、二〇一六年）などがある。

フェノロサは、関西古社寺調査を踏まえ、日本美術の歴史を古代（近代日本が重視した時代）にまで遡って構想した。彼は、仏教を美的要素伝播の媒体とも見做した。そのうえで、日本の美術が、仏教伝来を起点に、東洋そして西洋（ギリシャ）の美の価値をも受容しつつ発展していったと捉えたのである。東西両洋に自国を誇る根拠を提示しえたフェノロサの美術史は、岡倉覚三や行政関係者とも共有されており、十九世紀末には官製日本美術史の土台となり、さらに、国史（日本史）にも受け継がれて今にいたっている。

はじめに

美術史家として知られるフェノロサ（Ernest Francisco Fenollosa 1853-1908）[1]は、アメリカ・マサチューセッツ州、ボストン郊外のセーラムで生まれた。ハーバード大学・同大学院で哲学を学んだのち、一八七八年、生物学者モース（一八七七〜七九年東京大学理学部教授）を介した求人に応じて、東大文学部講師（政治学、経済学、哲学など担当）として来日する。以後、明治二十三年（一八九〇）の帰国まで、いわゆるお雇い外国人として活躍した（なお、明治二十九〜三十四年にも、途中帰米をはさみつつ、私的な立場で日本で活動している）。

フェノロサの生涯や様々な事績について、多方面から研究が深められている。だが一般には、「素朴な考え方」ではあるものの、「小学校の国語の教科書にも載っている日本美術の恩人という称揚」[2]がなされていることも確かだ。ところで、国語の教科書（や道徳の教材）の場合、彼の活動内容に関する精度は必ずしも求められない。(3) 他方、社会科のうち歴史の教科書に名が挙げられる場合、その時々の学習指導要領に影響を受けつつも、彼の事績は史実（歴史的事実）として記述される。

中学校（社会―歴史的分野）・高校（日本史）のすべての現行教科書（平成二十九年度使用分）がフェノロサの名を記す（基本的に、近代（明治）文化のうち芸術―美術に関する部分に登場）。さらに現行小学校教科書も、一社だが、教育出版『小学社会6上』が、特集頁「日本の社会や文化を見直す」で彼を取り上げる。その記述を、以下紹介してみる。近代化を急ぐ明治時代、「日本の伝統的な美術の価値を低くみる風潮が広まり」、「古い美術品がこわされたり、外国に売られたりすることも起こ」ったが、「明治政府から招かれて来日し、大学で政治学や哲学を教え」たフェノロサが、「日本の美術に出会い、そのすばらしさにひかれ」、「奈良や京都の古い寺社をたずね歩き、美術品の調査を行い」、「岡倉天心とともに、日本の伝統的な美術の価値を再評価し、いっそう発展させていく運動に取り組み、東京美術学校（今の東京芸術大学）の設立に力をつくし」た、とある。「帰国したあとは、ボストン美術館東洋部長となり、日本の美術を海外に紹介することに努め」たと注記もする。(4) よくまとまったフェノロサ概説といえるだろう。中高の現行教科書のフェノロサ関連記述もまた、ほぼ、ここに見られる要素のいくつかを取捨選択するような形で構成され、情報の補足や敷衍がなされたものといえる。(5)

フェノロサといえば、法隆寺夢殿開扉（岡倉覚三（＝天心）とともに秘仏であった救世観音を「発見」したエピソード）が知られるが、(6) 現行中学教科書では、二社が、コラムや特集頁で取り上げている。着眼点は双方異なるものの、(7) 同逸話の紹介により、上述した諸要素のうち、フェノロサの古社寺（古美術）調査が日本の伝統美術の価値の再発見・再評価につながった、という点がより強調されることになる。本稿では、この点に注目したい。彼は、古社寺調査を通じて、日本の美術に何を見出したのか。その再発見・再評価は、どのような意味で、歴史の教科書に彼の名を留めるほどの重要性を帯びるといえるのか。彼の事績の一面について、改めて確かめてみる。(8)

一、フェノロサの古社寺調査の展開

古画研究から古社寺調査へ

フェノロサ以前にも、古社寺の古美術調査は行われている。明治四年に太政官が「古器旧物保存方」を布告、府県に命じて古器旧物（古美術品）のリストアップを開始、翌年には、文部大丞町田久成を中心に、正倉院をも含む古社寺などへの本格的訪問調査が実施された。これが近代文化財行政の端緒となる。[9] だが教科書が文化財（古美術）調査に言及する場合、フェノロサや岡倉らの古美術品調査こそが、あたかもその初発であるかのように紹介されるのは興味深い。

　フェノロサは、日本の美術（特に絵画）に興味を持ち、来日直後から古画を蒐集、同時にその研究を深めた。その蒐集法は、従来の内外のコレクターと異なり、「作品の優劣好悪にこだわらず、流派系統の社会進化論的系譜の上に個々の作品を補填していく」点で画期的であった。[10] そして明治十五年には、龍池会（古美術品の保護・鑑賞と、伝統を生かした美術品の輸出を奨励する国粋主義的団体）の依頼で講演、西洋の油画（や文人画）に対する日本画の優位を説き、日本美術復興を唱える役割を果たしている。狩野派宗家から美術鑑定家として狩野永探の号を許されるころ（明治十七年）には、彼は美術の専門家を自任していただろう。

　美術研究を進めつつ、彼は、明治十三年以降毎年のように関西方面に旅した。教え子の岡倉（明治十三年東大卒業、文部省の官僚となる）との同行が多く、また、明治十五年夏には再来日中のモース[11]（陶器蒐集）、医師ビゲロウ（ボストン名家の出身、のち父の跡を継ぎボストン美術館理事。刀剣鍔・漆器など蒐集）を伴っている。[12] 古美術品の宝庫である寺院などを訪れ、独自の研究で身に着けた鑑定眼をもって、新たな作品を探訪・実見し、既蒐集品との関係を考察し、可能なら購入するのが、当初の旅の目的であっただろう。それはビゲロウやモースも同じで、将来故郷ボストンに世界最大の「日本の美術品の蒐集を持つ」という共通の目論見もあった。[13]

　そして、コレクション整理・公開のためのデータ収集に端を発した調査の方法は、旅行を重ねるたびに進化していったと思われる。明治十七年の京都奈良古社寺調査を終えたフェノロサは、美術品調査における「私の方法」を自画自賛している。[14]

フェノロサの調査の取り込み

　明治十五年の古社寺探訪に際しては、当時内務省博物局長だった町田久成が、博物館職員の黒川真頼（国学者）を関西に出張させ、フェノロサの援助をはかったと推測されている。[15] 明治十七年の調査時には、文部省が正式に人員（文部官僚の岡倉ら）を派遣しているという。[16] そして、明治十九年四月には、フェノロサは文部省図画取調掛（美術学校創立に備えるもの）の委員として、文部省の関西古美術調査に参加する。[17]

　明治五年から十七年まで文部官僚を務め、二十一年に宮内省図書頭となった九鬼隆一は、フェノロサの動向を注視し続けたようである。同年五月、宮内、内務、文部省合同の臨時全国宝物取調が開始され、九鬼が指揮をとる。この年の古社寺調査には、フェノロサ（明治十七年から文部省御雇を兼ね、十九年に東大を辞し、文部省・宮内省兼御雇に転じていた）も主力として参加、畿内社寺等の古美術品を調査・研究し、等級づけしつつ評価した。[18] なお、宮内省には九鬼を委員長に臨時全国宝物取調局が置かれるが、フェノロサはこの取調掛には選ばれていない。いわばお役御免となったのだが、[19] 同局による全国調査は、その後十年ほど精力的に進められ、調査の成果を土台に、明治三十年には古社寺保存法が成立する。[20]

以上には、フェノロサの「私の方法」が、政府筋の注目を集め、公式な古美術調査の方法として採用された、という流れが見てとれるのではないか。なお、この間のフェノロサについては、美術品の探訪・入手（海外流出につながる）と、その保護・保存（流出防止につながる）との間で、行動の矛盾が指摘される場合がある。[21] ただし、日本美術の系統的理解を追究し、その歴史を復元するという点で、彼の方法は終始一貫していた。

明治十七年の調査後、フェノロサは、ギリシャやトルコで活躍する考古学者と自らを重ね合わせる発言をしている。[22] 既に指摘されるように、フェノロサには、例えばポール・ペリオ（敦煌莫高窟など中央アジア調査で著名なフランスの東洋学者）などと異なり、現地語を話さず、母国から派遣されたのではなく日本政府から給金を受けていた、といった限界がある。[23] ただ、日本政府の側が、彼の調査を取り込み、その派遣主たろうとした側面は、やはり重視すべきだろう。

列強各国の場合、十九世紀半ば以降、考古学者を他地域や植民地に派遣し、その地での発掘・調査を通じて関与ないし支配すべき対象を知り、遺跡や遺物の保存・展示によって現地の過去の空間と時間に権威を及ぼしたわけだが、[24] 日本の場合、似たような狙いのもと、フェノロサを国内（関西）調査に従事させたと見てもよいだろう。明治政府は、神武創業の始に復するという王政復古理念のもと、古代（地域としての奈良）を重視していた。[25] 日本古代・大和地域の過去を改めて掘り起こし、様々な遺産の価値を明らかにし、それらを体系づけつつ独占的に保存・管理することは、その時空間の正当継承者として欠かせない事業だった。

では具体的に、フェノロサや、彼の古社寺調査を取り込んだ人たちは、どのような過去と対面するにいたったのであろうか。明治十七年の調査ののち、彼は、「私の方法」を通じて「これまで完全に失われていた6—9世紀の日本美術史を復元」した、とも述べていた。[26] その美術史は、派遣主体の側が共有するに足る魅力を備えていたはずである。

二、フェノロサの美術史における仏教の意義

明治五年の時点でも古社寺は広く調査されていたが、仏像（彫像）は重視されなかったという。[27] 他方、明治二十一年には、秘仏であっても調査対象とされ、[28] 以後も、仏教（ないし仏教信仰）に関わる古美術品も網羅的に調査対象とするのが、宝物調査の基本路線であった。夢殿開扉エピソードは、この路線の始発を象徴する側面を有したといえよう。フェノロサや、彼を通じて、自分たちが依拠すべき古代の価値を掘り起こそうとした調査団―政府の側は、仏教と改めて向かい合うことになった。

まずフェノロサだが、一連の古社寺調査を通じて、仏教伝来を起点に、推古天皇の時代に日本の美術がはじまる、という認識を持つにいたったようだ。[29] そして一九一二年刊行の遺著 *Epochs of Chinese & Japanese art: an outline history of East Asiatic design* では、「日本の美術は、呉と隋と百済からほとんど同時に仏教が伝来してきた、六世紀の末に端を発する」という。[30]「朝鮮美術の到達しえた高い水準」を伝える夢殿救世観音像は、「推古朝の芸術家、特に聖徳太子にとって力強い範型（model）となった」[31] ともいっている。夢殿開扉の挿話は、日本美術史の起点を体現する証拠品の発見をも象徴するが、それが仏像であったことを重視したい。

ところで、正倉院の宝物をアジア全地域から伝わったものとし、さらに法隆寺や奈良全体を、西方からの文化伝播のなかに捉えるという見解は、明治初期から西洋人が語り始めていたが、フェノロサにより定着をみたという。[32] この「西方伝播」に関しては、以下の点にも注意すべきであろう。

フェノロサは、七世紀末からの日本の古代仏教美術に「ギリシャ的仏教美術」の特徴を見出す。法隆寺金堂壁画をその代表と見ている。[33] その前提として、ギリシャ美術がインド・中央アジアを経て中国（唐）に入ると考えるのだが、アジア圏内に入ったのち、さらに東漸したギリシャ美術について、「ギリシャ的仏教美術」と呼んでいる。[34] 彼は、「われわれ〔引用者注―フェノロサら欧米人〕のギリシャ美術がアジア大陸を横断してはるかに日本に浸透した経路を跡づける」[35] ことに関心を抱いていた。それを考究した結果、アジアにおいては、仏教が美の伝播を媒介したと見ているのだ。そのような仏教を、日本も、推古天皇の時までにアジアと共有した。だからこそ、以後「中国や朝鮮の美術的資源」[36] が、そして唐の時代には「ギリシャ的仏教美術」もが伝来しえたのであった。[37]

古社寺・古美術品の徹底的調査を踏まえ、仏教伝来を日本

美術史の起点にすえたフェノロサは、日本の美術ないし文化財を、アジア―世界と有機的に関連づけて語ることにも成功した。そのフェノロサも属した、明治二十一年の「九鬼調査団の眼目は、西方やギリシアからの文化伝播を指摘することにあった」[38]という。このような主張を持つ美術行政推進者たち（九鬼や岡倉ら）にも、美術要素伝播の媒体である仏教の受容、すなわちアジアや世界と美的要素を共有しうる受け皿の導入により日本美術が発展していく、という見方が共有されていたとしてよいだろう。

三、フェノロサの美術史の展開

フェノロサの美術史から官製美術史へ

ところで明治新政府は、神仏分離政策をとるなど、統治イデオロギー面から仏教を排除しようとした。その思想的背景となった国学ないし水戸学的な歴史観と、仏教を重視するフェノロサ（や岡倉ら）の歴史観は、相容れない面がある。この点に関して、フェノロサが、黒川真頼ら国学者とは正反対の「西方伝来という新しい見方を、日本人学者におしえこ」み、日本の「国粋を「欧米人」むきに、解釈しなおさせてもいた」という見方が重要であろう[39]。そして上述したように、フェノロサは、仏教を、「西方伝来」を可能にする媒体として捉えていた。これにより、彼の美術史は、欧米に対して、日本美術がギリシャ美術（欧米人の考える美術の古典）と美の価値を通有することを明確に主張しえたのである。このような特質を持つがゆえに、国として誇るべき文化財の選定に関わる美術行政において、フェノロサの美術史は重要な位置を占め続けることになる。

彼の美術史の行方を追ううえで、もう一点、日清戦争の勝利が、日本社会ないし文化における中国的（儒教―朱子学的）価値観の凋落を決定づけたであろう可能性も見逃せない。アジアないし東洋における日本の地位上昇（中国の地位低下）と連動して、仏教的価値観を土台として発展してきた日本の美術こそ、東洋の美術を代表し、今後も牽引するのだ、という認識が国内に強まったものと思われる。

さて、フェノロサにはじまり古社寺調査を通じて育まれてきた美術史は、欧米からの視線を意識しつつ、一九〇〇年パリ万博に合わせて出版された官製美術史*Histoire de l'art du Japon*（翌年日本語版が『稿本日本帝国美術略史』として刊行、以下『美術略史』と略称）において成立する[40]。

万博出品のために明治三十年（一八九七）に始まった『美術略史』編纂は、帝国博物館（具体的には九鬼や岡倉）において企図されていた美術史を土台とした。だが、編纂主任となった岡倉が翌年その座を追われたのち、いわゆる皇国史観のもとで整理されたという。[41] ただし、「日本美術大発達の端緒を挑起せしものは、実に仏教の東漸にして、即ち此の推古天皇の時代を以て其の起源となすなり」[42]、といった記述で仏教伝来を日本美術隆盛の起点としつつ、東西両洋にアピールすべき美術の歴史を説くことには変わりがない。例えば第二章「推古天皇時代」の第五節「建築」では、法隆寺金堂・塔婆・中門の柱のエンタシスをギリシャ式のようだとしたうえで、ギリシャ、ローマ、アッシリアなどと金堂玉虫厨子の餝金具との模様の類似を、「東西美術の値遇に帰するも不可なからん」と述べる。[43] また、九鬼隆一による序文は、「日本美術ハ日本特有ノ趣致ヲ有スルハ言ヲ竢タザレドモ、其骨子タル嘗テ東洋美術ノ粋ヲ集メテ構成シタルモノニ外ナラズ」、「日本帝国ハ世界ノ公園タルノ外、更ニ東洋ノ宝庫ナリ」と謳う。そして、関西の「名刹旧寺」は「支那印度ニ於ケル千古ノ名品大作」を保存し、法隆寺金堂の壁画はアジャンターの壁画と、また、薬師寺など奈良の古刹の仏像は中国竜門伊闕の彫像と趣を同じくするともいうのである。[44]

東洋の代表者たりうる必然性を確認しつつ、西洋に自国文化の価値を明確に主張するうえで、仏教を基調とし、それを媒介にアジアないし世界の美的価値と結びつき展開したとするフェノロサの美術史は重宝され、十九世紀末日本の公式美術史『美術略史』の基礎となったのである。

その後の展開

「歴史学に先駆し、突出した時代区分論を有していた」[45] 岡倉の「日本美術史」（東京美術学校での講義内容）を土台に、『美術略史』は完成したという。また、その制作過程は「前代からの諸系の考証学が、国家事業を通じて近代の歴史学へと統合されていく、いわば学問体系の近代化として見ることも可能」[46]だといえる。このような歴史学（国史学―日本史学）形成の流れを意識したとき、『美術略史』以後は、どう展望できるだろうか。

既に先行研究が指摘するように、『美術略史』は日本のアイデンティティを内外に示すために視覚的な仏教遺産を重視したが、次代、それらのモノと国家の歴史を整合させる叙述が、国史学者黒板勝美によって構築され、教育現場にも供されていく、と見通すことができる。[47] 政府が重視し、その価値を掘り起こし継承しようとした古代において、仏教の導入を起点とする美術史の展開が、大きな意義を持ち続けることとなった。黒板以降の進展について追う余裕はないが、国史学（日本史学）が、仏教に価値を見出す美術史観をその骨子として受容し、それが、現在の歴史教科書の文化史関連部分にまで継承されていることは確かであろう（例えば、岡倉などに端を発する飛鳥文化、白鳳文化、天平文化といった区分の継承、[48] 等々）。本稿は、このような流れの初発地点にフェノロサの美術史があることを、改めて確認した。特に、彼が古美術調査の成果をもとに、仏教と日本美術を結びつけたことの歴史的意義を再評価してみた。

最後に、戦中戦後の古代史の大家、坂本太郎（一九〇一～一九八七）の高校日本史教科書を繙いてみる。

維新の当初は文明開化の風潮と廃仏毀釈によって、仏教に関係した日本の古美術は軽視せられ、日本画壇も全く沈滞した。〔中略〕そのころ東京大学へ招かれたアメリカ人フェノロサ（Fenollosa）は、日本の伝統的な美術の価値を認識し、いきすぎた欧化主義に反省をうながし、日本美術の復興に力をつくした。フェノロサの助手としてその教えをうけた岡倉覚三（天心）は、フェノロサとともに努力して一八八八年（明治二一）政府に官立の東京美術学校を創設させ、まもなく自らその校長となり、日本美術を教えた。こうして、国粋主義の高まるにつれて日本の伝統文化の再認識がすすみ、全国の古美術の調査が政府の手ですすめられ、一八九七年（明治三〇）には古社寺保存法が制定されて、国宝の指定保存についての法的根拠が定められた。日本美術復興の機運にのって、日本画も盛んとなり、狩野芳崖・橋本雅邦らが名を高めた。[49]

引用冒頭部は、日本伝統の古美術はすべて仏教に関係し、それが維新の当初は軽視された、という読みもできる。[50] 古美術のうち、仏教に関係したもののみが軽視されたと解釈するのが適切かもしれないが、その場合でも、「国粋主義の高まりのなか、「日本の伝統文化の再認識」とともに調査・保存された（そして「復興」した）のが「仏教に関係した日本の古美術」である、という全体の基本的理解は動かない。そしてその古美術に、初めて「伝統的な美術の価値を認識」したのがフェノロサであった、と読みうる。

明治時代に再評価された古美術の価値を、ここまで明確に仏教と結びつけて説く教科書は他にはないようだ。だが、一般に歴史の教科書は、特に古代に関して、口絵や文化史叙述部分に豊富な図版を用いつつ、仏教関連美術・建築を伝統文化として紹介している。読者は、フェノロサが日本伝統の美を発見したという記述に出会ったとき、その美が仏教と多かれ少なかれ関連していると意識することになる（前後に関西古社寺調査への言及を伴う場合、より強く意識されよう）。このような構造を基本とする点で、坂本教科書も他の教科書も変わりはないだろう。つまり私たちは、習うべき歴史―日本史の文脈において、あるいは私たちの共通理解（公式見解）として、仏教を日本の伝統美術ないし文化の基盤と見ている節があるといえるのではないだろうか。だからこそ、その見解を導出したフェノロサには、日本をめでた他の多くの外国人をおさえ、歴史教科書に載るべき重要人物と目される側面があるのだと考える。

おわりに

一九〇〇年パリ万博には、「日本仏教真美協会」編の仏教美術全集『真美大観』第一巻（一八九九年刊行）も出展されていた。(51) こちらにも序を寄せた九鬼は、かつての「作家」（古美術制作者）は、仏教的な「敬虔の祈念に充ちて」制作したからこそ「万世の欽仰」を受ける作品を作りえた、という。彼は以前、秘仏を信仰から切り離して科学的調査の対象に据えた。(52) だが結局、調査を経て、仏教関連古美術が今後の美術発展の「模範」(53)の座を占めるに及び、同序では日本仏教の復興を期待し、制作者の仏教への関心を求めている。

フェノロサが「仏教に深く分け入」(54)り、日本美術「作品の精神背景への理解」を伴ったことはよく知られている。狩野芳崖の日本画革新運動に関わるなど、(55) 彼は、美術制作にも深い関心を抱いていた。だからこそ、九鬼の言に先んずるかのように、自ら仏教の信仰・思想に興味を持つにいたったのではないか。ただ、彼の「独特な仏教理解」については、新たな視座から研究されるべき今後の課題でもある。(56) フェノロサ（や周辺の人たち）が、本格的に日本美術復興ないし古社寺調査に携わる段階で受戒しているという興味深い事実を掘り下げるなどして、別に考究したい。

ところでフェノロサは、浮世絵ではなく狩野派、浄土系ではなく天台・真言の仏教、歌舞伎ではなく能、というように、貴族的でアカデミックな日本文化に関心を持ったと指摘されている。(57) 初度の来日時の、お雇い外国人を取り巻く環境が強く影響したかとも思われる。としたとき、帰米以後の彼の人生は、いったん体得した日本観を解きほぐしていく過程でもあっただろう。例えば、はじめ重きを置かなかった浮世絵について、フェノロサ本人は、『美術略史』が浮世絵を軽視しつつ(58)成立に向かう時期、ニューヨークでの浮世絵展を成功させている（一八九六年）。主催者の浮世絵商W・H・ケチャムは、フェノロサ執筆の解説目録の緒言で、フェノロサの助力で「肉筆と版画に正確な制作年代が明示され」たが、「厖大な数にのぼる作品をきわめて精密に比較検討する鑑識眼によって達成された」(59)と述べる。彼の「私の方法」は、浮世絵研究にも奏効した。フェノロサは、浮世絵商小林文七が日本で開催した浮世絵展でも解説目録『浮世絵展覧会目録』（明治三十一年）を書くが、国史学者重野安繹は序を寄せ、その作品分析能力を賞賛している。大正三年（一九一四）には永井荷風が彼の浮世絵論を評価、[60] 昭和十六年（一九四一）には高村光太郎が「フェノロサが浮世絵の優秀性を説いて以来随分長い間浮世絵が日本絵画を代表してゐた」[61] と語る。官製美術史の土台を提供したはずのフェノロサだが、浮世絵研究の大家としても記憶されるにいたっている。

浮世絵―美術以外にも、フェノロサの情熱は、仏教、能、漢詩・漢字などの研究に向けられた。歴史教科書からは知られない様々な分野においても、その才能はいかんなく発揮されていた。フェノロサが今も顕彰され続けるゆえんである。最後に明記しておきたい。

注

(1) フェノロサに関しては、多方面からの研究が日々深化している（例えば、日本フェノロサ学会の会誌『ロータス』を繙くと、研究の切り口がいかに多彩かを知ることができる）。彼の生涯及び事績については、山口静一『フェノロサ 日本文化の宣揚に捧げた一生 上下』（三省堂、一九八二年）、村形明子『アーネスト・F・フェノロサ文書集成 翻刻・翻訳と研究 上下』（京都大学学術出版会、二〇〇〇～二〇〇一年）が、まず依拠すべき文献となろう。

(2) 山口静一「フェノロサ研究の視角」（『月刊百科』一九七七、一九七九年）一四頁。

(3) 例えば、二葉株式会社『国語六年下』の「岡倉天心」では、東大教授で美術史家でもあるフェノロサが、岡倉を含む在学生たちに、安藤広重『木曽街道六十九次』のうち「洗馬」の版画を見せ、自分たちの文化に誇りを持つよう説く（二葉12―国語6004、昭和35年検定本、五三―五四頁）。他に見られない挿話である。なお、道徳教材での「脚色」については、さしあたり保坂清『フェノロサ「日本美術の恩人」の影の部分』（河出書房新社、一九八九年）五―六頁参照。

(4) 一〇五頁。引用に際し、ルビを略した。以下同様。

(5) ちなみに管見の限り、戦前の旧制中学用検定国史教科書、戦後すぐの国定教科書（歴史分野）、戦後検定歴史教科書のフェノロサ記述についても、同様のことがいえる。歴史教科書の場合、彼への評価は安定している。

(6) 両者とも、開扉を明治十七年と回顧するが、調査記録などは残っておらず、調査年についても議論がある（前掲注1山口書、上巻二〇八―二二四頁、高田良信『近代法隆寺の歴史』（同朋舎出版、一九八〇年）四五―五三頁、高橋眞司『九鬼隆一の研究 隆一・波津子・周造』（未来社、二〇〇八年）五一―六二頁、吉田千鶴子『〈日本美術〉の発見 岡倉天心がめざしたもの』（吉川弘文館、二〇一一年）六二―七三頁など参照）。

(7) 育鵬社『新しい日本の歴史』（一九八頁）は、政府の許可を後ろ盾にした開扉が、信仰の対象である仏像を美術作品としても評価するきっかけとなったとする。日本文教出版『中学社会 歴史的分野』（一八〇頁）は、岡倉の古社寺調査報告書が一八九七年の古社寺保存法制定や現在の文化財保存事業にもつながると説くが、その導入として同逸話を紹介する。

(8) 筆者は美術とは縁遠いが、この論点は、筆者の関心を持つ対外関係史ないし仏教史分野の成立にも関わる問題だと考えるものであり、非力ながらあえて概観したい。

(9) 田中琢「日本文化財保護小史」（『考古学で現代を見る』岩波書店、二〇一五年）、同「文化財保護と明治の時代」（松本三之介他編『学問と知識人　日本近代思想大系10月報』岩波書店、一九八八年）、米崎清実「解題」（蜷川式胤『奈良の筋道』中央公論美術出版、二〇〇五年）など。

(10) 引用は、山口前掲注1書、上巻一五頁。なお、本段落で述べたフェノロサの事績についても同書参照。

(11) ビゲロウについては、前掲注1村形書、上巻18章、19章など参照。

(12) E・S・モース（石川欣一訳）『日本その日その日3　東洋文庫179』（平凡社、一九七一年）六八頁。

(13) 前注に同じ。

(14) 前掲注1村形書、上巻一四〇―一四四頁（特に、村形氏翻訳になるフェノロサのモース宛書簡の内容参照）。

(15) 佐々木時雄『動物園の歴史　日本における動物園の成立』（講談社、一九八七年）一八〇頁。

(16) 前掲注1村形書、上巻一四二頁、前掲注1山口書、上巻二〇三頁、前掲注6吉田書、六二―六四頁。

(17) 前掲注1山口書、上巻二八六―二八九頁。

(18) 竹居明男編『『日出新聞』記者金子静枝と明治の京都――明治二十一年古美術調査報道記事を中心に』（芸艸堂、二〇一三年）など参照。

(19) 高木博志氏によれば、九鬼と伊藤博文がフェノロサを文化財保護行政から排除したという（「立憲制成立期の文化財保護」『近代天皇制の文化史的研究』校倉書房、一九九七年、三〇四頁）。

(20) 東京国立博物館編『東京国立博物館百年史 本編』（一九七三年）二九一―二九三頁、文化財保護委員会編『文化財保護の歩み』（一九六〇年）一二―三五頁。

(21) 例えば前掲注3保坂書、二七―二八頁、前掲注1山口書、上巻五頁など。

(22) 前掲注1村形書、一四二頁。

(23) 木下長宏『岡倉天心 物ニ観ズレバ竟ニ吾無シ』（ミネルヴァ書房、二〇〇五年）六五―六六頁。

(24) エドワード・W・サイード（今沢紀子訳）『オリエンタリズム 上』（平凡社、一九九三年）八〇―八三頁、ベネディクト・アンダーソン（白石さや、白石隆訳）『増補想像の共同体 ナショナリズムの起源と流行』（NTT出版、一九九七年）二九三―二九九頁。なお、李成市「コロニアリズムと近代歴史学――植民地統治下の朝鮮史編集と古蹟調査を中心に」（寺内威太郎他『植民地主義と歴史学――そのまなざしが残したもの』刀水書房、二〇〇四年）参照。李氏の、大正―昭和初期の文化財事業を推進した国史学者黒板勝美が、欧米視察で学んだ植民地考古学の手法を、植民地朝鮮のみならず、日本国内にもそのまま駆使した、という指摘にも学んだ。

(25) 高木博志「一八八〇年代、大和における文化財保護」（前掲注19書所収）。

(26) 前掲注1村形書、上巻一四一頁。

(27) 前掲注9米崎論考、高木博志「近代天皇制と古代文化――「国体の精華」としての正倉院・天皇陵」（『近代天皇制と古都』岩波書店、二〇〇六年）六七頁など参照。

(28) 「美術と宗教」『福沢諭吉全集11 時事新報論集4』（岩波書店、一九六〇年）五三一―五三三頁（『時事新報』明治二十一年七月二十一日社説）。

(29) E.F.Fenollosa "An Outline of Japanese Art: with unique and

unpublished examples Part I", *The Century Magazine* vol. 56, No.1, 1898, pp. 62-63. なお岡倉覚三は、明治二十四年（一八九一）前後、東京美術学校の講義で、「美術の霊妙なるものは、推古朝以来、徳川以前に至り、以て今日に及び、皆仏教に関係あるものにして、即ち日本美術の性質を形成し、〔中略〕推古朝には美術は仏教と共に興り〔中略〕仏教此の如く美術に関係を有せば、茲に其の起源を述ぶるの必要あり」などと説いている（「日本美術史」『岡倉天心全集 4』平凡社、一九八〇年、一八頁。〔 〕は引用者による）。フェノロサも明治二十二年、同校の「美学及美術史」講義で日本美術史を扱った可能性があり（佐藤道信『〈日本美術〉誕生』講談社、一九九六年、二二一頁）、日本美術史講義のバトンがフェノロサから岡倉に渡ったと考えるなら、遅くとも明治二十年代初めには、仏教伝来—日本美術の飛躍、という認識は、両者の脳裏に存在しただろう。

(30) 森東吾訳『東洋美術史綱』（東京美術、一九七八年）上巻一一四頁。

(31) 同右、一一二頁。

(32) 井上章一『法隆寺への精神史』（至文堂、一九九四年）四七—四九頁。

(33) 前掲注30森訳書、上巻一七三頁。

(34) 同右書、上巻第五章「中国におけるギリシャ的仏教美術」。傍点は引用者による。

(35) 同右書、上巻一五六頁。〔 〕は引用者による。以下同様。

(36) 同右書、上巻一三二頁。

(37) なお、彼の発想は、自国を仏教東漸の終着地と見る日本の伝統的な考え方を彷彿とさせる。日本人からの「入れ知恵」なども考慮すべきなのだが、いわゆる三国世界観の近代的展開に関わる問題として、別に考えてみたい。

(38) 前掲注32井上書、三三頁。

(39) 同右書、五五—五六頁。

(40) 稲賀繁美「ジャポニスムと日本美術——規範の葛藤」（『絵画の東方 オリエンタリズムからジャポニスムへ』名古屋大学出版会、一九九九年）一七〇頁、高木博志「日本美術史の成立・試論——古代美術史の時代区分の成立」（前掲注19書）三四五頁。なお、同書の基礎的研究として、森仁史「『稿本日本帝国美術略史』の成立と位相」（『近代画説』一〇、二〇〇一年）も参照。

(41) 熊田由美子「岡倉天心の古代彫刻論——その時代観・作品観の変遷について」（『五浦論叢』七、二〇〇〇年）一〇五頁。なお、小路田泰直『日本史の思想 アジア主義と日本主義の相克』（柏書房、一九九七年）五四—七一頁も参照。

(42) 帝国博物館編『稿本日本帝国美術略史』（農商務省、一九〇一年）三六頁。

(43) 同右書、四三頁。なお、建築史家伊東忠太の手になる部分である（前掲注32井上書、一四七—一四八頁）。

(44) 同右書、二頁。傍点は引用者による。

(45) 前掲注40高木論考、三五八頁。

(46) 佐藤道信「美術史学の成立と展開」『明治国家と近代美術の政治学』（吉川弘文館、一九九九年）一二八頁。

(47) 佐藤文子『日本古代の政治と仏教 国家仏教論を超えて』（吉川弘文館、二〇一八年）結章参照。

(48) 前掲注27高木論考、前掲注40高木論考参照。

(49) 好学社『高等学校 日本史』二七八—二八〇頁（日史011、昭和39年検定、40年度使用本より引用）。

(50) 坂本を単独著者とする教科書は、前後の検定版でも仏教と古美術の結びつきを説く（好学社『新版 高等学校 日本史』高社10-1047、昭和33年検定本、好学社『新編 高等学校 日本史』

日史031、昭和42年検定本)。

(51)『千九百年巴里万国博覧会出品聯合協会報告』(一九〇三年)一六〇頁。『真美大観』については村角紀子「審美書院の美術全集にみる「日本美術史」の形成」(『近代画説』八、一九九九年)参照。ちなみにフェノロサも第一巻に序を寄せ、英文部分の「批評的補説」を担当している(一巻の凡例参照)。

(52)前掲注28社説参照。

(53)例えば古社寺保存法第四条は、国宝の資格を得る文化財を「特ニ歴史ノ証徴又ハ美術ノ模範トナルヘキモノ」(前掲注20『文化財保護の歩み』四七五頁)とする。

(54)佐藤道信「フェノロサ、アーネスト」(中村元・久野健監修『仏教美術事典』東京書籍、二〇〇二年)七五五頁。

(55)古田亮『狩野芳崖・高橋由一 日本画も西洋画も帰する処は同一の処』(ミネルヴァ書房、二〇〇六年)一七一―一八三頁。

(56)守屋友江「仏教と美術」仏教史学会編『仏教史研究ハンドブック』(法蔵館、二〇一七年)三六六頁。

(57)山口静一「フェノロサ」(国立教育会館編『教養講座シリーズ61』ぎょうせい、一九九三年)一二二頁。

(58)馬渕明子「*Histoire de l'art du Japon* の成り立ちとその意義」(『ジャポニスムの系譜 第3回配本 巴里万国博覧会臨時事務局編日本美術史Histoire de l'art du Japon 別冊付録』エディション・シナプス、二〇〇五年)七頁。

(59)フェノロサ(山口静一訳)『浮世絵の巨匠たち 風俗画派による日本の肉筆画および色彩版画-歴史的概説』(山口静一、二〇一五年)四頁。

(60)永井荷風「欧米の浮世絵研究」(『荷風全集 10』岩波書店、一九九二年)二〇八―二一八頁。

(61)読売新聞、昭和十六年六月二十日東京版夕刊、三頁。

フェリックス・レガメ、鉛筆を片手に世界一周

ニコラ・モラール（翻訳：河野南帆子）

ニコラ・モラール――リヨン第三大学准教授。専門は十九世紀日本文学史。主な論文に「新出　蝸牛露伴著『大詩人』草稿」（『文学』第一・二号、二〇〇五年、出口智之と共著）、「橋川文三と政治的ロマン主義」（三浦信孝編『戦後思想の光と影』風行社、二〇一六年）、「近代前後の写実小説と自己言及性」（『東京大学国文学論集』第十一号、二〇一六年）などがある。

フランスの挿絵画家フェリックス・レガメは二回ほど日本を訪れている。初回は一八七六年。ジャポニズム熱で賑わっていたフランスを離れ、東洋思想の調査を行うエミル・ギメに同行し、報告資料のデッサンを描いた。二回目は一八九九年。パリ市絵画教育査察官となったレガメは、美術教育の調査をするために東京に派遣された。どこを訪れるにも常に鉛筆を片手に持っていた。絵が異文化間コミュニケーションの重要なツールであると信じて。

「日本について発表されているものはすべて、どんなに私たちを笑わせているかをあなたがご存知だったら、あなたは旅行手帳をポケットにしまわれ、フランスに帰れるまで、それを入れっぱなしにしておくでしょう。フランスはあなたが日本より詳しく知っている国ですし、その国について、真実を言われる方がいいでしょう。」

「私はそんなことはしませんよ。フランスが何であるかを知りたくなれば、私は日本人の旅行記を読むでしょう。」(1)

一、お互いの肖像画

一八七六年九月のある日のこと、二人の外国人とその通訳が東京の湯島で、絵師の河鍋暁斎の小さな家に続く道をやっとのことで見つけた。これは良く知られたエピソードだが、社交辞令を交わした後、二人はかけるように促された。若い方のフェリックス・レガメは、河鍋暁斎の肖像を描いて良い

写真1　フェリックス・レガメ（Wikimedia Commonsより）

かと尋ねる。暁斎は了承するが、自分もまた、レガメの絵を描く。この訪問で描かれた互いのポートレートは、現存している。一方には、暁斎が描かれ（**図1**）、他方には、暁斎を尊敬するフランス人画家のレガメ（**図2**）が描かれている。また、レガメの旅の友であったエミール・ギメの旅の手記も残されている。

　おしゃべりをし、少しずつ陽気な空気になる。（中略）レガメはすでに自分の武器を取り出していた。膝を折りかがめた姿態は、彼のゲートルとズボンにそぐわないので、脚をなかば伸ばして蓙の上に座った。そして、膝の上に写生帳を置き、暁斎に彼の肖像画を描く許可を求める。（中略）しかし、〔暁斎〕は反撃もせずに、されるままになっている人間ではない。フェリックスの写生帳の上で何が行われているのかを横目で見守りながら、まるで自分の着物の袖の中でするようにこっそりと、筆を用意し、絵の具を溶き、一枚の紙を蓙の上に広げ、そしてポーズを取っている振りをしながら、素早い筆さばきで、自分の肖像を描いている画家の肖像を描き始める。[2]

　この思い出は、エミール・ギメが一八七八年から一八八〇年の間に出版し、レガメがたくさんの挿絵を描いた旅行記『日本散策』に掲載されている。[3]第一部には、横浜到着、二日間の鎌倉散策、演劇鑑賞の様子が、第二部には、一八七六年初頭の数日間の東京見物と一週間の日光旅行の様子が書かれている。この二人の日本滞在はその後一ヶ月続く。伊勢に寄ってから、十月十六日に京都に着き、しばらく滞在している。その間に大阪に足を運んでいる。十一月初旬に神戸を発ち中国へと赴く。[4]

　『日本散策』の第一巻が出版された時、辛口のルイ・ゴンスが『ガゼット・ボザール』に挿絵に関する幾つかの批判的な部分を除いては、全般的に比較的賞賛を示す書評を寄せている。記事の書き出しはこのようなものである。

　旅の手記は今日ますます注目を集めている（中略）全て

の障壁を取り払い、あらゆる距離を縮めた電力と蒸気のおかげで旅は生活の中でますます大きな役割を担うようになった。（中略）世界広しと言えど、日本ほど、普遍的に人々を惹きつける国はない。（中略）発見の時代のなんと素晴らしいことか。二人の道楽者または暇なパリジャンが横浜まで散歩に行くのは悪くないねと言って実行できる時代である。数週間と数千フランあれば可能な話だ。芸術家と文学者の二人の旅人が協力し、文章の才と絵の才を持ち寄り、印象をただ書き留めれば、刺激に溢れる本になるのだ。ただ、ギメ氏とレガメ氏は、暇人でもなければ、道楽者でもないという点だけが異なるのだが。(5)

図1　É. Guimet, *Promenades japonaises. Tokio-Nikko*, vol. 2, Paris, 1880, p. 189

図2　É. Guimet, *Promenades japonaises. Tokio-Nikko*, vol. 2, Paris, 1880, frontispice

一八七八年には、日本への旅は気軽にできるものとされており、流行っていたようである。

二、フィラデルフィア万国博覧会

実際、ギメとレガメは道楽者ではなかった。しかも、二人の旅は「科学的な任務」であった。彼らは、おそらく一八七二年にロンドンで知り合い、フィラデルフィアの万国博覧会で再会している。ギメは自らの事業の製品を発表しにきていた。一八七六年、四十歳の時に父親が残した莫大な財産を譲り受けていた。父親は、有名な色素「合成ウルトラマリン」の発明者であった。ギメは、歴史と宗教にも傾倒しており、莫大なコレクションを有していた。これが彼の大きなプロジェクトの中心を成すものとなる。まずリヨンに設立され次にパリにできた美術館は今でも彼の名を冠している。(6)

その当時、フェリックス・レガメは三十二歳だった。(7) ルイという彫り師の息子で、レガメには、ギヨームという兄がいた。前年に亡くなっていたが、軍事的なテーマを取り扱った歴史画の専門家であった。フレデリックという弟もおり、イラストレーターだった。フェリックス・レガメは、ギヨームとフレデリック同様、画家ホラス・ルコック・ドゥ・ボワボドランに師事した。その後、パリ包囲戦で戦った後、ロンドンに行き新聞のイラストレーターとして働いた。その後、アメリカ合衆国に赴く。

レガメは、フィラデルフィアでギメと再会し、万国博覧会では大成功を博した。

日本人は、日用品に至るまで持ってきた物を全て売った。（中略）日本の美は既にヨーロッパ全体に影響を与えていたが、この時期から、アメリカにもその影響は及んでいた。今では、工業アート全般にその影響を見出すことができる。家具、壁紙、絵画、織物、一八七六年以前には作られてもいなかったような細々とした日常使いの品々まで。(8)

レガメの視点は常に応用アートに大変近いものであった。このようないきさつで、ギメはレガメを研究旅行のイラストレーターとして採用した。ギメは、私費を投じていたが、政府発行の公的な渡航証明書を入手していた。当時の国民教育省は、東洋への科学的調査の一環として「宗教の調査」を命じ、ギメに外交パスポートを付与していた。(9) 日本での滞在、中国での一ヶ月の滞在、インドでの一週間の短期滞在の間、(10) レガメは、この任務の報告資料にするために常にメモを取り、デッサンを描いていた。

三、デッサンによる講演

その後、ギメとレガメは一八七八年五月二十日に開幕する次回の万国博覧会の準備がなされているパリに立ち戻った。ギメは、トロカデロで、極東の宗教を紹介する展示ブースを出展した。この機会に、持ち帰ったオブジェ、彫刻、テキスト、デッサンの中から良い品々を選んで展示した。実は、この時すでにリヨンの美術館の準備もしていた。レガメが帰国後に描いた三十に及ぶ宗教をモチーフとした絵画は、美術館の全体の展示を決定づける作品群となっている。(11)

同じ時期に彼らは、「デッサンによる講演」を幾つか企画している。レガメはアメリカ合衆国で既にこのような講演会を開催していて、壇上には彼の分身、エリー・グラン・ダヴォワンヌを登場させており（エリーはレガメの二つ目の名前）大変な人気を博していた。「話すだけでなく、多くの絵を描き、それが、上手とは言えない英語の補足になるのだ」。レガメの講演の様子を目にしたギメは「一時間もかからないで、果てしないような数キロメートルの紙を、巨大なクロッキーで埋めていったのだ。それはすべてに、すなわち、芸術、歴史、時事問題、民俗学に触れ、さらには道徳にも及んでいる。(12)」と記している。レガメはギメと共に、「日本の演劇」という講演を提案した。(13) 当時のコラムによれば、レガメは、木炭を片手に四平米もの大きな紙の前に陣取り、ギメの言葉を絵にしていった。「即興の部分がなんと大きいことか！一筆目で描こうとしている情景を知るのは不可能であった。木だと思って見ていると最後の一筆で、手足に扇を持った素晴らしい日本人の踊り手が現れるのに、観客は目を見張るのだ」。(14) レガメは何年もの間、このようなパフォーマンスを日本についてだけでなく、日本でも続けている。言語以外の手段でコミュニケーションを取る方法だ。

四、日本では誰もが絵を描く

到着数日後にギメとレガメは、鎌倉見学を思い立つ。「私たちの友達B」が企画してくれ、「横浜パンチの愛すべきデッサン画家」チャールズ・ワーグマンも一行に加わった。(15) 道中、ワーグマンとレガメは風景やちょっとした日常の情景をスケッチするために立ち止まった。ところが、「二人は大変なライバル」に出くわすことになる。車夫である。「彼は棒きれの先で庭の砂の上に大仏の姿を描き出した。二人の画家は仕事の手を止めて、驚くべき才能を見せるライバルの作品に、嬉しそうに感心して見とれている。これは偶然巧く描いたのではないのだ。日本人はすべて芸術感覚を持っている

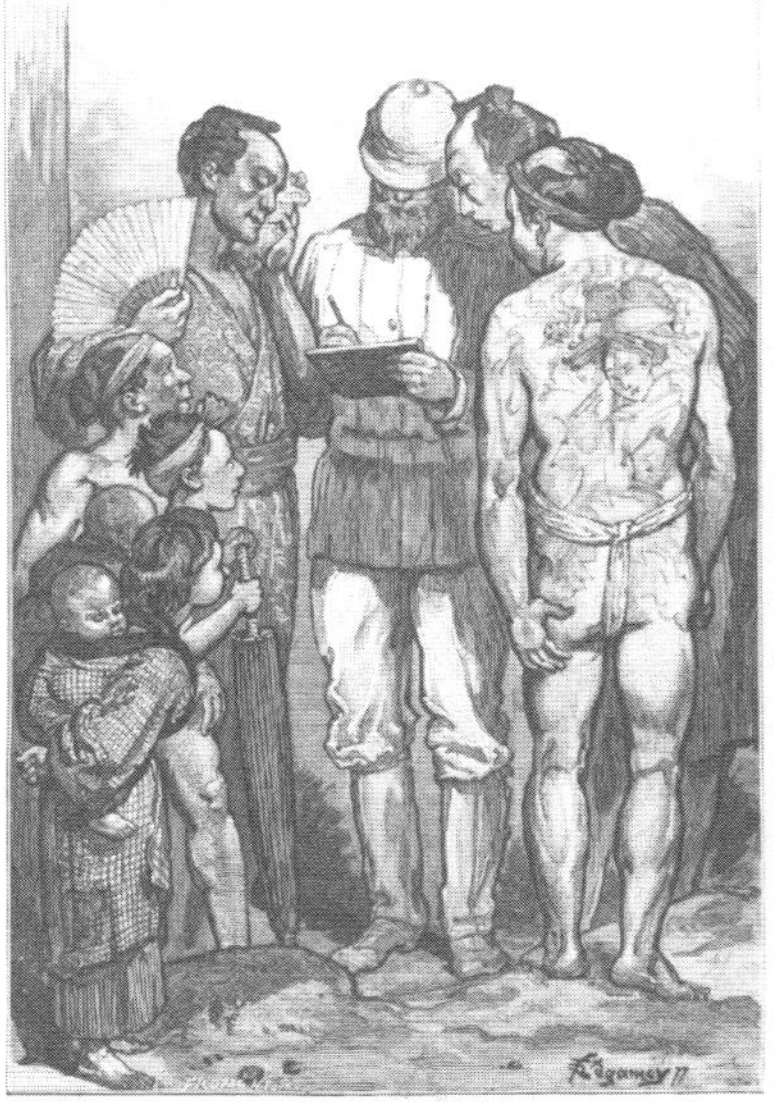

図3　É. Guimet, *Promenades japonaises*, vol. 1, Paris, 1878, p. 161

図4　F. Régamey, *Japon*, Paris, 1903, p. 45

し、皆が学校で筆を用いて字を書いてたり、デッサンをしたりすることを習っているのである。」江ノ島でレガメとワーグマンが絵を描くと「住民たちは大喜びで、誰もが本当に目が利くように見える」。「自分の意見を述べようと立ち止まっている」人々の中には「素裸で、背中と胸を芸術的な入墨で飾っている」人夫も見られる。(16) この文章には挿絵が添えられており（**図3**）、レガメは興味津々な住民たちに囲まれている自分の姿を描いている。何年も後に、好意的に受け入れられたことを熱く思い出すのである。「世界で日本ほど絵を描くことに、敬意、繊細な配慮がはらわれる国はない。日本では、どんな百姓でさえも絵のなんたるかを知っている」(17)。そして、同じジャンルの別の挿絵を付け加えるのである（**図4**）。それを見ると植民地風の帽子とゲートルに下駄というレガメの奇妙で大変目立つ身なりが一見してうかがえる。(18)

五、芸術に冷淡な中国

どこでも日本のように好意的に迎えられたわけではない。特に清は、芸術にも外国人にも敵対的な国だ。お人よしの旅人が、ドイツの国境で軍の要塞のスケッチをしたとしても、広州の街中でスケッチをしようとする絵描きほど侮辱をうけなかったろう。私自身経験したことだ。(中略)中国人に肖像を描かせて欲しいと頼もうものなら、すぐに隠れてしまう。あの手この手で誘ったとしても、極貧の者でさえも素晴らしい申し出を拒むのである。

清に関する好意的とは言えないこの考察は、一八九〇年の『レビュ・ブルー』の記事に記載されている。中国は影で、日本は常にその対照をなしている。「この花咲く園では、てが喜び、光、命である。階級の上の者から下の者までみな自然の美に対する感覚を多かれ少なかれ有している。芸術家は、なんら恐れることはないのである。好きなだけスケッチをしていても怪しまれることはない」[19]。

レガメは、外で絵を描く画家に対する中国人の敵意だけを非難しているのではない。その他にも、彼らの奇妙な欠点を指摘している。街中に飢えた者、障害者、醜悪な人々が多くいること、子供たちは外国人を見ると、日本の子供たちのように微笑みかけるのではなく泣きだすこと、誰でもどこにでも好きな所に死者を葬って良いようで、そこここに墓地があること。また、華美に宝石で身を包んでいることさえも批判している。ただ、記事の最初に、中国人の友人にこのようなことを書くことを詫びている。「親愛なる友であり、金の腕輪を一つつけた自国のことを素晴らしいフランス語で褒めることのできる陳季同将軍へ。このように、中国のことを悪く言うことを許してくれるだろうか」[20]。陳は、駐仏中国大使館付き武官で一八八六年に将軍に昇進している。個性豊かで『中国人による中国』の作者として著名な人物であった[21]。彼は、『レビュ・ブルー』の次の号でエレガントに返答している。「広州の街中に折り畳み椅子に腰掛け、この興味深く、世界に類を見ない広州の街をスケッチしようとしたが、大芸術家は、彼を取り囲む人々の好奇心と画家の行動や所作についてのコメントですぐにやる気を失ってしまった。そこで、急いで客船に乗り日本に行った。日本では長く滞在し、歓迎されたのである」。皮肉たっぷりに陳は、レガメを非難できるものだろうかと問い、このように付け加えている「私はレガメは、中国を見なかったことに気づいた。確かに滞在はしていたが、レガメがピエール・ロティに言ったことをそのまま彼に言わざるを得ない。『寄港地での観察には、見誤る危険がある』」[22]。

実際レガメは、『レビュ・ブルー』の記事の最後にピエール・ロティは日本について何も理解していないと批判し、この文章を宛てている。これが、『お菊さん』(一八八七年)の著者に対する最初の攻撃だが、翌年に『ジャポン・プラティック』でも、一八九三年には、『ラ・プリュム』の特集号でも批判している。「恩知らずなロティ」は、「船の甲板から日本を垣間見たに過ぎない」[23] と非難している。レガメは『お菊さんのバラ色のノート』を執筆し、お菊さんから見た、事の成り行きについて書いている。[24]

一八九〇年には、批判をしたレガメ当人が同じことで非難されることになった。陳将軍は、同じ論拠を持ってレガメを非難するのである。翌年、レガメが『ジャポン・プラティック』の序論に同じ記事を再利用した際に、少なからず悪意を込めて「親愛なる、二つの腕輪を身につけた陳季同将軍」[25] に言及している。腕輪を二つもである。レガメは将軍に宝飾品をもう一つ身につけさせ、彼の華美な趣味を揶揄したのである。しかし、この棘のある一言はパリの上流社会にしか通じないものであったので、翌年にロンドンで出版された翻訳版からはこの部分は削除されている。[26] それでも、レガメは、『お菊さんのバラ色のノート』でどうしてもこのように言わざるをえないのである。「日本人は、実のところ、中国人のように器用に猫をかぶることをしない。知識人の将軍たる代理公使を送ることや、我々を軽蔑し自国のことを絶えず賞賛することを考えもしないのである。日本人は、慎み深いのである」[27]。

六、日清戰争

日清どちらの肩を持つかでは、レガメの心は決まっていた。一八九四年の秋、日清戦争の開戦直後に『レビュ・ブルー』で二十年前に書いた中国に関する手記を発表した。[28] すぐに、どちらに同情しているかが窺える。「現在、清の野蛮性と戦っている勇敢な小さな民は（中略）、ゴリアテに対峙するダビデである。細い鋼でできた日本の職人による錐は、清の野蛮性を支えるこのよろめく巨大な梁に正確に命中する。この戦争は、ヨーロッパ人に、極東の問題により真剣に臨むように喚起している」。また、「イスラムの脅威について語られることがあるが、中国の脅威の方が別の意味でより深刻なものである。イスラムは、アフリカやアジアに散在しているが、中国はその内に解体の芽を孕むものの、四億人の人口を有する一つのコンパクトな塊だ。何につけても西洋に背を向ける。はっきりと宣言しよう。人類の未来について懸念しているフランスのなすべきことは、大清帝国の分割ではないか。何故ならその同質性が断絶されない限り、世界の他の地域にとって大いなる脅威だからだ」。一八七六年に訪問した時にレガメの目には、清は野蛮に映ったが、そのままのイメージを持ち続けたのだ。彼は貧困、乞食、汚れ、汚物、病、騒々しい争い、暴力（特に警察による）、見せしめにされる受刑者、拷問の道具についてしか述べていない。行き交う人々、会話の仕方、建物、その構造、特に伝統工芸品の品々に強い関心を寄せているものの、最後の章は彼の立場をはっきりと表している。

中国を去る時、今まで以上に強く、私の選んだ地である日本のことを思う。素晴らしく、卓越した芸術の思い出が、清で目にした圧倒的な醜さと下品さに恥じらいのヴェールをかけてくれることを望む。笑みをたたえたような風景が、黄色い壁に取って変わってくれることを望む。夢の中で、廃墟にこの黄色い壁がそびえ立ち、超えることのできない障壁となる。この壁の裏で起こっていることで、思想家にとってするどい不安をかき立てないものは何一つない。

七、筆の賛美

一八九三年十月に『ラ・プリュム』[29]の「日本の芸術と女性」[30]の特集号に寄せられたレガメの論説は、京都の生徒の作文を引用することから始まっている。これは「日本の文部省が、世界万博のために送ってきた様々なオブジェや一連のノート」から引用したものである。彼は、小学生のノートに関心があった。何故なら、「絵の新しい教授法について見て取れるからである」。レガメは、

絵の勉強の時に、柔らかく且つ締まりのある素晴らしい、日本を代表する道具である筆が使わなくなってしまった。西洋の乾いた黒い鉛筆、汚い、擦筆を使って、筆を使えなくなった日本の子供たちは、ぎこちなく絵を学ぶのである。（中略）自国の芸術の価値に関する認識を失ってしまった民を見るのはなんと苦しいことか。自分たちの良さを捨て、我々の製品の前で侮辱される人々を。彼らは油絵を描こうとするのである。我々の真似をしようとするのだが、それは、全く下手なもので、我々が彼らのやり方を真似ようとする時ぐらいに下手なのだ。[31]

と憤慨する。

レガメは日本の筆をこよなく愛していた。「シンプルな構成、シンプルな絵が日本の芸術の特徴である。風景画や動物画は一筆で描かれる。この訓練は、皆ができるのである。日本人は、幼少の頃から晩年まで常に筆を持っているからである。筆は絵を描くためだけではなく字を書くためにも使われるために上達も早い。従って、誇張なしに日本では、皆が絵を描くと言える」。[32]レガメの興味は、若い頃の職業であった教師のそれでもあった。一八六八年には既に装飾美術学校と

建築学校で教鞭を取っていた。アメリカ合衆国に行ったことを既に触れたが、初回は、大火災の後、再建中であったシカゴでのデッサンの授業の開講に尽力し、一八七九年には、視察に赴き報告書を出版している。[33] 一八八四年、パリ市の絵画教育の査察官に任命されている。

八、東京における絵の教育

この教育活動のおかげで二度目の来日を果たしている。一八八九年の一月から三月までの数ヶ月間、公式な任務を帯び、東京で美術教育についての調査をした。たくさんのノートとデッサンを集め当時の国民教育省に報告書を提出している。[34] 視察した学校では全てをメモしている。学校のコレクション（例えば帝国大学が有していたアイヌの品々のコレクションに特に興味を持ち、そのうちの幾つかを再現している）や学校で使われている備品（椅子や画架）、あるいは畳や屏風を使った伝統的な絵の教室の様子。全体として、西洋のやり方が少しずつ伝統的な教授法に取って替わっている。だからと言って、彼が深い尊敬の念を抱いていた巧みな筆さばきやノウハウが台無しにされているわけではないと彼は感じていた。「習字を通して、確かな目、確かな手の感覚とやわらかな筆さばきを養うことができる。筆ほど、この能力を身につけさせてくれるものはない。それが、絵画の勉強の準備になるのである」。[35] レガメは、東京高等師範学校付属小学校でのエピソードを紹介している。

絵の教師が、黒板に何か描いてくれと私に頼む。何が良いだろうか？今まで何度も子供たちが喜んでくれたことにする。生徒に黒板に五つの点を書いてもらう。そこから、男の頭、両手両足を描き生徒らの頼んだ動物に添えた。ライオンを描いてくれと頼まれる。（中略）私の描いたライオンは怖そうだが、それでも生徒たちは大喜びである。お返しに生徒たちの描いた絵を幾つか欲しいと頼むと、うまく伝わらなかったのか、皆が一斉に一生懸命、筆で黒板に今しがた私が描いた絵を描き写し出した。十分もしないうちに、男と動物が描かれ、生徒たちが描いている間に、事の意外な展開を面白いと思い、また暇つぶしに描き足した兎も生徒たちによって描き写された。下手なスケッチは一枚もなかった。ほとんどが大変上手に出来ていた。大げさと思われるのを恐れずに言えば、モデルよりも上手な絵さえもあった。[36]（**図5**）

第二回目の旅の際に収集した品々は、大きな挿絵本『日本』[37] と、この本の派生本とも言える、そこまで豪華ではない『絵で見る日本』[38] の執筆に役立った。最初の章は、『日本散策』のような雰囲気であるが、章が進むに連れて、単なる旅の手記ではなく、内容がより豊かになっていく。日本に関する記事や論文などが掲載され、歴史的な考察も盛り込まれていく。日清戦争の詳細な説明があり、将軍や大将の肖像画、中国遠征の年代記、当時の記事の引用や、この戦争を見た西洋人の証言などが記載されている。次の章では、日本帝国軍の歴史や変遷に至るまで詳細に描写されている。一八九九年には、レガメは、美術学校だけではなく、士官学校、歩兵の兵舎、騎兵の兵舎、砲兵の兵舎を見学しており、多くのスケッチを残している。服装、武器、寝室、士官の肖像、演習、建物、兵舎での出来事。レガメの日本に対する賛美の念は、大変大きなものであったため、軍隊生活までもが彼には完璧に映った。

quelconque associé à un animal désigné par les élèves. Cette fois encore c'est un lion qui m'est proposé. Je dis encore, parce qu'en pareille circonstance, que ce soit en Europe ou en Amérique, et ici nous sommes en Asie, j'ai toujours vu l'esprit des enfants incliner vers le roi des animaux ; exceptionnellement l'éléphant réunissait les suffrages, jamais la souris. Je me souviens d'une visite que je fis jadis à un asile des environs de Lyon, où je me livrai à ce même innocent exercice des « Cinq points » devant des bambins dont l'aîné n'avait pas six ans, les filles d'un côté, les garçons de l'autre, et ce fut l'un d'eux qui, avec enthousiasme, réclama « Un lion ! » ; avec non moins d'énergie et de spontanéité, une mignonne petite fille ajouta d'une voix flûtée : « Qui le mange ! ». Je n'eus garde de manquer à l'injonction, indice de cette cruauté native

図5　F. Régamey, *Le dessin et son enseignement dans les écoles de Tokio*, Paris, 1899, p.10

　絵の授業と兵舎以外には、レガメは国会を見学しており、熱く演説する田中正造のスケッチまでしている。西郷従道に会っているし、帝国博物館では、九鬼隆一にも面会している。東洋帝国出版界を見学し美術雑誌「国華」の印刷所も見学している。色刷りの印刷を見学し、道具を手に持つ職人を何人も絵に収めている。三月三日にはパリで法律を学んだ栗塚省吾の家に泊めてもらう。友人宅、日常生活、本所での生活を詳細に描写した。相撲を見に行き、義太夫の劇、歌舞伎座や新富座をも見学している。出発前に、レガメは、「フランスでの絵画の状況について、特に彼らにとっては新しい、印象派について語って欲しい」と日本人の芸術家仲間に頼まれる。いつものようにレガメは、「考えをうまく伝えるために素早くスケッチをしながら」話し出す。彼は「フランスの印象派にさして驚くことはない。何故なら、日本で発明されたものだからだ」[39]と結ぶ。

九、晩年

晩年、レガメは、シェルシュ・ミディ二十一番地に住んでいた。「異国趣味の骨董品、書類と絵が雑然と置かれていた。(中略)やかましい犬が二匹と吃音で耳の不自由な使用人」[40]と住んでいた。一九〇四年に彼を訪問した人が「木の扉の上に『止め木の紐を引いてください』と書いてあるので、紐を引くと、銅羅のような音が聞こえる。庭師のような人が戸を開けてくれ、レガメ氏がアトリエで待っている旨を伝えてくれる。このアトリエは、板で出来た小さな家が庭を囲む形で出来ている。庭の中心には木の小屋があり、日本の筵で覆われている。パリ郊外の小さな集落のようだが、小屋には、掛け軸や日本の神々の彫刻が飾られており、地面に刺された竿の先には提灯がかけられていた。」[41]

レガメは、一九〇〇年九月十三日に設立されたパリの日仏学会の促進者であり、事務局長も務めている。学会は、生花や、鎧、北斎、演劇についての対談や講演会を企画した。活動の最初の報告書にこのように書いている「これらの講演会は大変良いものであったが、多くの聴衆を集めることはできなかったし、私たちの学会に実利的な結果をもたらすことも出来なかった。というのは聴衆は、様々な演説に飽和状態にあり、耳で彼らを惹きつけることはできない。しかし、彼らの目は、まだ飽きてはいない。絵やプロジェクションが必要なことは分かっている」[42]。レガメは病を押して、最後まで精力的に活動した。晩年の文章でも分かるように、絵が異文化間コミュニケーションの重要なツールであると常に信じていた。

注

(1) É. Guimet, *Promenades japonaises*, vol. 1, Paris, 1878, p. 32(青木啓輔訳『1876ボンジュールかながわ』有隣堂、一九七七年)。

(2) É. Guimet, *Promenades japonaises. Tokio-Nikko*, vol. 2, Paris, 1880, p. 188-190(青木啓輔訳『ギメ東京日光散策』雄松堂、一九八三年)。レガメは、暁斎と会ったことについて一八七六年九月二十八日付の母親に宛てた手紙で書いている（F. Macouin et Omoto K., *Quand le Japon s'ouvrit au monde*, Paris, 1990, p. 131-132〔尾本圭子、フランシス・マクワン『日本の開国　エミール・ギメ、あるフランス人の見た明治』創元社、一九九六年〕）。また、Revue bleue, 22 nov. 1890, p. 648-658の《Le Japon vu par un artiste》にも、*Le Japon pratique*, Paris, 1891, p. 47にも掲載されている。ギメとレガメは、暁斎の作品に最初に注目した外国人である。暁斎は日本と西洋では大分評価が異なっていた。暁斎には、狩野派の古典的な作風と狂画とがあるが、西洋では狂画が特に伝わり、また評価された。

（3） 前掲書。なお、第三巻と第四巻が出版予定だったが、出版されることはなかった。

（4） 旅の詳細な記載については、F. Macouin et Omoto K., *Quand le Japon*..., p. 60-61を参照。

（5） *Gazette des Beaux-Arts*, févr. 1878, p. 187-190

（6） エミール・ギメについては、F. Chappuis et F. Macouin（éd.）, *D'outremer et d'Orient mystique. Les itinéraires d'Émile Guimet*, Suilly-la-Tour, 2001とF. Macouin,《Émile Guimet》, in P. Sénéchal et C. Barbillon（éd.）, *Dictionnaire critique des historiens de l'art actifs en France de la Révolution à la Première Guerre mondiale*, Paris, 2009を参照。

（7） フェリックス・レガメについては、兄のギヨームの死後に家族が注文した小冊子の情報を参照することができる（E. Chesneau, *Notice sur G. Régamey*, Paris, 1879）。またギメが暁斎との出会いについて語っている章にも記載がある（*Promenades japonaises*, vol. 2, p. 190）。P. Larousse（éd.）, *Grand dictionnaire universel*, t. XVII, Paris, 1890、または、F. Hauserによるインタビューで *La Presse*, 28 févr. 1904, p. 1-3に記載されたものを参照のこと。それ以外にも、一九〇七年に掲載されたいくつかの過去帳に記載がある（H. Nocq, *Bulletin de la Société franco-japonaise de Paris*, VII, p. 5-9, L. Vauxcelles, *Gil Blas*, 7.5.1907, p. 1, P. Sébillot, *Revue des traditions populaires*, XXII, p. 229-231、またはH. Cordier, *Journal de la Société des Américanistes de Paris*, IV, p. 113-114）。

（8） F. Régamey, *L'enseignement du dessin aux États-Unis*, Paris, 1881, p. 69

（9） 公的な詳細情報に関しては、*Rapport au Ministre de l'Instruction publique et des Beaux-Arts sur la mission scientifique de M. Émile Guimet dans l'Extrême-Orient*, Lyon, 1877とÉ. Guimet,《Introduction》, in *Le Jubilé du Musée Guimet, 25e anniversaire de sa fondation*, Paris, 1904, I-XVを参照。

（10） É. Guimet,《Huit jours aux Indes》, dessins de F. Régamey, in *Le Tour du monde. Nouveau journal des voyages*, XLIX（1885）, p. 209-272 et LXVI（1888）, p. 65-96とF. Régamey,《Vingt-huit jours en Chine》（注28を参照）。上海には十一月十六日に到着し、香港と広州に立ち寄った後に、マカオを発ったのが十二月十三日である。サイゴンとシンガポールに寄った後、セイロン島の南、次にコロンボに立ち寄っている（F. Macouin,《Autour du monde avec Félix Régamey》, in F. Chappuis et F. Macouin（éd.）, *D'outremer et d'Orient mystique*..., p. 30-41）。

（11） これらの絵は、*Notice explicative sur les objets exposés par M. Émile Guimet et sur les peintures et dessins faits par M. Félix Régamey*（Exposition Universelle, Galeries historiques – Trocadéro, Religions de l'Extrême-Orient）, Paris, 1878と、ギメ美術館の *Catalogue des objets exposés*, Lyon, 1880で描写されている。そのうちの三分の二の絵画が日本をテーマとしている。例えば、浅草（14, 20, 25）、日光（9, 12, 13）、伊勢（10, 19, 23, 32）、熱田神宮（11）、天満宮（21）、本願寺（27）のスケッチ。

（12） F. Régamey,《À Chicago il y a vingt ans》, in *Le Tour du monde. Nouveau journal des voyages*, LXIII（23 mai 1893）, p. 305-320とÉ. Guimet, *Promenades japonaises*..., vol. 2, p. 191（青木啓輔訳、一二二頁）。

（13） ギメは、大の音楽好きで、余暇には作曲もしていたし、一八七〇年代末には、リヨンに劇場まで建築している。そのギメが、演劇に興味を持たないわけがなかった。*Promenades japonaises*（vol. 1, p. 189-210）では、ギメとレガメが港座の楽屋で過ごした愉快な夕べについて述べられている。

（14） 一八八四年の *Europe artiste*（四月二十日）に掲載された記事。*Le Matin*（五月三十日）と *Courrier de l'art*（六月六日）も参照。この講演会は、四月十六日にパリの Cercle Saint-Simon と五月二十九日にリヨンの Théâtre du Vaudeville で上演されている。また、*Bulletin du Cercle Saint-Simon*, III（1885）, p. 105-132 と É. Guimet, *Le Théâtre au Japon*, illustrations de F. Régamey, Paris, 1886 にも掲載されている。

（15） É. Guimet, *Promenades japonaises...*, vol. 2, p. 57（青木啓輔訳、五三頁）。ワーグマンはレガメ同様に *Illustrated London News* のイラストレーターだった。

（16） É. Guimet, *Promenades japonaises...*, vol. 2, p. 121 et 160（青木啓輔訳、一一九・一五四頁）。

（17） F. Régamey, *Japon*, Paris, 1903, p. 44

（18） 一八七六年の旅の際に撮影された一連の写真と同じ身なりである。これは、Léon Dury が所蔵していたアルバムに掲載されていた。

（19） F. Régamey,《Le Japon vu par un artiste》…, p. 648 と Régamey, *Le Japon pratique...*, p. 2-3

（20） F. Régamey,《Le Japon vu par un artiste》…, p. 648

（21） Tcheng-Ki-Tong, *Les Chinois peints par eux-mêmes*, Paris, Calmann Lévy, 1884

（22） Tcheng-Ki-Tong,《La Chine vue par un artiste》, in *Revue bleue*, 29 nov. 1890, p. 685-688

（23） F. Régamey,《L'âme japonaise》, in *La Plume*, n. 106, 15 oct. 1893, p. 419-421

（24） F. Régamey,《Le cahier rose de Mme Chrysanthème》, in *La Plume*, n. 106, 15 oct. 1893, p. 442-448。翌年本として出版されている。

（25） F. Régamey, *Le Japon pratique...*, p. 3（傍点は論者による）。

（26） *Japan in Art and Industry*, trad. de M. French-Sheldon et E. Lemon-Sheldon, New York / London, 1892, p. 5

（27） F. Régamey,《Le Japon de Loti》, in *La Plume*, n. 106, 15 oct. 1893, p. 442-443

（28） F. Régamey,《Vingt-huit jours en Chine》, in *Revue bleue*, 13 oct. 1894 : p. 449-456 ; 20 oct. 1894 : p. 496-499 ; 3 nov. 1894 : p. 558-563 ; 10 nov. 1894 : p. 595-599

（29） この創刊間もない文学と芸術を扱う雑誌は、グラフィズムや挿絵をふんだんに使っていた。時には、特集号を外部のチームに任せることがあった。この特集号に関しては、レガメが責任者であったようだ。

（30） この号に関しては、レガメは、日本美術愛好家（例えば、Théodore Duret や Philippe Burty）に協力を仰いでいる。レガメが巻頭の記事と多くの挿絵を描いている。また、かの有名な『お菊さんのバラ色のノート』（注24を参照）も寄せている。それ以外にも翻訳を二つ。一つ目が、吉原について、H. Norman, *The Real Japan Studies of contemporary Japanese manners, morals, administration and politics*, London, 1892, pp. 267-296。二つめは、E. Arnold, "Love and marriage in Japan"。これは、*Cosmopolitan* に一八九二年二月に掲載されたものである。その後、*Wandering Words*, London, 1894, pp. 121-144 にも掲載されている。

（31） F. Régamey,《L'âme japonaise》…, p. 420。この文章は、翌年に *Cahier rose de Mme Chrysanthème* の前書きに挿入される。その後、再度修正され、*Le dessin et son enseignement dans les écoles de Tokio* の巻末に掲載される.

（32） F. Régamey, *Le Japon pratique...*, p. 26、少し修正を加えられ

て、《le Japon vu par un artiste》に掲載される。

（33） F. Régamey, *L'enseignement du dessin aux États-Unis. Notes et documents*, Paris, 1881

（34） F. Régamey, *Le dessin et son enseignement dans les écoles de Tokio*, Paris, 1899

（35） F. Régamey, *Le dessin et son enseignement* ..., p. 28

（36） F. Régamey, *Le dessin et son enseignement*..., p. 10

（37） F. Régamey, *Japon*, Paris, 1903

（38） F. Régamey, *Le Japon en images : dessins d'après nature et documents originaux*, Paris, 1903

（39） F. Régamey, *Japon*..., p. 302

（40） L. Vauxcelles,《Félix Régamey》, in *Gil Blas*, 7 mai 1907, p. 1

（41） F. Hauser,《Visites : M. Félix Régamey》, in *La Presse*, 28 février 1904, p. 1-3

（42） F. Régamey,《Rapport du secrétaire général》, in *Annuaire-Bulletin de la Société franco-japonaise de Paris*, 1902, p. 16-19

エドワード・シルベスター・モース

――モノで語る日本民俗文化

角南聡一郎

アメリカ人動物学者モースは、お雇い外国人として来日し教壇に立った。本業以外でも、大森貝塚の発掘や民具の収集など、日本文化をこよなく愛した。モースは製図工として働いたこともある図化の達人でもあった。まさに彼はモノを通じて日本文化を理解しようとした。モースは考古学だけでなく、民具学や考現学の源流でもあることを紹介した。

すなみ・そういちろう――公益財団法人元興寺文化財研究所総括研究員。専門は仏教民俗学・物質文化研究。主な著書・論文に「ガンゴウジとガゴゼ――元興寺をめぐる説話伝承の世界」（天理大学考古学・民俗学研究室編『モノと図像から探る妖怪・怪獣の誕生』勉誠出版、二〇一六年）、「奈良の古物をめぐるイメージとナショナリズム――正倉院御物を中心に」（石井正己編『博物館という装置――帝国・植民地・アイデンティティ』勉誠出版、二〇一六年）、「近代八重山におけるモノの越境――台湾との関係を中心に」（上水流久彦・村上和弘・西村一之編『境域の人類学』風響社、二〇一七年）などがある。

はじめに

維新後、明治政府は富国強兵政策を打ち出し、日本の近代化、西洋化に力をいれた。これを実現するためには、なによりも人材育成が必要であるため、欧米諸国よりスタッフを招いて教育をすることとなった。この際に契約により来日し、教務に当たった人々を「お雇い外国人」と呼ぶ。その多くは契約期間の終了とともに離日し、日本との関係が途絶えたが、中には日本に対して特別な思いを抱くようになった者も少なからずいた。彼らのうち、日本の民俗文化について興味関心を持ったものに、アメリカ人のエドワード・シルベスター・モース（Edward Sylvester Morse, 1838-1925）がいる（**写真1**）。

モースは、アメリカ・メイン州ポートランド生まれ。モースは中等学校を卒業すると鉄道会社の製図工として働いていたが、幼い頃から貝類に関心が深く、やがてハーバード大学の動物学者ルイ・アガシー（Louis Agassiz, 1807-1873）に見出されて助手となった。その後、いくつかの大学で講義を担当するようになり、ボードン大学で動物学の教授となった。後日、来日し東京帝国大学に動物学の教授として迎え入れられた（藤川一九七〇）。モースの興味関心は動物学に限定されたものではなく、天文学会、建築学会、地理学会、美術学会、図書学会などに入会し、活動をおこなった。

本稿では、特にモースが開拓したといっていい、日本における物質文化研究という視点から、モースの仕事を掘り下げてみたい。

一、モース・コレクションと里帰り展示

お雇い外国人の活動の一つとして日本事物の持ち帰りがあげられる（加藤二〇一三：二八）。それは国外に日本文化を紹介したという意味で少なからず意義があった。モースは日本の民具（民俗資料）を収集しアメリカに持ち帰ったことが知られる。もっとも民具という語は、その後、澁澤敬三によって生み出されるものなのであり、モースの頃はそのような概念がなかった。モースの評価の一つに、彼が発掘した考古資料を私物化することなく、東京大学に資料として残していったことがある。他方、民具は積極的に個人で収集し、アメリカに持ち帰っている。それらも後には博物館資料となり、民具はセイラム・ピーボディー博物館、陶磁器はボストン美術館に収蔵されている。これらの資料は一九八〇年代以降、幾度か里帰りし展示されている。(1)

度々日本各地で開催されたモース・コレクションの展示は、日本には失われてしまった文化を、モノを通じて蘇らせてくれ、現代の日本人に感動を与えている。

このような展示されたモノは単にモノの羅列というのではなく、それらは過去の遺物にも関わらず、現代の人々に働きかけをしているように見える。それは例えば日本人とは、日本文化とは何かを強く意識させるような作用を引き起こすようなものである。

写真1　モースの肖像（小西ほか1983）

二、モノへの包括的視点

モースの物質文化研究について理解するためには、モースが博物学的動物学者であったこと、考古学にも関心があり日本で調査を実施したこと、日本の民具を収集しアメリカに持ち帰ったことなどを包括的に考える必要がある。

博物学とは、ナチュラルヒストリーの訳語であることが示しているように、自然界に存在するすべてのモノを対象とした学問である。この中には動植物学、鉱物学といった自然科学系の学問も含まれている。つまり、世界には自然物と人工物の二つのモノが存在し、それらはすべて博物学の対象であった。そして博物学に対応する東洋の学に本草学がある。この名残は考古学の用語にも見える。考古学では遺跡から出土する遺物は、次の二つに区分される。人間が加工したことが明らかなものである人工遺物（artifact）、人間の活動や行為にかかわるが加工の跡が確認できないものである自然遺物（ecofact）である。それらはあたかも博物学の対象を表しているかのようである。

物質文化を研究することは、異文化において非常に短時間でその文化を理解することにつながる。また、言語の壁を越えて異文化の研究を開始することが可能となる。つまり、その地に入った早々から研究を開始することができるのである。これと同様なことは、モースが専門とした生物学にもいえる。例え外国であっても、「いきもの」はその形状より、それらが一体どのような生物であるかを想定することができる。生物そのものや生態系についての知識があれば良いのである。生態系を応用したのがモノの体系である。モースは自然物と人工物をひとまとまりとして考えていたのではないか。また、モースはそれらを図化し記録した。これはモースがかつて鉄道会社の製図工として働いたことと深く関係する。モノは図化されることにより客観化され、比較することが可能となったのである。いずれにせよモースは以下のように常々図化することに勤しんだ。(2)

私が何等かの、時には実に些細なことの、覚え書きか写生かをしなかった日とて一日もない。私は観察と同時に興味ある事物を記録することの重大さを知っていた。

（『日本その日その日』二〇頁）

三、お雇い外国人と日本民俗文化研究

日本の教育機関で教鞭を執り、かつ日本の民俗文化に関心を抱いた外国人は、モースばかりではない。まず想起されるのは、口頭伝承の研究に熱意を注いだアイルランド人（国

籍はイギリス)、ラフカディオ・ハーン(Lafcadio Hearn, 1850-1904)である。彼は島根県尋常中学校、熊本第五高等中学校で英語教師をつとめ、東京帝国大学文科大学で英文学を講じた。自ら集めた怪談を英文で刊行し、日本の口頭伝承を世界に向けて紹介をしたことが知られる。ハーンは日本に帰化し、小泉八雲として日本の土となった。

また、ドイツ人ベルツ(Erwin von Bälz, 1849-1913)は、東京帝国大学で医学を教え後進の指導に当たり、医師としては宮内省侍医を務めた。ベルツは母国で民族学的な教育も受けており、日本人の民衆文化に関心を持っていた。その一つが日本のイレズミ文化である。ベルツは、日本のイレズミをしている人々は労働者で常に肌を露出している者が多いことから、イレズミは衣服の代わりではないかと考えた(礫川編 一九九七)。その他にも温泉文化について興味を持ち、日本とヨーロッパとでは温泉に対する考え方が異なることを、経験から論じたりもした。ベルツはドイツに帰国する際に、日本のモノを多量に持ち帰った。その内訳は美術工芸品がほとんどであるとされる。ベルツ・コレクションのほとんどは、現在はリンデン博物館に収蔵されている。総数は六〇〇〇点で、絵画、漆器、鍔、織物などである(山口 二〇〇〇)。また、ベルツが一九〇七年に記した「先史時代の日本」の挿図中にも、ベルツ・コレクションのうちの土偶、縄文土器、弥生土器、古墳時代の石釧、管玉、剣、装身具などが図版として示されている(ベルツ 二〇〇一)。幕末の日本に滞在し、日本の美術工芸品をはじめ民具も収集し、オランダやドイツへと持ち帰ったドイツ人・フランツ・フォン・シーボルト(Franz von Siebold, 1796-1866)の息子で、考古学者として著名なハインリヒ・フォン・シーボルト(Heinrich von Siebold, 1852-1908)と親友であり、考古学の手ほどきも受けていたという。ベルツ・コレクション=芸術工芸品というイメージは、全体像が語られることは少なく、特徴的なものが何度も日本では紹介されているということに起因するのかもしれない。

いずれにせよベルツが持ち帰ったモノの内訳は美術工芸品がほとんどであり、この点はモースと大きく異なっている。逆にモースの日本の物質文化、引いては日本民俗文化への視線がよく理解できるのではなかろうか。つまり、モースが目指したのは、日本の物質文化の一部ではなく、上流文化、中・下流文化を含んだ全体像ではなかったかと考えられる。

また、このようなお雇い外国人という立場は、師匠と弟子という徒弟関係が成立し、書物を通じてとは異なる学問や記述の伝わり方がなされたのではないかと考える。人と人とのつながり、人脈というものも学説史を考える上で重要な部分であろう。

時代は下ってのこと、ドイツ人・アルフレート・ボーナー（Alfred Bogner, 1894-1958）は、一九二二～一九二八年までの七年間、旧制の松山高等学校に赴任しドイツ語を教えていた。滞在中に日本文化特に宗教に関心を持った。その一つとして四国遍路について、自ら遍路に出かけ調査をおこない、一九三一年『同行二人の遍路』をドイツ語でまとめ出版をした。これは画期的なことで、日本人による遍路研究は、明治時代末期・大正時代初期から始められてはいたが、単行本として刊行されることはなかった。その成果が刊行されだすのは、戦後になってからの昭和四十年代からである。つまりボーナーの著作は、四国遍路に関する国内外で最も早い時期の研究書といえる（佐藤 二〇一二）。当時としては珍しく、意図的に遍路のようすを撮影し掲載したことである。遍路体験をして観察した実証的な研究として興味深い。

本書の第三章では、遍路の装束や持ち物について論じており、江戸時代の文献を基に、昭和初期との比較を行っている。また、納札の収集や往来手形にも関心を示している。

このように四国遍路の本格的研究は、日本にドイツ語を教えに来ていたボーナーによって開始されたといえよう。日本に教師として滞在し、日本の外からの視線で遍路を検討することにより、日本人が見いだせないでいた遍路という自文化の重要性と意義について「発見」をすることに成功した事例であろう。モース来日時より四十五年経過した頃でも、類似した状況により、日本の民俗文化をフィールドワークによって解き明かしたという意味で共通する部分は多い。

四、物質文化研究の分岐

ここでは『日本その日その日』における物質文化の記述、描写を手掛かりに、その後の物質文化研究の分岐を考えてみたい。

モースが強く関心を持ったものの一つに看板がある。[3]『日本その日その日』2の「第十章　大森に於る古代の陶器と貝塚」（四五頁）で看板についての興味を述べている。

看板には多くの種類があり、私は東京をブラブラ歩きながらそれ等の写生をしたいと思っているが、それにしても、かかる各種の大きくて目につきやすい品物が、店の前面につき出ている町並が、どんなに奇妙に見えるかは、想像に難からぬ所であろう。

これはモースが来日した時代が、近代化、西洋化を急ぐ余りに、江戸時代までの日本の伝統文化の意味を見失っていた時期に相当することと深く関係する。アメリカ人であるモースにしてみれば、日本で製作された西洋系の物質文化は、すべて本場の模倣にすぎなかっただろう。そのような中で注目したのは、日本的なもの、つまりが江戸的なものであったのだろう。こうした経緯から、モースは日本の民具をせっせと収集したのであろう。

『日本その日その日』では、多くの建造物とともに民具について言及をしている。このことについて分析をした中村たかを（一九三一〜二〇一二）は、衣食住に関する民具のうち、とくに住と衣について詳細に記されている箇所がある。農具、漁具、運搬具、工具・手工業、年中行事の民具、その他。その他は住居関係についての記事が多くみられるとする（中村一九七九）。これはモースの集めた資料に対応する記録である。

モースがこのような日常雑記に着目したのは、博物学的、民族学的視点からであったと考えられる。よく知られるように、民族学の誕生には博物学と植民地が深く関係している。博物学的視点は、植民地経営に応用され、自然物は資源として利用できるかどうか、人工物はその土地の人々がどのような暮らしをしているか、どういった信仰をもっているかを知る手がかりとなり、人々を支配するのに有用であると考えられていた。つまり、モースはアメリカ人として、日本という異文化に触れ、その文化を理解するべく博物学的手法を用いてアプローチを試みた。その手法とは、何でも集めてそれを分類するということである。モースの本来の調査対象は貝類であった。しかしながらモースは同様の手法を民具に対しても実践した。これを日本の日常用具に適用するということは大きな意味があったのである。モースの取り組みは、それまでぽっかりと空いていた、日本の日常生活用具を研究の対象化することに成り得た。それは、異文化へのまなざしが大きな要因であったと考えられる。

書画・骨董の類は、前近代でも価値があるものと判断され、売買の対象となっていた。美術・工芸品に類別されるような、生活用具ではなく鑑賞用の道具類は、古くから価値あるものと認識されていた。それはこのような美術工芸品が、寺社に奉納されていたからということが要因の一つではなかろうか。奉納された品々は非日常的なものが多く、華麗に装飾されたものである。こうしたいわば貴族的な品々は、日本の歴史が為政者というアッパーな人々を主として対象としてきたこととも関係する。他の外国人、そして日本人が相手にしようとしなかった庶民の品々を対象とした。これにより日本文化を語る上で欠落していたモノを取り上げたという点で、モースの行ったことはとても意義深い。

また、モースは大森貝塚の発見及び調査にみられるように、土中に埋まった過去のもの＝出土考古資料について調査研究を行った。このことは、現在に存在する過去の品々という点で、江戸時代という過去のものが近代に伝えられていることと繋がっていく。これらは伝世民俗資料ということになる。つまり、遠い過去と近い過去のものが同居している、それが現実の社会であるといえるだろう。進化論を理解し応用してモノを見ていたモースからすれば、このような状況は何ら違和感がないものであっただろう。こうしたモースの取り組みは、その後物質文化研究という学となっていくことを見越したかのような動きである。

日本の人類学、民俗学、民族学、考古学などに影響を与える東京人類学会を設立し、東京帝国大学理学部に人類学教室を設置したのは坪井正五郎（一八六三～一九一三）である。坪井の弟子である鳥居龍蔵（一八七〇～一九五三）は、日本の人類学の創始者は坪井であり、坪井がモースと直接の関係がなかったばかりか、モースを重視していなかったとする。坪井が人類学会を設立した一八八四年には、モースは日本にはおらず、モースと坪井の直接の交渉がなかったことは事実である。しかしながら、坪井が学会設立の近因として、一八八四年の夏に、生物学・動物学の関係者により能登地方で実施した動物採集では、動物採集のついでに遺跡を訪ねたり土俗を観察し、帰京後にはこれらについての談話会をかね、広く古物・遺跡・風俗・方言・人種等に関する研究会を催そうと話あったという。このことからも、東京帝国大学の動物学教室には、やはりモースの植えつけた人類学への関心が残っていたと見るべきだろう（寺田 一九七九：二七四）。

坪井正五郎は総合人類学を志向し、出土した考古資料も伝世した民俗資料もそして現代のものも、更には国内に留まらず海外のものも対象として比較研究を試みた。このような学的態度は、モースに極めて類似しており、やはり坪井が何らかの影響を受けたと考える方が妥当である。そしてそのようなスタンスは、坪井を通じてそれぞれの研究分野へと分割され引き継がれていった。日常的な道具は澁澤敬三（一八九六～一九六三）によって民具と名付けられ、収集と分類、そして比較が試みられることとなった。ピーボディー博物館蔵モース・コレクションを澁澤敬三は実見し、日本国内に残されていない明治前期の資料として貴重なものであると評価している（田辺 一九八八）。これは澁澤が民具研究の原点をモースだと考えていたからではなかろうか。

モースは『日本その日その日』や『日本のすまい』の中で、人々の生活のようすを巧みな絵をもって記録している。こうした手法は、後の今和次郎の考現学的なアプローチに類似している。考現学が今によって提唱されたのは一九二七年、『日本その日その日』の翻訳が刊行されたのは、一九二九年であったので考現学に直接の影響を与えたとはいえない。しかしながら、自著『看板考』でモースと同じく、江戸時代から明治時代の看板についての研究をおこなった坪井正五郎のことを、今は考現学のルーツであることを認めている。なので、やはり考現学のルーツの一つには、モースの観察があったといえるのではなかろうか。考現学とは今まさに使用されているものと、それを使用している人間との関係で捉えようとするものである。

坪井、今の特徴として、日本的なものと西洋的なものが共存しており、これらの割合について調査を実施していることである。しかしながらモースは異なっている。それはモースが滞在した時代は、江戸時代の日本的なものが多くあり、むしろ西洋的なものは少なかったためと本人の興味関心から、モースの観察は日本的なものに集中をしている。しかしながら丁髷と西洋風の髪型については『日本その日その日』で以下のように述べている。

私は丁髷の珍しい研究と、男の子、並に男の大人の髪を結ぶ、各種の方法の写生図とが出ている本を見た。これには百年も前の古い形や、現在の形が出ている。図328で、私はそれ等の意匠のあるものをうつした。これ等の様式のある物は、よく見受けるが、およそ我々が行いつつある頭の刈りよう程、素早く日本人に採用された外国風のものはない。(中略)漁夫、農夫、並にその階級の人々、及び老齢の学者や好古者やその他僅かは、依然として丁髷を墨守している。大学の学生は、全部西洋風の髪をしている。

(『日本その日その日』2、一一九—一二〇頁、**図1**)

また同書「第二十三章　習慣と迷信」(『日本その日その日』3、一二三頁)では「外国人がこの人々の間に科学を持ち来たしてから、かかる迷信はすみやかに消え失せつつある」と述べている。つまりモースの頃に既に西洋化の波は刻々と迫ってきていたのであり、そうしたことがより一層、モースにとって日本の伝統文化を守ろうとすることへと向かわせたのだろう。

考古学者・梅原末治(一八九三〜一九八三)は、一九二九年にピーボディー博物館を訪れ、モース・コレクションの調査を実施している。梅原はモースが日本考古学の大先達であることから、コレクションには古物が多いものだろうと想像していたが、実際は全部で一棚にも満たないものであった。古い遺物は購入品に限られており、陶棺や瓦がある。日本以外

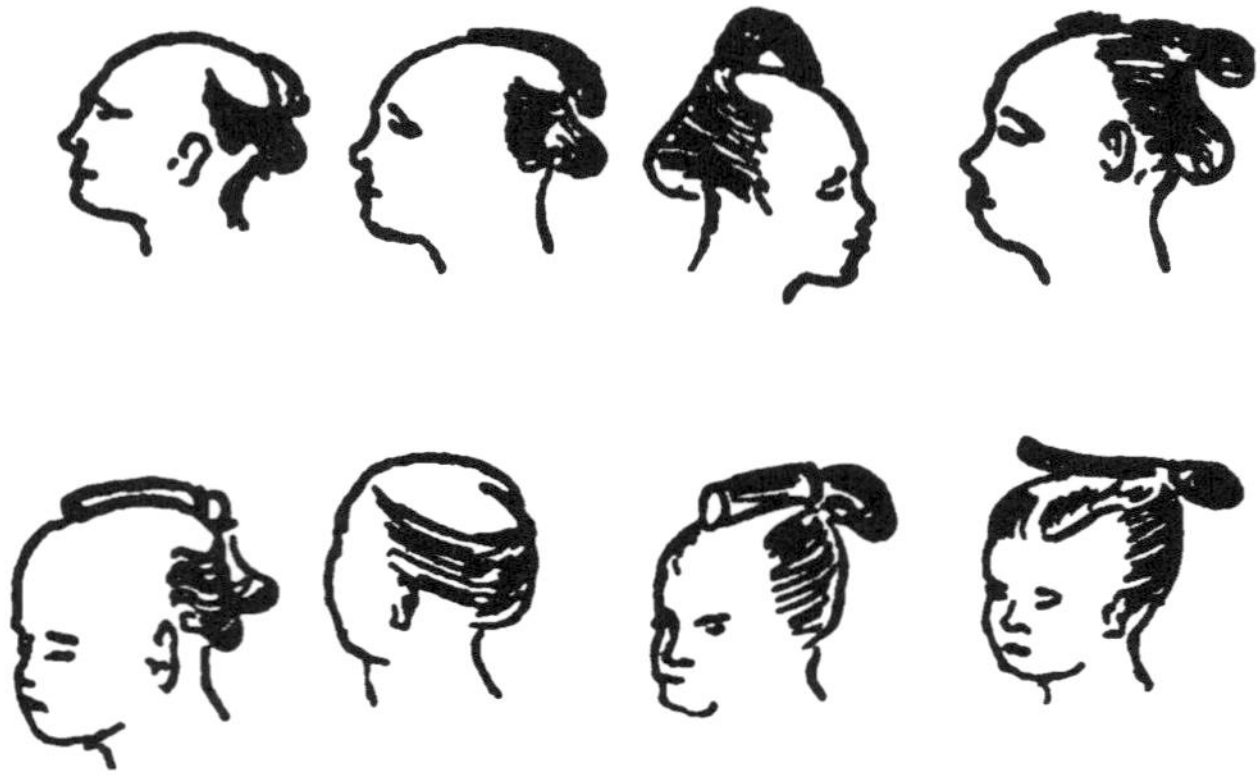

図1　各種の丁髷（Morse（1917））

にも中国・朝鮮の出土資料があり、これらは古い土器であった（梅原一九七七）。これはモースの陶磁器に対する関心によるものだろう。民族資料にはスマトラやインドのものもあることが示されている。中国のものは現地でモース自身が収集したものなのかもしれない。

　モースは一八八二年の日本への三度目の旅の後に、インド洋及び地中海経由でヨーロッパへと旅している。途中、中国を訪れている。この際の見聞は『中国および中国家屋の瞥見』に記されている。これは中国訪問から二十年後に中国の建造物と民具についてまとめられたものである。残念ながら本書は日本語訳が出版されていない（Morse, 1902、図2・3）。

　モースは中国など他のアジア諸国へも赴き、日本文化との比較を想定しながら記録を残している。日本に対する思い入れはかなりあったのであろうが、モースのように外から日本文化をまなざすということは、日本人自身ではなかなかできないものであった。

　出土した考古資料と伝世した民俗資料との重複関係にみられるように、物質文化は過去と現在とを繋ぐことができる。それはモースがみた伝統的文化に西洋文化が浸透し始める時代にも過去と現在、伝統と革新とが重複し交錯している状況であった。こうした重なりによってモノが、どのように変化してきたかを考えることが可能となる。また、モノの横方向の繋がりも想定できる。つまり、日本だけでなく、広くアジアの中ではどのように同一機能用途を持つモノの形が異なっているのか、また共通したところがあるのかという問題である。モースはこの二つの問題に留意しながら、日本民俗文化についてモノを通じて考えていたようである。

国立民族学博物館で一九八三〜一九八五年の間実施さたれた、共同研究「エドワード・S・モースとそのコレクションに関する研究」のメンバーには、民俗学者（宮田登、一九三六〜二〇〇〇）をはじめとして、文化人類学者（祖父江孝男、一九二六〜二〇一二）、考古学者（佐原眞、一九三二〜二〇〇二）が含まれており、複数の領域に跨った活動をしたモースを検討する上では、充分に配慮されたものであったことが判る（守屋一九八八）。またこのようにモースの業績と取り組まなければ、モースによる物質文化研究の全体像は把握できなかっただろう。(4)

五、信仰と関係するモノ

モースは民間信仰、民俗宗教についてさほど関心を持たなかったことが、以下の記述を例示して述べられる。

私は私が特に興味を持っている問題以外に就ては、記録しようとも、資料を蒐集しようとも努めなかった。日本の

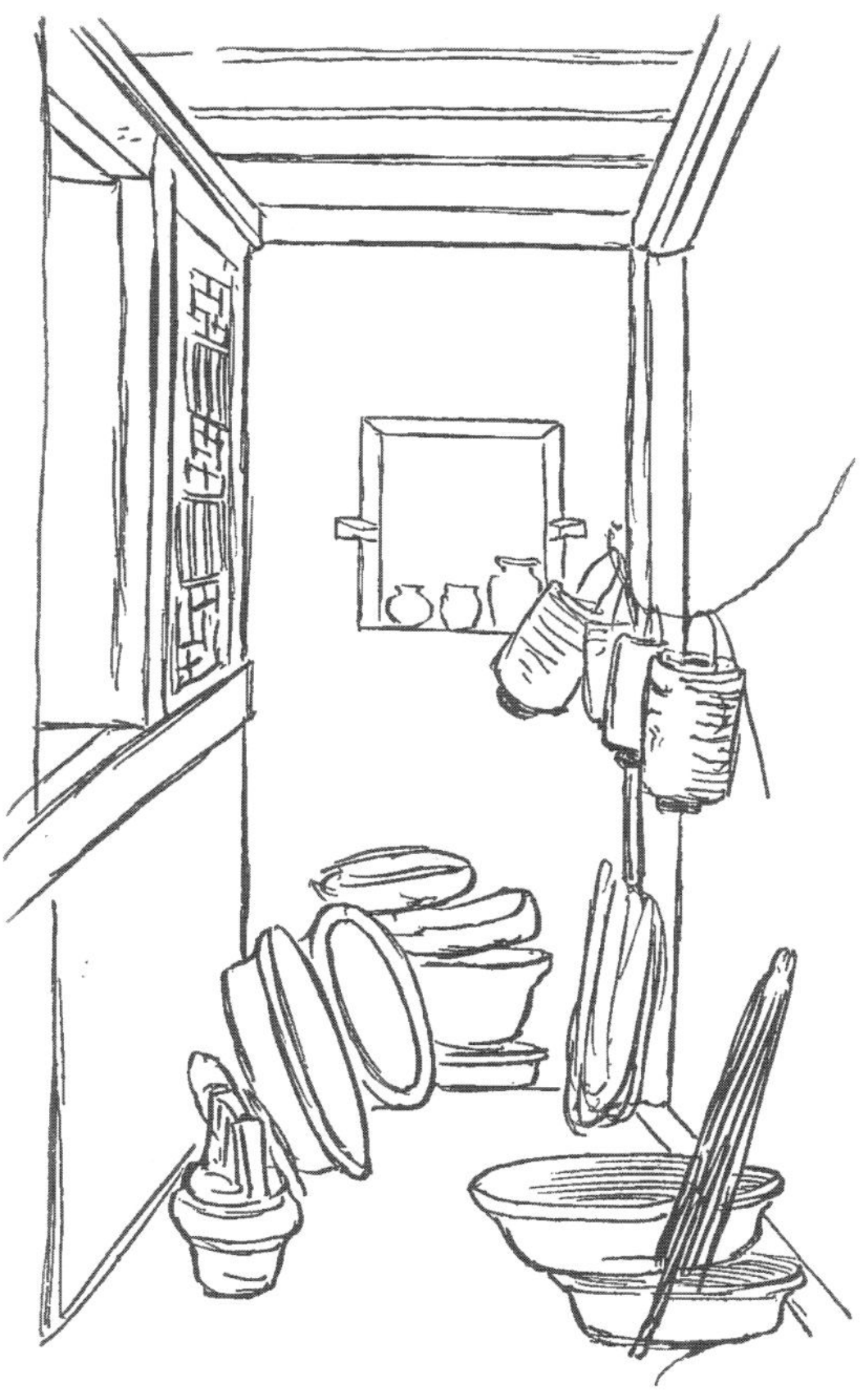

図2　中国民家の勝手口（Morse（1902））

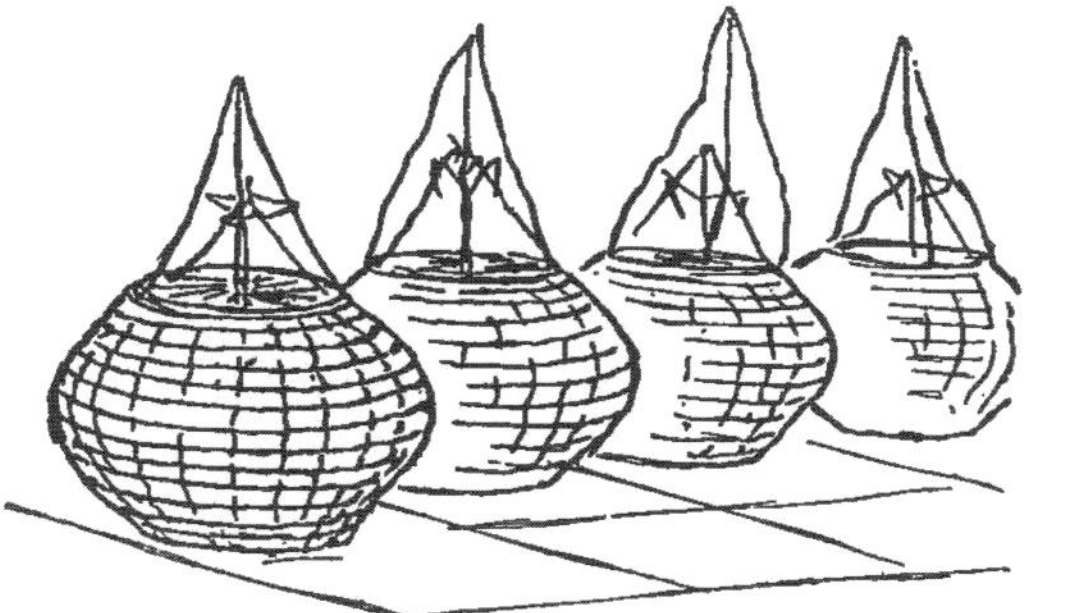

図3　中国の墓前祭祀用紙製籠（Morse（1902））

図4　石仏に積まれた小石（Morse（1917））

宗教——（仏教、神道）——神話、民話等に大して興味を持たぬ私は、これ等を一向に研究しなかった。

（『日本その日その日』1、一九頁）

民俗学者・宮田登は『日本その日その日』でモース自身による日本の民俗宗教についての叙述が少なかったとするものの、いわゆる民俗学上俗信に包括される民俗を収集したとして、いくつかの事例を紹介した（宮田 一九八八）。「第十二章　北方の島　蝦夷」で「祈祷柱」と記された後生車（『日本その日その日』2、一三八―一三九頁）、「第二十五章　東京に関する覚書」で取り上げられた、浅草寺の裏の市場で酉の市の縁起物（『日本その日その日』3、一六〇―一六一頁）である。

実はこの他にも本書には民間信仰にまつわる記載が多く認められる。ここでは特に物質文化と関係する信仰の事例の紹介を抜粋してみよう。

「第三章　日光の諸寺と山の村落」では、石仏を取り上げている。

我々は路傍に立ち並ぶ石の像に興味を感じた。それ等の大多数——全部とまでは行かぬと儘しても——は仏陀の姿で、こわれているものも多く、中にはひっくり返った儘のもあるが、いずれも苔むし、その他いろいろと時代の痕跡をとどめていた。石の台の上にのっているものがあったが、その一つの両脚、両手の上には小石が積み上げてあったが、この小石の一つが一回の祈祷を代表するのである。

（『日本その日その日』1、七六頁、**図4**）

「第四章　再び東京へ」では　浅草寺で見かけた木像について記している。

この寺院には、天主教の祭儀を思わせるものが沢山ある。事実、十七世紀の後半、オランダ使節に随って長崎へ来た同国のケムベルは仏教の儀式や祭礼を研究し、坊主、尼、聖水、香、数珠、独身の僧侶“Diablo simulanti Christum”といわざるを得なかった。この寺は台にのった高さ三フィートばかりの木像があるが、それは手足の指が殆ど無くなり、また容貌も僅かにそれと知られる程

図5　賓頭盧尊木像（Morse（1917））

度にまで、するするに撫で、その手で自分のその局部を撫でれば、痛みがやわらいだり、病気が治ったりする-下層民はこの像が、そんな功徳を持つものだと信じている。この像を研究すると、その減り具合によって日本で、どんな病気が流行っているかが判る。目は殆ど無くなっている。腹の辺りが大部分摩滅しているのは、腸の病気が多いことを暗示し、像の膝や背中が減っているのは、筋肉及び関節リューマチスを暗示している（図108）。私はしばらく横に立って、可哀想な人達がいと厳かにこの像に近づき、それを撫でては自分の身体の同じ場所を撫でたり、背中に負った赤坊をこすたりするのを見た。信仰療法や局部を撫でることは一向差支えないが、眼の問題なると保健官吏の干渉があって然る可きだと思わざるを得ない。これは伝染病の眼病が、いくらでもひろがるにきまっている。だが、こんな迷信を持っているのは、他の国々でも同様だが、下層民が無知な人々だけで、知識階級は余程以前、このような意味をなさぬ俗信から超脱して了っている。

（『日本その日その日』1、一一三―一一四頁、図5）

この木像とは賓頭盧尊《びんずるそん》の像である。賓頭盧尊は釈迦の弟子で、通称「おびんずる様」「びんずるさん」等と呼ばれ、堂の前に置かれている撫で仏である。病んでいる部位をなでると除病の功徳があるといわれる。(5)

「第五章　大学の教授職と江ノ島の実験所」では江ノ島の神棚の燈火や題目旗を取り上げている。

私は前に死んだ縁者を記念するためカミダナ（神の棚）に燈の火を絶やさぬ祭典のことを述べた。道路の両側の家には、いずれも神棚の、神道か仏教の意味を持つ二、三の事物の前に、一列、時としては数列の燈火がある。部屋は低く、神棚の上の木造部は煤けて黒い。図142はこのような家庭内の祠の一つを写生したものである。この上にならべてある品物の数は、多分信心と財布とに比例

図6　神棚の燈火（Morse（1917））

するのだろうが、非常に差がある。死人にそなえる米をいれた、小さな皿もある。神道の神社で使うかかる器には、釉薬がかけてなくまたある種の場合の為には、全然轆轤を用いず、手ばかりでつくる。花がすこし、それから死者の名前を薄い板に書いたものも棚にのっている。題銘旗は細長い布で輪によって縦に旗竿にかけられる。題銘はすべての漢字に於ると同様、縦に書かれる。旗をあげる方法は図143に示す通りである。

（『日本その日その日』1、一四九―一五〇頁、**図6・7**）

「第十六章　長崎と鹿児島へと」では長崎にて石祠に言及している。

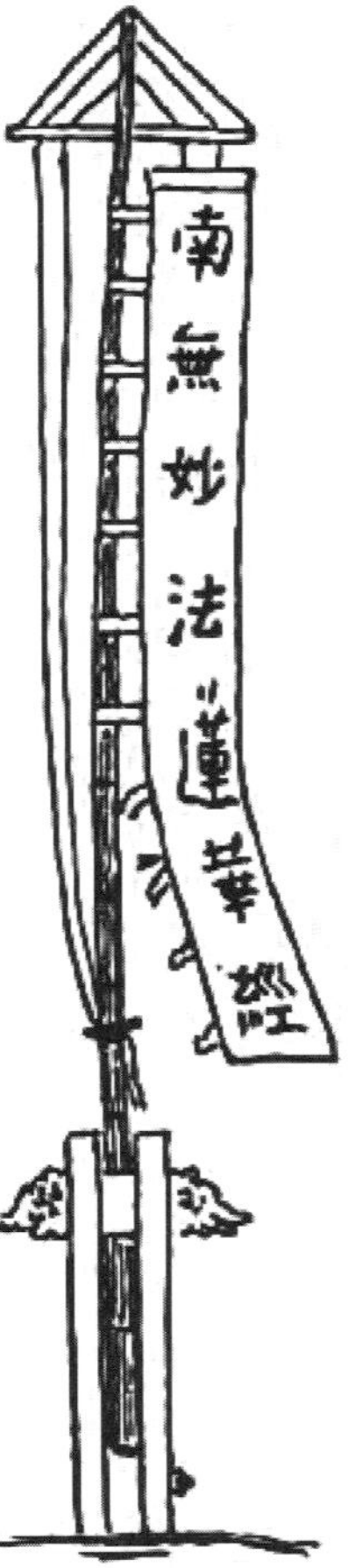

図7　題目旗（Morse（1917））

天主教の国々で人が道路に添うてその教会の象徴を見受ける如く、日本では到る所に仏教の象徴や祠が見られる。茂木の海岸には石の祠――扉も石で出来ている――があり、これ等の前で漁夫たちが祈祷する。図551はそれ等の中の二つを示しているが、高い方は高さ三フィートである。

（『日本その日その日』2、二七六頁、**図8**）

このように、実はモースは信仰関係のモノも多く取り上げており、特に浅草寺の賓頭盧尊での見識のごとくモースはモノを通じて、無意識のうちに自身の科学的知識を起点にしながら、信仰研究を実践していたことになる。学説史を紐解く中で、先学の業績をどのように評価するは重要な問題である。一端評価が定まってしまえばイメージは固定化され、なかなか覆らない。その評価には常に慎重であるべきだ。

おわりに

価値観が問われ、環境が変化する現代社会、日本人は今後どのような未来を選んでいくのかと向き合って生きている。そのような中でモースの集めた資料を通じて、明治時代という転換期の日本人を知ることは、未来へのヒントを与えてくれるのではないかという意見がある（矢内二〇一三）。

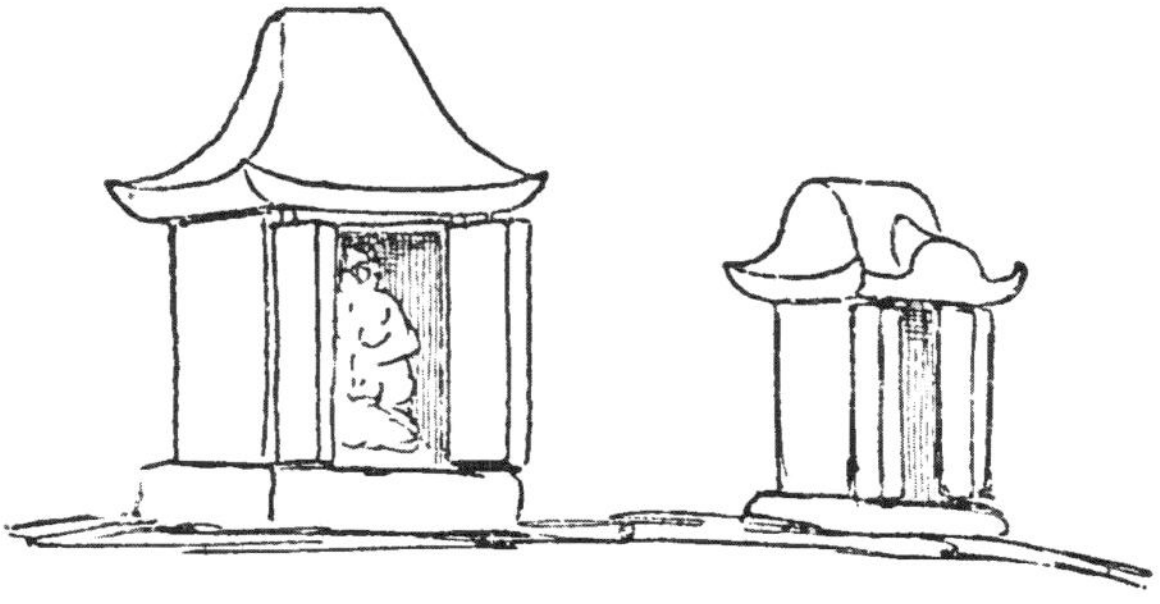
図8　石祠（Morse（1917））

それは内省的な日本文化論へのまなざしであると言える。バブル経済が崩壊し、その後もリーマンショックなど経済が安定せず、不安な日々を送る我々にとって、まずは我々が日本、日本文化の良いところを再発見し、自信を取り戻さなければならないということは充分に理解できる。そのために失われた日本を物語ることができるコレクションが、たとえ海外であっても存在することはまことに心強いことである。しかし、本稿で言及したように、日本のことばかりを抽出してそれだけを見ていたのでは、物事の本質を見失ってしまうだろう。モースは日本以外のアジア諸国を訪れていたし、それらの国々の民具や考古資料にも興味を持っていた。この点が欠落してしまうと、まるでモースが日本しか知らず興味もなかったかのような捉えられ方をする可能性がある。それを防ぐためにはモースの足取りやコレクションの全体像をきっちりと把握し、それらとの対比の中で日本文化について好意を持っていたことを、可能な限り明示しておく必要があるだろう。物質文化は国を跨いで共通する部分もあるが、やはりそこに滲み出る民族性にモースは惹かれたのではなかっただろうか。

注

（1）「日本の陶磁展ボストン美術館所蔵モースコレクション」は一九八〇年九月十九日〜一〇月十四日は小田急グランドギャラリー（東京）、一九八〇年十月十七日〜十月二十九日は三越栄本店（名古屋）、一九八〇年十一月一日〜十一月十一日は十字屋百貨店（仙台）、一九八〇年十一月十五日〜十二月十五日は佐野美術館（三島）、一九八一年一月六日〜二月一日は佐賀県立美術館、一九八一年三月一日〜三月三十一日は石川美術館で開催された（林家ほか 一九八〇）。

「幕末・明治KANBAN展――セイラム・ピーボディー博物館蔵モース・コレクション」は看板に特化した展示で会期・会場は次の通りであった（小学館美術部編 一九八四）。一九八四年四月十九日～五月八日東京は日本橋高島屋、一九八四年五月十日～五月二十二日、大阪なんば高島屋、一九八四年九月六日～九月十八日は京都四条河原町高島屋。

たばこと塩の博物館にて「百年前の日本――甦る近代日本の黎明期」が開催された。モースが収集した写真の展示で、会期は一九八五年三月八日～五月六日であった（たばこと塩の博物館編 一九八五）。

品川区立品川歴史館では開館記念特別展として「モース博士と大森貝塚」を一九八五年五月十九日～六月十六日に開催した（品川立品川歴史館編 一九八五）。

「モースの見た日本展」はセイラム・ピーボディー博物館蔵モース・コレクションの展示で、会期・会場は、一九八九年一月二日～十一日が東京の西武百貨店池袋店、一九八九年一月二十日～二月二十六日が兵庫の西武百貨店・つかしんホールであった（小学館・星文社編 一九八九）。

セイラム市と姉妹都市縁組をしている大田区の立郷土博物館では、「セーラム・ピーボディー博物館収蔵根付展」が開催された（大田区立郷土博物館編 一九八九）。会期は一九八九年十一月一日～十二月十日であった。

セイラム・ピーボディー博物館蔵の一二七〇点あまりの大阪の国立民族学博物館で展示した『海を渡った明治の民具モース・コレクション展』は一九九〇年九月十三日～十二月四日であった（国立民族学博物館編 一九九〇）。

国立民族学博物館での展示は構成を新たにして、東京都立産業貿易センターで「モースの見た江戸東京展」として開催された。会期は一九九一年三月十六日～四月十四日である。

「明治のこころ――モースが見た庶民のくらし」は、二〇一三年九月十四日～十二月八日まで、東京の江戸東京博物館で開催された。ピーボディー・エセックス博物館とボストン美術館に所蔵されるモース・コレクションから、三二〇点の生活道具や陶器が展示された（小林・小山編 二〇一三）。

(2) 物質文化研究と図化の関係については、かつて述べたことがあるので参照されたい（角南 二〇一一）。

(3) 坪井も澁澤も看板には特別注目していた。坪井の最初の著作は看板についてのもので（坪井 一八八七）、澁澤は実業史博物館のために沢山の看板を収集した。

(4) 守屋毅（一九四三～一九九一）は立命館大学大学院で林屋辰三郎（一九一四～一九九八）に師事し、日本文化史を専門とした。林屋辰三郎は、京都帝国大学史学科国史学専攻で西田直二郎（一八八六～一九六四）の弟子にあたる。西田の文化史学とは文献史学を軸としながら、民俗学・国文学・考古学・神話学・地理学・人類学、さらには唯物史観をも包括するものであった。西田の門下からは、柳田民俗学とは異なるスタンスで民俗を対象とした研究を志した者も多かった。林家もその一人に数えられる。文化史学の流れは、林屋そして守屋へと継承されていたのではなかろうか。京都大学文化史学派の人々にとっては、柳田民俗学と異なり、考古資料や民具とは近しい関係にあったことが知られる。守屋がモースの全体像に迫る共同研究を担当し、成果を上げたことは単なる偶然とは考えられない。

(5) 日本でも医師によるモノを通じた民間療法／信仰の調査研究が少なからずある（奥村 一九九一、川村 一九八六、川村 一九九三、平松 二〇〇五）。筆者も石造物を通じて類似した問題について論じたことがある（角南 二〇〇八）。

参照文献

梅溪昇（二〇〇七）『お雇い外国人』講談社
梅原末治（一九七七）「セイラムを訪ふ」（『考古学研究』九五・九六）六三―六六頁
大田区立郷土博物館編（一九八九）『セーラム・ピーボディー博物館収蔵根付展』大田区立郷土博物館
奥村康正（一九九一）『京都の民間医療信仰』思文閣出版
加藤詔士（二〇一三）「お雇い教師の歴史像をめぐる考察」（『愛知大学教職課程研究年報』三）一七―四二頁
川村純一（一九八六）『房総の万病平癒御利益寺社巡り』近代文芸社
川村純一（一九九三）『石のカルテ』崙書房
熊野正也（二〇〇二）「博物館人としてのE・S・モース」（『明治大学博物館研究報告』七）二一―二九頁
礫川全次編（一九九七）『刺青の民俗学』批評社
国立民族学博物館編（一九九〇）『モース・コレクション』財団法人千里文化財団
小西四郎ほか（一九八三）『百年前の日本――モース・コレクション写真編』小学館
小西四郎ほか（一九八八）『モースの見た日本――モース・コレクション日本民具編』小学館
小林淳一・小山周子編（二〇一三）『明治のこころ――モースが見た庶民のくらし』青幻舎
佐藤久光（二〇一二）「アルフレート・ボーナーと『同行二人の遍路』」（アルフレート・ボーナー、佐藤久光・米田俊秀訳『同行二人の遍路』大法輪閣）二一五―二五一頁
品川区立品川歴史館編（一九八五）『モース博士と大森貝塚』品川区立品川歴史館
角南聡一郎（二〇〇八）「石像を削る願掛け」（『元興寺文化財研究所研究報告二〇〇七』（財）元興寺文化財研究所）五七―六六頁
角南聡一郎（二〇一一）「モノを図化すること」（山路勝彦編『日本の人類学』関西学院大学出版会）四〇三―四四一頁
小学館美術編集部（一九八四）『幕末・明治KANBAN展』日本テレビ放送網・読売新聞
小学館・星文社編（一九八九）『モースの見た日本展――セイラム・ピーボディー博物館モース・コレクション』小学館
田辺悟（一九八八）「モース研究の民具学的視点」（『共同研究モースと日本』小学館）三一八―三四七頁
たばこと塩の博物館編（一九八五）『百年前の日本――甦る近代日本の黎明期』たばこと塩の博物館
坪井正五郎（一八八七）『工商技芸看板考』哲学書院
寺田和夫（一九七九）「モースと日本の人類学」（『人類学雑誌』八七―三）二七三―二七七頁
中牧弘允（一九九二）「まえがき」（『モースの贈り物』小学館）四―九頁
中村たかを（一九七九）「モースと日本民具」（『人類学雑誌』八七―三）三〇三―三〇九頁
林家晴三ほか（一九八〇）『ボストン美術館所蔵モースコレクション　日本の陶磁展』東京新聞・中日新聞
平松洋（二〇〇五）『いぼとりの神様・仏様』羽衣出版
藤川玄人（一九七〇）「解説」（『日本その日その日』1、平凡社）二四七―二五八頁
ベルツ・エルヴィン、若林操子編訳（二〇〇一）『ベルツ日本文化論集』東海大学出版会
宮田登（一九八八）「モースと日本民俗学」（『共同研究モースと

日本』小学館）二二二―二四三頁
Morse, Edward S.（1886）*Japanese Homes and their Surroundings* Harper.
Morse, Edward S.（1902）*Glimpses of China and Chinese Homes* Little Brown.
Morse, Edward S.（1917）*Japan Day by Day* Houghton Mifflin Co.
モース・E・S（石川欣一訳）（一九七〇）『日本その日その日』1～3、平凡社
モース・E・S（上田篤ほか訳）（一九七九）『日本のすまい』鹿島出版会
守屋毅（一九八八）「モース研究の現状」（『共同研究モースと日本』小学館）一〇―二五頁
守屋毅（一九九〇）「モースのあつめた〈もの〉」（『季刊民族学』一四―三）三〇―三七頁
八田善穂（二〇〇七）「柳宗悦の民芸論（二三）E・S・モース」（『徳山大学論叢』六四）八三―一〇〇頁
八田善穂（二〇〇九）「柳宗悦の民芸論（二七）柳とモース」（『徳山大学論叢』六八）四五―六一頁
矢内裕子（二〇一三）「歴史 明治時代のクールジャパン――モースからの贈り物」（『Aera』1427）四二―四四頁
山口静一（二〇〇〇）「エルヴィン・フォン・ベルツと日本美術の蒐集」（『ベルツ日本再訪』東海大学出版会）六九一―七〇九頁

◎コラム◎

ブルーノ・タウト

水野雄太

みずの・ゆうた――城北中学校・高等学校教諭。専門は『源氏物語』をはじめとする日本の物語文学。主な論文に「現代的規範の中の生／物語――複数性・誤配・〈亡霊〉と『源氏物語』第三部」（『物語研究』第十六号、二〇一六年三月）、「語り＝騙りの宿木巻」（『物語研究』第十七号、二〇一七年三月）、「〈斜行〉する狭衣の生――狭衣の内面と「世」のかかわりから」（井上眞弓編『狭衣物語　文学の斜行』翰林書房、二〇一七年）などがある。

一、発見者タウト

日本の発見者

日本を発見したとされる数々の外国人の中でも、ブルーノ・タウトほど発見の功績がとり沙汰されてきた人物は、ほかにいないのではあるまいか。彼はまさしく日本の発見者として、現代に至るまで多くの日本人の間で知られてきた人物である。

ドイツ生まれの建築家であるタウトは、一九三三年五月三日に日本に到着する。そして、一九三六年十月十五日に離日するまでの間、日本各地の取材旅行や高崎市外での暮らしを通じて、日本の文化・風土をつぶさに観察した。その成果は『ニッポン』や『日本文化私観』などの著作として結実し、日本でもかなり早い段階から訳され、現代に至るまで多くの日本人によって読まれ続けてきた。

さまざまな著述からうかがえる彼の日本文化論は、日本人にとってもはや当たり前のものと化していた生活そのものや文化を、外国人の目から捉え直したものであるという点で、まさに日本の発見と言うべきものであった。タウトの論文二編と紀行文二編を収めた著書が『日本美の再発見』という名で世にだされたことにも、日本を発見したというタウトの功績が如実に表れていると言えよう。

タウトと桂離宮

とはいえ、多くの日本人にとってブルーノ・タウトと言えば、やはり桂離宮の美を伝えた人物というイメージが強いのではなかろうか。ここまで述べてきたように、タウトは日本の発見者として周知されているが、その中心にあるのは、なんと言っても桂離宮を発見した人物としてのイメージである。

タウトは一九三三年五月三日に日本に到着したが、そのすぐ翌日である五月四日に桂離宮を観覧している。桂離宮の建

図1　ブルーノ・タウト（ブルーノ・タウト『ニッポン』森儁郎訳、講談社学術文庫、1991年）

築や庭園のありようを分析したタウトは、そこに日本の真正なる美を見いだし、かの有名な「実に泣きたくなるほどの美しさである」(1)という激賞の言葉を残した。桂離宮は、タウトの日本文化論の中で最も重要な位置を占めるものであり、彼が発見した日本美の象徴と言うべきものであった。

　タウトが著述の中で桂離宮の美を絶賛したことにより、桂離宮は日本美の典型として広く知られることとなった。と同時に、タウト自身が日記の中で自負している通り、彼もまた日本美の発見者として、日本人によって認知されることとなったのである。

二、物語化されるタウト

タウトと日本のイデオロギー

　ここで重要なのは、桂離宮を発見した人物として強く印象づけられたのが日本人ではなく、外国人のタウトであったという事実である。タウトの日本文化論の中心に位置する桂離宮は、日本の建築物として古くから存在し、日本人に広く知られていた。にもかかわらず、その美を発見したとされるのが外国人であった、という点に注意すべきなのだ。タウトは桂離宮の美を「ヨーロッパ人の眼にはまったく特殊な新《マ》らし《マ》い美——即ち何ものにも比べることのできない絶対に日本的な美である」(2)と述べていたが、タウトによる桂離宮の発見が日本においてとり沙汰されたのは、日本の美が外国にはない独自のものとして、ほかでもない外国人のまなざしを通して保証されたという意味合いにおいてであったと考えられる。

　タウトが来日した一九三〇年代は、日本において国粋主義が高まりを見せていた時期であった。一九三一年には満州事変が起こり、日本はナショナリズムへと傾倒してゆく。そうした時期に来日したタウトが、外国人として日本の美を発見し、賞賛したとなれば、それが日本人によってさかんにもてはやされるのは時代の必然とでも言うべきできごとであったろう。要するに、タウトが日本を発見したというイメージは、日本を覆っていた国粋主義的なイデオロギーのもとで作り上げられたものであった、ということになる。

　こうした観点からタウトや桂離宮を分析した興味深い著書として、井上章一の『つくられた桂離宮神話』が挙げられる。(3)井上は、日本においてタウトの著作がいかにして受け入れられたか、また桂離宮がいかなるものとして位置づけられていたのかを詳細に分析している。それによれば、タウト以前にも桂離宮を賞賛する日本人は多くいたにもかかわらず、タウトが桂離宮の発見者としてもてはやされた背景には、当時の日本建築界におけるモダニズムの隆盛があったという。日本のモダニストたちは、高名な建築家であるタウトに桂離宮を激賞させることによって、簡素な構成美を重んじるモダニズム運動をさらに加速させようともくろんでいたというのだ。

図2　桂離宮　松琴亭から見る書院と月波楼（前宮内庁京都事務所長　斎藤誠治監修『桂離宮 修学院離宮』京都新聞出版センター、2004年）

　また、当時の日本文化論において日本固有の美が模索されていたことも、タウトの名声とかかわっているという。タウトによる桂離宮の発見は、日本建築界におけるモダニズムの隆盛や、日本固有の美を発見しようとする日本文化論の流れに基づいて作り上げられたストーリーだったのだ。当然、モダニズムや日本文化論だけでなく国粋主義もまた、都合よくタウトを歪曲し、解釈する要因だったということになる。日本や桂離宮の発見者であるというタウトのイメージは、日本人によって作り上げられた物語によるものなのである。

物語化される要因

　こうした物語が構築された原因は、タウトの著作を日本人が（半ば意図的に）誤読したことにある。タウトの著作をしっかりと読めば、彼の日本論が国粋主義とはかけ離れたものであるということはあきらかだ。タウトが問題にしていたのは、日本が外国の文化をむやみやたらと模倣することであって、外国の文化をとり入れること自体ではなかった。「日本が外国産の植物を自国の土壌に移植するに適する条件を発見するまでには、これからもまだ何遍となく錯誤を犯さねばなるまい。それだから、外国の文物に向う波頭と《日本主義》という反動のいざよう深い波谷とは、今後も長い年月に亙って参差交錯するであろう」(4)というタウトの言葉は、日本なるものをいたずらに賛美する国粋主義と、タウトの日本論との間にある深い断絶を感じさせずにはおかない。

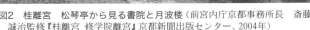

　しかしながら、タウトの著作自体にも、日本のイデオロギーと呼応しやすい側面があったことは否定できない。

　タウトの著作を一読すればすぐに気づくように、彼の論は二つのものを対比しながら展開する、いわゆる二元論的な枠組みで語られる点に特徴がある。たとえば、タウトは桂離宮の簡素な美を賞賛する一方で、それと対照的なものとして日光東照宮を挙げ、中国的な過剰装飾が施された醜い建築物として酷評している。ここには日本／中国という二元論的発想が色濃く表れていると言えよう。のみならず、ここに天皇／将軍、神道／仏教といった二項対立まで重ねられており、「／」より上のものが肯定され、下のものが否定されるというパターンによって、日本建築の肯定すべきもの／否定すべきものが分別されてゆく。

　こうした構造が、国粋主義的なイデオロギーと親和するものであるということはあきらかだろう。言いかえれば、タウトの論法そのものが日本のイデオロギーと呼応しやすく、都合よく利用されかねないものであったということである。

　タウトの文化論の本質は、国粋主義とはかけ離れたところに位置していた。しかし、二元論的発想による明瞭な論理展開が、タウトの著作を日本のイデオロギーと親和させる一要因となり、その結果、外国人であるタウトが日本の国粋主義を後押しする主張をしたかのように曲解されてしまったのである。

三、タウト自身が紡ぐ物語
『日本の家屋と生活』における虚構

　結果として日本のイデオロギーと呼応し、曲解されてしまったタウトの日本論であったが、実はタウト自身も、自らの論をある種の物語として構成しようとする論者であった。

　その傾向が色濃く看取されるのが、『日本の家屋と生活』(5)（以下『家屋と生活』）という著作である。タウトが自らの日記の中で述べているように、この著作は一つの物語として書かれている。すなわち、事実とは異なる虚構を含みながら、一つの筋に沿って構成されたものだということである。同書の訳者解説を記した篠田英雄が指摘するように、そもそも三月の下旬に汽船で横浜に到着したという記述からして虚構であり、実際にはタウトは五月三日に敦賀に上陸している。また、タウトは一九三三年五月から一九三六年十月までの三年あまりを日本で過ごしたが、同書の記述では三月下旬に日本を訪れ、そこから約一年後の五月には日本を離れたことになっている。さらに、タウトが実際に高崎市外の洗心亭で暮らし始めたのは一九三四年の八月だが、同書では三月下旬に日本に到着した直後、高崎市外へと移動したことになっている。

　時系列に関するこうした諸々の虚構は、洗心亭を生活の拠点としながら、約一年間の周遊や調査によって日本の家屋と生活に関して知見を深め、その後日本を去るという物語として構成すべく、作為的に企図されたものであったと思しい。あるいは、「夏」や「太陽と炭火」など、季節感とのかかわりから日本の生活や家屋の特徴を記した章があることとも関係しているのかもしれない。いずれにせよ、タウトがなんらかの意図を持って虚構を駆使し、物語を紡ごうとしていることは明白だ。タウトによる日本の発見が日本のイデオロギーの中で生み出された物語であることは先に確認したが、タウト自身もまた、卓越した物語の紡ぎ手だったのだと言えよう。

タウトが紡ぐ物語

さて、『家屋と生活』に散りばめられた虚構の中でも特に注目しておきたいのは、桂離宮を観覧した時期に関するものである。

タウトが桂離宮を観覧したのは一九三三年五月四日、すなわち日本に到着した翌日であったが、同書においてはまったく異なる時期に観覧したことになっている。ここに、タウトが同書において企図した物語にとって最も重要な仕掛けが施されていると思しい。

もう少し詳しく見てみよう。『家屋と生活』は序を含む十三章から成るが、その最後には桂離宮の観覧について記した「永遠なるもの」が置かれ、その一つ前には「転回点」という章が置かれている。「転回点」ではタウトが日本に一年間滞在した翌春に妻とともに京都を訪れ、そこで鈴木という人物と文化について議論するというできごとが語られている。その章の末において、鈴木氏から「桂離宮はいかがでした」と尋ねられたタウトは、「いや、まだ桂離宮は拝観していません」とはっきり述べている。これはあきらかな虚構である。先に述べた通り、現実のタウトは日本に到着した翌日に桂離宮を観覧していたはずだ。

なぜこのような虚構が仕掛けられているのか。それは、桂離宮との出会いを真の日本文化の発見として位置づけ、日本での暮らしにおける最後の最後にようやく真正の日本美を見つけ出したということを強調するためであったに違いない。

このことは、「転回点」と「永遠なるもの」との対応関係を見ればあきらかである。「転回点」における鈴木氏との議論の中でタウトは、西洋の概念をむやみに輸入することによって、真の日本的な文化が失われてしまうことを危惧している。そして、「何が真の日本なのか」と鈴木氏に問いかけている。その問いに対する答えとして置かれたのが、桂離宮について述べた「永遠なるもの」という章であった。「永遠なるもの」の中に「私達は今こそ真の日本をよく知り得た」という記述があることは、そのなによりの証左であると言えよう。要するにタウトは、「転回点」で〈真の日本とはなにか〉という問いを設け、「永遠なるもの」で真の日本文化を桂離宮に見いだすという物語を描こうとしていたのである。

とすれば『家屋と生活』は、一年を通して真の日本文化を探求してきたタウトが、桂離宮を訪れることによってようやく真の日本文化を見つけだすという物語として読むことができよう。言ってみれば、それは外国人が一年の間日本で暮らすことによって日本を理解してゆくという、成長物語としての趣を持っているのである。このようにして見ると、『家屋と生活』における物語の主人公タウトは、日本の発見者というよりも、一年の間真の日本を探し続けた日本の探求者と呼ぶのがふさわしい人物であるように思われる。

四、今、日本を発見するために

日本の探求へ

タウトという人物にはさまざまな物語がつきまとっている。本稿で見たかぎりでも、片や日本の発見者として、片や日本の探求者として語られているのがタウトという人物だと言えよう。もちろん、この二つの物語は別個のものではなく、お互いにかかわり合っているだろう。しかし、タウトが日本を発見するために真の日本を追い求め続けたという事実を、我々は決して忘却してはならない。

タウトの功績が今なお偉大なのは、単に彼が日本を発見したことによるのではない。日本を発見したことによってのみタウトが評価されるとしたら、それは日本における諸々のイデオロギーが作りだした物語に沿うことでしかタウトを理解できていないということになろう。重要なのは、ときに日本文化の衰退してゆくありように絶望し、いら立ちすら感じながらも、それでもなお真の日本なるものを探求し続けたということなのだ。

二〇二〇年に東京オリンピックを控えた現代日本において、これから外国人がさまざまな日本を発見し、それにより日本人もまた新たなる日本を発見することになるだろう。そうした事態が予見されるからこそ、その発見が耳に心地よいだけの物語とならないよう、細心の注意を払う必要がある。たとえ発見されるものの醜さやふがいなさに絶望を抱いたとしても、それでもなお日本なるものを探求し続けようとすることができるのか。タウト自身が紡いだ物語は、我々にそう問いかけている。

注

（1）ブルーノ・タウト『忘れられた日本』（篠田英雄訳、中公文庫、二〇〇七年。底本は創元文庫、一九五二年）。

（2）ブルーノ・タウト『日本美の再発見〔増補改訳版〕』（篠田英雄訳、岩波新書、一九六九年。原書は一九三九年）。

（3）井上章一『つくられた桂離宮神話』（講談社学術文庫、一九九七年）。

（4）ブルーノ・タウト『日本の家屋と生活』（篠田英雄訳、春秋社、一九五〇年）。

（5）前掲注4書。

ジョン・バチェラーがみたアイヌ民族と日本人

鈴木　仁

すずき・じん——北星学園キリスト教センター勤務。専門は北海道・樺太の文化史。主な論文に「賀川豊彦の来島と転換期の樺太」（『北海道地域文化研究』第七号、北海道地域文化学会、二〇一五年）、「樺太庁博物館にみる植民地と郷土像」（石井正己編『博物館という装置——帝国・植民地・アイデンティティ』勉誠出版、二〇一五年）などがある。

宣教師ジョン・バチェラー（John Batchelor）は、一八七七年（明治十）に北海道を訪れ、一九四〇年（昭和十五）に帰国するまで、キリスト教の伝道を背景に、アイヌ民族の言語や生活文化の研究、病院や学校の設立などに取り組んだ人物である。その評価は、日本人社会においてアイヌ民族のよき理解者として高められた一方、彼の研究成果は、後年、アイヌ民族出身の言語学者知里真志保により「欠陥」が指摘されている。本稿では英国人宣教師バチェラーの視点から、アイヌ民族と近代日本の姿を考えたい。

はじめに

ジョン・バチェラーの生涯については、一九二八年（昭和三）に出版された『ジョン・バチラー自叙伝　我が記憶をたどりて』（文録社）があり、その生涯を知る基本テキストといえる。自叙伝刊行後にも、バチェラーが姪に語った回想録「Steps by the way」[1]が残されている。

また彼が所属する英国聖公会伝道協会（Church Missionary Society，以下CMSと略す）への報告書や支援者への書簡[2]もあり、これらの資料をまとめた仁多見巌による伝記[3]もある。本稿も自叙伝を参考にしているが、晩年の回想だけではなく、彼の著作や取材記事などから、その当時の思いを探りたい。著書の多くは、アイヌ民族の言語や生活文化を記録したものだが、そこには交流のあった人物が描かれており、また英文で書かれた研究書や書簡には、彼の心情をうかがえる記述もみえる（引用にあたっては、近年出版された訳書を用いた）。なお本稿ではバチェラーの記述に倣い、先住民であるアイヌ民族に対して、津軽海峡以南の「固有日本地」[4]からの移住民を「日本人」と表記する。

一、イギリスから北海道に

一八五四年（安政元）、ジョン・バチェラーはイギリス・サセックス郡アクフィールドに生れた。家は祖父の代から羅紗の販売・仕立てを生業としており、十一人いる兄弟は、後に軍人や牧場経営者となっている。六番目の子であったバチェラーは、農場で働きながら夜学校で学び、神学校に進む。十二歳の時、祖母から「この子は成長後、英国に止まらないで不思議な二つの人種の中で働くでしょう」[5]との「身上の予言」に強い印象を受けており、また海外伝道に努める宣教師の説教にも影響され、神学校では中国語と神学の教師を志していた。

一八七六年、香港のセントポールカレッジの給費生となるが、この地でマラリアにかかり、翌年、イギリスと緯度が近い北海道の開港地函館に転地療養することになる。

聖公会の日本への宣教は、ＣＭＳ、英国海外福音伝道会、米国聖公会により行われ、なかでもアフリカと東洋での宣教を目的に設立されたＣＭＳは、日本での積極的な伝道に取り組んでいた。函館には、一八七四年（明治七）にデニング宣教師が派遣されており、教会の設立や日本人への伝道とともに、居留地を出てアイヌ民族との交流も図っている。

一八七九年（明治十二）、ＣＭＳにバチェラーが入会し、平信徒の伝道師としてデニングの活動に参加する。バチェラーはここで日本語とアイヌ語を学び、一時帰国をして神学を学んだのち、再び北海道での伝道することを望んでいた。[6]

一八八二年（明治十五）、健康を回復させたバチェラーはイギリスに帰り、カレッジでの勉学に励むが、この年に函館のデニングは教説の違いからＣＭＳを離れ、後任には病気療養のため函館に滞在していた司祭が急遽任命されることになった。バチェラーは新任の司祭を支えるため、勉強を中止し、翌年には函館に戻った。一八八七年（明治二十）には、バチェラーが所属するＣＭＳと他の二つの宣教団体が合同し、日本聖公会が組織される。北海道には函館を中心に札幌、小樽、釧路の伝道区が設定され、明治後期に集中して北海道各地に教会・講義所が開かれている。[7]そのなかでバチェラーは聖公会の牧師として、アイヌ民族への伝道を専門に取り組む。

二、アイヌ民族との出会い

津軽海峡以南の日本人が「蝦夷地」と呼ぶ大地は、アイヌ民族が生活する「アイヌモシリ」(8)であった。近世には松前藩や幕府に従属を強いられ、沿岸部では日本人が経営する漁業の労働力として駆り出されるなど、苦難の歴史は始まっていたが、渡島《おしま》半島南部を除き、島の大部分はアイヌ民族が生活する社会であった。

一八六九年（明治二）、この地は北海道と改称され、近代日本の行政が施行される。新政府の政策は、移住地として開拓することにあり、北海道各地には日本人が移住し、アイヌ民族は少数の立場になっていった。

バチェラーが最初に日本人たちから聞いたアイヌ民族の話は、「軽蔑」であり、それを語るときの日本人の「傲慢」な姿があった。バチェラーは「聞くに堪へなくて喧嘩になる」なか、「もし真にそう言ふ人種であつたなら猶更文明化させる必要がある」という意識のもと、アイヌ民族との交流を望んだ。(9)

函館に熊や狐の毛皮を売りに来たアイヌ民族に出会うと、この時はまだアイヌ語を話せなかったため挨拶をまねて日本語で言葉を交わしただけであったが、日本人の説明とは違う、敬意を感じられるものであった。

一八七九年（明治十二）五月、デニングに同行し平取《びらとり》（現在の平取町）を訪れたバチェラーは、この地域のアイヌ民族の有力者であるペンリウクを紹介される。二人は親交を深め、ペンリウクはバチェラーに礼儀作法や規則など伝統文化を教示する師となった。

バチェラーはペンリウクの家に宿泊し、平取を拠点にして伝道する。しかし、アイヌ社会に進んで入る外国人の存在は、日本人から警戒され、英国の諜報活動をしているという噂まで流された。外国人居留地のあった函館県(10)では、居留地を離れて頻繁に「旅行」するバチェラーの動向を調査し、ペンリウクに送ったアイヌ語（カタカナ表記）の手紙の写しや、交流したアイヌ民族に対する取り調べが報告されている。(11)

一八八四年四月には、区域外の宿泊が長いことや、ペンリウクがバチェラーのために部屋を設けたことが無許可の家屋建設であり「旅行免状違反」として、日本政府から訴えられる。裁判では誤解が解け「無罪」となるが、不審に思った英国領事館員は、裁判に至った理由を関係者から聞き出し、次のように伝えている。

バチラーさんは私達の邪魔になる人です。吾々はアイヌ語を全くなくしたい希望でゐますのにバチラーさんはアイヌ人が日本語を使ふと叱ります。それは、私たちが折角骨ををつてゐるのをバチラーさんがこはす訳になるのです。それで訴へたのです。(12)

この裁判の他にも、バチェラーがアイヌ民族の子女を函館の教会で教育させようとしたことについて、その母親や叔父に「誘去」や「瀆ヒシト言コト」の疑いを取り調べ、バチェラーの行動を探っている。(13)

バチェラーの著作や発言は、この裁判の時期以降、本格的に始まるが、政治的な批判は慎重な表現となっている。

一八九三年（明治二十六）十一月のCMSに送られた書簡にも日本人が「アイヌに関係するすべての問題について非常に敏感」であり、「私のあらゆる行動や行為、言葉がスパイによってマークされている」と伝えている。この文章も正式な年次報告は刊行されるため、私的な書簡として補足されたものであった。(14)

写真1　ペンリウクとバチェラー（1879年撮影『The Ainu and their folk-lore』（1901）より）

三、執筆活動と社会事業

バチェラーは一時帰国中の一八八二年に、日本アジア協会（The Asiatic Society of Japan）の紀要への寄稿に始まり、アイヌ語や生活文化に関する多くの論文、書籍を著している。一八八四年（明治十七）一月には、最初の著作『蝦夷今昔物語』と題する和綴じ三十四丁の小冊子が出版される。例言に書かれたこの本の目的には、日本人のアイヌ民族についての「虚誕妄説」に対して、バチェラー自身が見聞した「古伝ト其ノ風習」の正しい理解を広めるため、日本語で書いたとある。家屋の建築、子弟の教育方法が紹介され、集落の代表者「オツテネ（即酋長ノ如シ）」の説明では、跡を継ぐ世襲の家族がいない場合は「人民尽ク集会シテ、他家族中ヨリ、之レヲ選挙ス」と、民族内で培われた規則が解説されている。その後の著作活動は、英文で発表された論文や聖書や教義などキリスト教に関するアイヌ語訳書の発行になる。

一九〇〇年（明治三十三）に出版された『アイヌ人及其説

話』（教文館）では、伝承・説話を取り入れ、「世界の創造」や「宇宙学」など、アイヌ民族の世界観が解説されている。「アイヌ人口減少の一原因」では、「数多の和人移住」により「現今此地の日本人は八拾万以上」に対し、「アイヌは僅かに一万六千人」を超えない状況であり、また常食である「魚類肉類」が、「鹿を猟獲するを厳禁」「河川の漁場は総て日本人の所有」により採ることができない現状をあげている。

　また、アイヌ民族自身が「皆其腕力と企望を失ひしが如し」状態であること、「衛生と医薬の智識に乏し」いことや、「飲酒の嗜好」による「アルコールの心身共に有害」を指摘しており、これらの「原因」に対して、バチェラーは伝道活動から学校教育、病院、禁酒運動を展開させ改善を図る。

　一八八七年（明治二十）に、札幌のキリスト教徒が中心となって北海禁酒会が発足すると、四年後にこの団体に「アイヌ矯風部」を設け、バチェラーがその委員となり、同会の講師として札幌への転居が許可された。札幌農学校の植物園近くに建てられたバチェラーの自宅には、「アイヌ施療病室」も併設された。この施療病室は、アイヌ家屋の建築によるも

TONOTO KO-TUMIRAM KORO AP.

1. Tane okai chi utara
Echi kotchaketa
Tonoto shomo ku kuni
Keutum oshitchiu na.
Chi ku kunip anak poka
Kusuri ne yakka
Netobake tumashnurep
Nam wakka gusu na.

2. Keutum uta chi utara
Kiroro yupu wa
Peure humsei yaikosange
Tumiram chi sange na.
Chi ku kunip anak poka
Kusuri ne yakka
Netobake tumashnurep
Nam wakka gusu na.

3. Nisashnu okai utara
Gusu ka ne yakka
Tashum utara gusu ka
Nam wakka pirika.
Chi ku kunip anak poka
Kusuri ne yakka
Netobake tumashnurep
Nam wakka gusu na.

4. Kamui sange an wakka
Upenbe ka newa
Onne utara gusu ka
A un eikrap na.
Chi ku kunip anak poka
Kusuri ne yakka
Netobake tumashnurep
Nam wakka gusu na.

5. Tambe gusu, chi utara
Kiroro yupu wa
Nei wen chirange-ashkoro
Tumiram ko-sange yan.
Chi ku kunip anak poka
Kusuri ne yakka
Netobake tumashnurep
Nam wakka gusu na.

JOHN BATCHELOR.

同上アイヌ語禁酒唱歌和譯

（一）人々の前に　われらはみな
酒をばのまじと　かたくちかふ
（折返シ）われらの丶みもの　われらのくすり
われらのちからは　たゞ水のみ
（二）ますらをのごとく　たちあがりて
いくさにうちいで　たゝかふべし
（三）すこやかなる身《み》も　やめるものも
ひやゝかなる水は　ともにやしなふ
（四）おいたる人にも　わかきみよも
水こそみかみの　たまものなれ
（五）さあればもろびと　ちからあつめ
害《がい》ある酒《さけ》をバ　たひらぐべし

写真2　バチェラー作「禁酒唱歌」（ローマ字表記のアイヌ語とその和訳）『護国之楯』第41号、1892年、6頁

ので、診察は無料であった。[15]

北海禁酒会ではアイヌ民族の歴史、実情を伝える演説会が開催され、日本人クリスチャンや外国人宣教師と問題を共有する場となった。会頭の伊藤一隆は、「本道先住種族にありながら、其漁場、其沃野の追々内地人の為に奪ふ所となり、今は己等の生命さへ、短縮されつゝある」[16]現状を訴えた。この会ではバチェラーの家で働いていたアイヌ民族のパタピラも演説をしており、一八九二年にはバチェラーとともに上京し、東京英和学校や教会を会場に、「我アイヌ人を族滅する毒薬」である「酒と焼酎」の「断然其輸入を禁せんことを望む」と訴えている。[17]

バチェラーはこの会でアイヌ語の「禁酒唱歌」を創作し、会員のスミス女学校（のちの北星女学校）の生徒により合唱させている。またこの会での演説「アイヌ人（生、婚、死）の習俗」は、会誌に掲載後、小冊子として発行された。題名のとおり、バチェラーは「アイヌ人のことに付演説するに当り、重に全人種の中に行はるゝ生、婚、死の三大人事」を説明することで、「彼等が宗教思想」の理解を日本人に促すものであった。[18]

四、キリスト教の伝道

バチェラーは、自叙伝で「その民族の救済の為に働らかうと言ふ」動機として「第一は私が自分で信ずる如くアイヌ達にもキリスト様の御教を教へたい事」「第二はアイヌ人にも神様の慈愛と御憐みと御光とを覚えさせたい事」[19]であったと回想している。

一八八五年（明治十八）にバチェラーは伝道活動の拠点を平取から幌別《ほろべつ》（現在の登別市内）へ移す。CMSへの報告では、幌別には「人格のたいへん立派な若いアイヌがいることを聞きました。彼は日本の初等教育を受け、政府からの校長の免状を持っている」[20]ことから、その青年金成《かんなり》太郎との協力を理由としている。金成太郎は、バチェラーの家で働いていたパラピタの妻の甥であり、『蝦夷今昔物語』にも履歴が紹介されていることから、彼の存在は早くから知っていたのであろう。

CMSへの報告のとおり、金成太郎は室蘭の小学校での成績が認められ、札幌創成学校の給費生となって学び、小学初等科教員免許を取得したアイヌ民族の青年であった。一八八四年には札幌県師範学校の予備教員を務めていたが、故郷のアイヌ民族が生活圏を失っていることを憂い、事業や学校設立を図るため戻っていた。[21]

金成太郎は、聖書と教義を読み、バチェラーの翻訳作業に参加し「キリスト教の教義になんの疑問もないと自分の考えを述べ」たという。またこの地に「アイヌ教会」「アイヌ学校」を設立するため、土地の寄付も申し出ている。この年の十二月二十五日に金成太郎は洗礼を受け、キリスト教徒となる。バチェラーは自叙伝にも「十年間に於ける働きの第一の表れで初穂の様なもの」と当時の喜びを綴っている。[22]

一八九三年（明治二十六）には、伝道旅行は北海道東部の釧路《くしろ》、網走《あばしり》、根室《ねむろ》へも広げられた。その翌年の『福音新報』の「アイヌ伝道実況所見」では、バチェラーにより洗礼を受けたアイヌ民族が「男女児併せて大約三七〇人」おり、「伝道地は広く十一ヶ村に渉り、殆んど北海道版図の過半を占め、頗る難路たるにも拘らず、同氏は少くとも年々四回は巡廻」してきた働きを紹介している。しかし、キリスト教に対する偏見も強く、「基督教を恐るゝ原因三あり。その一信者になれば英国へ連れ往かると誤伝す。その二信者となれば飢饉来ると。その三信者となれば早世すと」の噂も根強かった。[23]

バチェラーはアイヌ民族の生活文化の理解に努めているが、民族独自の宗教については問題視している。当初は食事の席で、キリスト教徒が祈りを捧げるのと同様に、アイヌ民族も「食事に当り神の善美を記憶中に喚起して感謝する」ことから、「己れより上にある神」を信仰していることに興味を持つ。だが、話しを聞くうちにその宗教が「単に穀物崇拝の旧慣を守るに外ならずして吾人が所謂神の祝福を祈るものとは大いに其趣を異にせる」ことに気がつく。[24]

一九〇〇年（明治三十三）の二度目の帰国時にまとめられ、CMS本部から発行された著書『Sea-girt Yezo glimpses at missionary work in north Japan』（海に囲まれたエゾ　北日本での伝道活動について）[25]は、後進の宣教師たちのために、北海道での伝道活動を紹介した内容であり、アイヌ民族が土地の開発をしてこなかったことについて、「彼らの宗教が、地中に深い穴を掘ることによってそこに住んでいると思われている神や悪魔の眠りを妨げることになると教えていた」ことから「彼らをそのような状態にしていたのは本当は怠惰ではなく、宗教だった」と、民族固有の宗教が与える弊害を指摘している。

この年に日本で出版された『アイヌ人及其説話』には、図版の他にも本文とは関係なくアイヌ民族の写真が掲載されており、そこには伝統的な服装の老若男女がある一方で、和服や洋服を着た「基督教徒たる一婦人」「青年の一基督教徒」などクリスチャンとなったアイヌ民族を別タイトルで分けて掲載している。説明文がないため、その意図は不明だが、『Sea-girt Yezo』には、「悲しいことにアイヌは非常に消極的で、未来への展望などはほとんど持っていません」と憂いながらも、「彼らは異教徒です。でもクリスチャンは違います。クリスチャンは仕事に真実の関心を持つことを学び、未来のためにいくらかの準備をしています」とあり、伝道の意義が込められているのであろう。

しかし、アイヌ民族との交流を深めるなかで、しだいにその宗教的な価値観にも寄り添えるようになっていく。例えば沙流《さる》川上流に住む「わが友、テエ氏」が、クリスチャンになるため洗礼を受けに来た時に、先に亡くなっている飼犬と同じ天国に行けるかと尋ねられる。(26)

> 「私と犬たちは、友だち以上に助け合いました。だから、キリスト教徒の行く天国が犬たちのいる天国と同じでなければ、私はクリスチャンになることは出来ないんです。あの犬たちは私が来るのを待っているでしょうし、やがては私もそこへ行かねばならないんですから。洗礼を受けたためにそこへ行けないようでしたら、私は洗礼を受けずに今のままでいるしかないんです」
>
> 私はこれまで何年間かアイヌについて学んで来たので、人びととの宗教上の信条については幾らか理解出来ると思っている。従って、テエ氏の考え方にも充分共感することが出来た。何という心の優しい人物であったことか!

バチェラーは、天国では「私たちが本当の幸せを手にする」ことから、「一緒にいることが必要だと神が考えて下さる」なら再会できると答え、安心させている。

また、丸木舟に乗り川の両側の景色を眺めながら、次のような気づきも得ている。(27)

> その時、子供の頃には誰しもが聞いたことのある、次のようなイギリスの言葉がはっと胸に浮かんできた。それは、霊魂、悪鬼、霊鬼、鬼、幽霊、亡霊、妖精、小鬼、お手伝い妖精、美しい妖精、樹の妖精、人魚など、沢山の言葉であった。私は心の中でこう思った。(そうか、結局は、アイヌの先祖と自分たちイギリス人の祖先とは、ずい分と似通った共通点を持っていたのだ)
>
> このことは厳然とした事実であり、興味深くかつ示唆に富んだ事実であった。そして私は、自分が人びとの心のうちを幾らかでも掴めるようになったことを強く感じた。

バチェラーは一九二三年(大正十二)の退職までCMSの宣教師を務め、教育活動や言語研究でもキリスト教の伝道を背景に展開していく。

五、学校の設立

バチェラーは、最初の著作『蝦夷今昔物語』の「第十三才能智識」の章で、アイヌ民族が現状は「推理力に乏しく、諸学術に暗し」状態ではあるが、「併し彼等の説話を聞き、また彼等の論説を考ふれは、必す心中に才智を包蔵せり」と感じており、教育の普及により「本邦人のごとき、才学ある者となすへし」と考えていた。その事例として「既に、或アイヌ人の少年、近時、札幌に於て、教育せられ、其昇級するや、本邦男児に、敢て一歩を譲らす、或は優等の者ある如し」(28)と紹介された人物は、先述の金成太郎である。

金成太郎は父親が経営する旅籠屋近くにアイヌ民族の児童が学ぶ私塾の相愛学校を設立し、自らが校長となっていた。バチェラーもこの学校を集会所として使い、一八八八年（明治二十一）九月には、CMS本部からの支援や、金成太郎が集めた寄付金により私立愛隣学校が開校する。

バチェラーらによる学校設立について、北海道教育会の役員でアイヌ教育取調委員であった岩谷栄太郎は、「其誠実熱心実に感すへし」と評価するが、その精神的背景となるキリスト教は「高尚深遠にして彼等（引用者注・アイヌ民族）の心力に適せさるにあらさるか。布教宜きを得されは国民の資格を損害するにあらさるか。」と危惧し、「恰も砂上に高閣を築くの奇観を呈せさるか。彼の羅馬字教授の如き。彼の欧風輸入の如きに至りては。迂遠笑ふへし。」と疑問をもっている。(29)岩谷の指摘にあるとおり、授業はローマ字表記のアイヌ語で学ばれていた。バチェラーは伝道活動においても、聖書や讃美歌のアイヌ語訳をローマ字で著しており、アイヌ語の文字化を進めている。

しかし、この学校は開校前後から苦難に会っている。まず前身の私塾の校長であり、学校設立を計画していた金成太郎の「家事都合」により「校主」（校長）が変更され、日本人移住民の協力者となり、名称も「私立相愛学校」から開校直前に改称された。

「校主」変更の理由は明らかではないが、金成太郎には、開校の前月に札幌治安裁判所の「呼出状」が出されている。その内容や結果は不明だが、バチェラーはCMSには「飲酒」を理由に校長を辞めさせた、と報告している。(30)念願の学校運営から外されるほどの「飲酒」にまで、精神的に追い込まれた原因は何であったのかは、語っていない。

愛隣学校は、一八九一年に聖公会の日本人伝道師が校長に就任し、金成太郎もその補佐として運営にあたっていたが、外国人宣教師が校長に就任するにあたり、外国人居留地外で

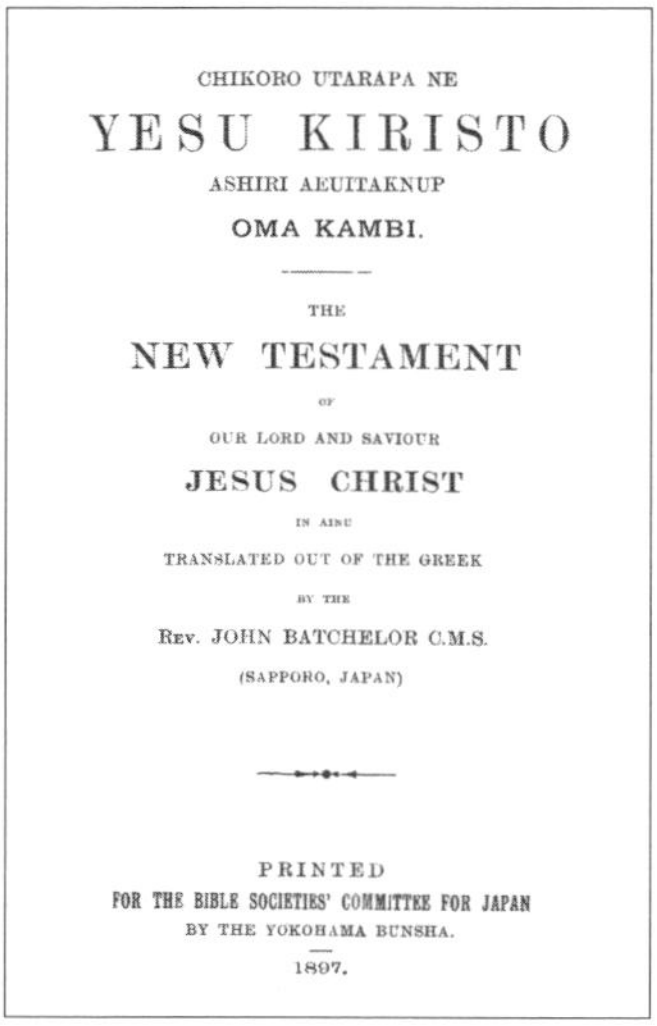
CHIKORO UTARAPA NE
YESU KIRISTO
ASHIRI AEUITAKNUP
OMA KAMBI.

THE
NEW TESTAMENT
OF
OUR LORD AND SAVIOUR
JESUS CHRIST
IN AINU
TRANSLATED OUT OF THE GREEK
BY THE
REV. JOHN BATCHELOR C.M.S.
(SAPPORO, JAPAN)

PRINTED
FOR THE BIBLE SOCIETIES' COMMITTEE FOR JAPAN
BY THE YOKOHAMA BUNSHA.
1897.

写真3　アイヌ語訳の新約聖書
『Chikoro utarapa ne Yesu Kiristo ashiri aeuitaknup oma kambi New Testament in Ainu』（1897）

の活動が認められず、一八九三年（明治二十六）に函館で再興される。この前後には釧路、日高、十勝地域の七ヶ所で聖公会による「アイヌ学校」が開設された。

教会での学校とは別に、バチェラーは札幌の自宅でも児童の教育に取り組んでいる。一八九九年（明治三十二）末の新聞取材[31]には「我等の仕事はスクール又はホームスクールと申すべきものではありませぬ、ホームと申すべき筈です　今四人の女児を育てゝ居ります」と答えており、ここでは「八時半より集会即ち祈祷をさせます　勿論あいぬ語です　九時より聖書　九時半より読書　十時より算術　十時半より地理と教育と隔日　教育とは礼儀の事です　十一時より習字これは日本の字です　午後一時半より羅馬字ですが木曜日には唱歌ですこれも日本の学校唱歌です　二時より三時まで裁縫です　彼等の着る衣服又は布団を縫はせます」と、日本人社会で生活するための技術も学ばせている。

六、アイヌ語研究と辞書

バチェラーはアイヌ語の修得と共に、聖書や教義などキリスト教に関する文書のアイヌ語訳の作成に取り組んでいる。彼が所属する聖公会は、教会での礼拝や儀式において、祈祷書を用いて、牧師と教会員が交互に読み上げ祈りを捧げるため、讃美歌や聖書だけではなく、祈祷書も信徒が読めなければならない。そのため、アイヌ民族への伝道には、宣教師がアイヌ語を話せ、信徒が文字化されたアイヌ語を読める状況を整える必要があった。

春採《はるとり》（現在の釧路市内）に開校した聖公会の「アイヌ学校」では、聖書教育において「アイヌ達は彼等自身の母国語で聖書を聴く時喜びます。彼等はいつも大層注意深く聴き、バチェラー氏が簡明なことばで訳したので、それを理解することができます」とCMSに報告されている。[32]

バチェラーのアイヌ語研究は、一八八七年（明治二十）に東京大学の『文科大学紀要』第一号に寄稿した「An Ainu Grammar」（アイヌ語文法）をはじめ、一八八九年には、この論文も収録した『蝦和英三対辞書』を北海道庁から出版している。この辞書は、ローマ字表記のアイヌ語をＡＢＣ順に並べ、英文での解説と訳が付けられており、日本語訳は後から追加されたため簡単な記述になっている。辞書は一九〇五年（明治三十八）に教文館から再版され、一九二六年（大正十五）に三版、一九三九年（昭和十四）に岩波書店より四版が出版されている。版を重ねることに語彙は追加され、増補改訂の四版では二万余となっている。

この辞書について、後年、言語学者知里真志保から「欠陥だらけの辞書」として「語訳」「不完全な説明」「語形のゆがみ」（発音の聞き間違い、聞き落し）が指摘されており、また「著者が勝手気ままに造り出した幽霊合成語」による「キリスト教に関係した重要な概念」や「近代文化に関する語」があることも「致命的な欠陥の一つ」としている。[33]

バチェラーの辞書への疑問は、すでに初版の出版直後の一八八九年（明治二十二）七月十七日の『北海道毎日新聞』「寄書」欄に「バチエラ先生に質す」の投書で指摘されている。筆名は「コト子コタンウングル」とあり、コトニ（現・札幌市西区琴似）の住人と思われる。投書はバチェラーの辞書に「アイヌ語の内に於て割合に日本語の多く混入したるは最も惜しむべし」とあり、和訳の間違いや「ラクダ」（駱駝）や「シシ」（獅子）など「アイヌの夢想だも知らざるもの」もあること、「信経」や「天使」の訳が使われていることへの疑義であった。そのため「辞書再校の節は純然たるアイヌ語のみを大いに増補」するよう注意している。[34]

これに対しバチェラーは「現在アイヌ社会に於て普く通し得へき語」を収録したのであり「決して言語を編集する意あらさるなり」とこの辞書の目的を伝え、動物名も「今日普く小学校に於て教ゆる必要欠く可らさる語」であること、キリスト教用語もアイヌ語に基づいた訳であると答えている。[35]

なおこの答えに対する再度の投稿は質問の繰り返しになり、バチェラーを「アイヌ語心酔病」と揶揄し「先生は耶蘇宗門宣教師の錚々者なり請う世人の為めに此等の病根を克治せられば如何」と皮肉混じりにおえている。[36]

これらの批判は、バチェラーの辞書に民族固有の言葉だけを記録する学術的な成果を求めたために生じたのであろう。信仰に関する用語については、「Karisia the christian church JAP. KYOUKWAI 基督教会」や「PAPTISMA Baptism SEN-REI. 洗礼」など、「This word has been introduced by the compiler.」（この単語は編者によって導入された）の注釈を付けて掲載されており、儀礼や聖書の解説に必要な「パン」や「羊」の単語もある。

なお、バチェラーの研究活動への同時代の評価には、理学博士神保小虎が一八九五年（明治二十八）一月に東京地学協会での講演で、アイヌ語の研究方法について「英吉利の宣教師バチェラーと云ふ人が耶蘇教を広めるためにアイヌ中に居住いたしまして十年以上の研究を以てアイヌ語の大体が分つたのであります」と紹介し、これを事例に「一番良い方法は「アイヌと友達になつて仕舞う」ことであり、書物では「先づ此アイヌ語研究の材料になる所の参考書は字引文典幷にヤソ教書のアイヌ訳書があります」と、バチェラーの著作をあげている。[37]

しかし、一般の日本人のアイヌ語への理解は別であった。この年の八月、バチェラーのもとに函館地方部の教会関係者の代表者が会見を求め、「教会ではアイヌ語の使用を中止し、日本の教会暦や書類のどんなものからも、アイヌ語をのせないようにできないか」と質問される。その理由には「アイヌ語は日本人には恥辱の言葉」という考えがあり、バチェラーは「それこそ彼らの大きな恥」であると答えている。[38]

七、晩年の活動

一八九九年（明治三十二）三月、「北海道旧土人保護法」が公布され、アイヌ民族の社会は給与地における農耕民、日本人社会での労働者へと変容される。学校教育では一九〇一年に制定された「旧土人児童教育規程」により「旧土人小学校」（特設アイヌ学校）が設置され、国語である日本語を学ぶことになる。

一九〇九年（明治四十二）五月、バチェラーは政府から勲四等瑞宝章を贈られる。その理由は「風俗ヲ改良シ徳性ヲ涵養シ傍ヲ「アイヌ」語及風俗其他百般ノ状態ヲ研究」したことへの評価であった。[39]

この頃のバチェラーについて、一九一二年（明治四十五・大正元）に日本に長期滞在し、「謎めいた先住民アイヌ」への関心から北海道を訪れたチェコ人作家ヤン・ハヴラサ（Jan Havlasa）は、次の様な印象を書きとめている。[40]

私たちにとっていささか意外だったのは、バチェラーが、アイヌのあいだでのキリスト教布教がどちらかと言えば失敗に終わったことを悲しんでおらず、島の日本化という運命に対しても反感を懐いていなかったことである。反対に彼は、日本人たち、とくに日本政府が、アイヌを滅亡から救うためにできるかぎりのことをしていると認めている。それでももう、彼らを救うことはできないと悟っている。私たちをガラス張りのベランダに案内して、妻と一緒に育てている花々を自慢する時になってやっと、彼の表情豊かな顔と善良そうな目はぱっと輝いたのである。

「結局はここにある花もみんな滅びるわけだ」、やがて彼は諦めの微笑みを浮かべて言ったが、それはすでにあらゆる苦味と幻滅をあじわった人間の微笑みであった。

作家はバチェラーの失意の姿を描いているが、その心情を全て捉えたものではない。この頃、植民政策に関する卒業論文を構想していた北海道帝国大学農学部農業経済学科の学生高倉新一郎は、バチェラーから次のような警告があったことを回想している。(41)

ふと頭にひらめいたのが、アイヌの人たちのことだったんです。外国のことではなく、足もとに、こんな大きな問題があるじゃないか、と。(中略)

ところが、大学の図書館にもアイヌに関する本はわずか数冊。たまたま近所に住んでいたバチェラーさんに相談しましたら、顔色を変えましてね。「あんた、おやめなさい。日本はアイヌのためになにをしましたか。真相を書けばえらいことになります」。私は日本人として知っておかなければならないことだからって、お願いしたのですが、バチェラーさんは先のことを心配していたんですね。断られました。

写真4　晩年のバチェラー（北星学園創立百周年記念館所蔵、画像の一部を加工）

その後のバチェラーの活動は、一九一九年結成のアイヌ伝道団や、一九二三年に自宅に設けたアイヌ保護学園の運営など、社会事業の後援が中心となっていく。最初の師であり友人であったペンリウクは一九〇三年（明治三十六）に世を去り、学校設立や翻訳での協力者であった金成太郎は、一八九七年（明治三十）に若い生涯を閉じている。バチェラーの周りには、一九〇六年（明治三十七）に養女に迎えた八重子（旧姓向井）、その弟で立教大学神学部を卒業し牧師となる向井山雄、二人の甥で、事業の管理や発行物の編集を担う片平富次郎など新たな世代が集い、その活動を支えた。

一九二三年（大正十二）にCMSの宣教師を退職した後もバチェラーはアイヌ保護学園の活動を、多くの日本人協力者の後援を受けて続ける。晩年は、社会事業への評価が中心となり、一九三三年（昭和八）の勲三等瑞宝章の叙勲においても「アイヌ民族ノ愛護教導ニ専心努力」「救済事業ニ献身的奮闘」が理由となった。(42)

一九三八年（昭和十三）には、第四版となる辞書『アイヌ・英・和辞典』を刊行するが、一九四〇年には日本を離れる。ヨーロッパでの戦乱のため、カナダのバンクーバー島に身を寄せ、一九四二年にイギリスへ帰国する。一九四四年（昭和十九）四月二日、享年九十歳で逝去した。日本には、一九四六年にその報が伝えられた。

結びにかえて

バチェラーには、六十三年間にわたる伝道と研究活動から生み出された、多くの資料が残されている。宣教師という立場や、日本人の読者を意識した文章や証言、彼を知る人が受けた印象は様々な解釈もできよう。辞書への批判にもみられるように、その研究成果は完璧ではない。だが、それでもその視点には活動を共にしたアイヌ民族がおり、その歴史から日本、日本人の姿が映し出されている。

本稿では、養女となったバチェラー八重子をはじめ、アイヌ民族からの思いを紹介できなかった。バチェラー八重子の著書『若きウタリに』（一九三一年）や、金成太郎の系譜につながり、ローマ字でのアイヌ語表記を受け継いだ知里幸恵とその著書『アイヌ神謡集』（一九二三年）、弟の知里真志保など、彼等の記録や研究に譲りたい。

注

（1）仁多見巌・飯田洋右訳編『わが人生の軌跡　ジョン・バチラー遺稿』（北海道出版企画センター、一九九三年）として翻訳・出版されている。

（2）仁多見巌訳編『ジョン・バチェラーの手紙』（山本書店、一九六五年）。本稿での引用も同書に拠る。

（3）仁多見巌による伝記には、『アイヌの父　ジョン・バチェラー』（楡書房、一九六三年）、『異境の使徒英人ジョン・バチラー伝』（北海道新聞社、一九九一年）がある。

（4）ジョン・バチェラー（長岡照止訳）『日本北海道案内記』（函館・平田文右衛門、一八九三年、二頁）での記述。

（5）『ジョン・バチラー自叙伝　我が記憶をたどりて』（文録社、一九二八年）六頁。

（6）前掲『ジョン・バチェラーの手紙』二五頁。

（7）聖公会の歴史については、日本聖公会北海道教区歴史編纂委員会編『教区九十年史』（一九六六年）と、ユージン・ストック編、吉田弘・柳田裕訳『英国教会伝道協会の歴史』（聖公会出版、二〇〇三年）を参照した。

（8）本来は「カムイモシリ」（意訳・神の国）に対する「アイヌモシリ」（意訳・人間の国）であり、現在の北海道地域に限定したものではない。本稿では日本人社会で使われる「蝦夷地」「北海道」とは別の呼称として使用した。

（9）前掲『ジョン・バチラー自叙伝　我が記憶をたどりて』一一四頁。

（10）開拓使廃止後の一八八二年二月に設置された行政組織。北海道は、函館県、札幌県、根室県に分割され、一八八六年一月の北海道庁設置までこの体制であった。

（11）北海道立文書館所蔵の函館県「英国人バチヱロル旅行免状

違犯一件検証並ニ本訴裁判処置ノ件」（簿書/9057件番号32）など。

(12) 前掲『ジョン・バチラー自叙伝　我が記憶をたどりて』二一〇頁。

(13) 北海道立文書館所蔵の函館県「英国人ジョンバチヱロル静内郡旧土人婦女携ヘ帰函ニ付取糾ノ件」（簿書/9046件番号31）など。

(14) 前掲『ジョン・バチェラーの手紙』一五一頁。

(15) 北海道における禁酒会の成立については、札幌市教育委員会文化資料室編『さっぽろ文庫41　札幌とキリスト教』（札幌市、一九八七年）所収の阿部敏夫「禁酒会」を参照。同書には社会活動との関係をまとめた仁多見巌「バチラーとその周辺」も掲載されている。

(16) 『護国之盾』（護国之盾雑誌社）第四十一号、一八九二年（明治二十五）九月二十四日発行、一〇頁

(17) 「アイヌの演説」『福音新報』（福音新報社）一八九二年三月十八日。

(18) 『アイヌ人（生、婚、死）の習俗』（護国之盾雑誌社、一八九四年）四頁。

(19) 前掲『ジョン・バチラー自叙伝　我が記憶をたどりて』一二二頁。

(20) 前掲『ジョン・バチェラーの手紙』七三頁。

(21) 金成太郎については富樫利一による評伝『維新のアイヌ金成太郎』（未知谷、二〇一〇年）を参考とした。同書は公文書、現地に残された文書類、新聞記事等から、この人物の生涯をまとめている。

(22) 前掲『ジョン・バチラー自叙伝　我が記憶をたどりて』二一三頁。

(23) 「アイヌ伝道実況所見」『福音新報』一八九四年（明治二十七）九月二十一日。

(24) ジエー、バチエラ『アイヌ人及其説話　中編』（教文館、一九〇一年（明治三十四））三五―三六頁。

(25) 『Sea-girt Yezo glimpses at missionary work in north Japan』Church Missionary Society（London）1902。本論で引用した日本語訳は『地域史研究はこだて』第二号（函館市史編さん事務局、一九八五年八月）に掲載された辻喜久子「SEA-GIRT YEZO（海に囲まれたエゾ）その1」九九―一〇〇頁より。

(26) ジョン・バチェラー著、小松哲郎訳『アイヌの暮らしと伝承　よみがえる木霊』（北海道出版企画センター、一九九九年）一八二―一八三頁。次の引用文も同じ。原書は『Ainu life and lore : echoes of a departing race』（教文館、一九二七年）。

(27) 前掲、訳書『アイヌの暮らしと伝承　よみがえる木霊』、三二六頁。

(28) ジョン・バチエラー『蝦夷今昔物語』（尚古堂書店、一九三八年）二五丁。

(29) 岩谷栄太郎「アイヌ教育の必要」（『北海道教育会雑誌』第十八号　一八九四年（明治二十六）四月）七頁。

(30) 前掲『ジョン・バチェラーの手紙』九七頁に要約、富樫利一『維新のアイヌ　金成太郎』一二〇頁に報告の英文、訳掲載。

(31) 「あいぬ教育家バチラー氏」『北海道毎日新聞』一八九九年（明治三十二）十二月十日。

(32) 女性宣教師ルーシー・ペインによる「一八九二年（明治二十五）十一月三日の報告」より。中村一枝著『永久保秀二郎の研究』釧路叢書第二十八巻（釧路市、一九九一年）一〇五頁。

(33) 知里真志保『アイヌ語入門　とくに地名研究者のために』（楡書房、一九五六年。復刻・北海道出版企画センター、二一三

七―二五三頁）。

（34）コト子コタンウングル「バチエラ先生に質す」『北海道毎日新聞』一八八九年（明治二十二）七月十七日。

（35）バチエラ生「コト子コタンウングル先生の厚意を謝し併せて質義に答ふ」『北海道毎日新聞』一八八九年七月二十五日。翌二十六日に後半が掲載され、バチェラーの応答は終了する。

（36）コト子コタンウングル「バチエラ先生ノ教示ヲ謝シ再ヒ質疑ス」『北海道毎日新聞』一八八九年九月六日。原文はカタカナ表記だが、引用文は前記事に合わせて平仮名に改めた。この反論の初回の掲載は確認できないが、八月八日、九月五日と続いて発表され終了となる。

（37）神保小虎「日本地理学上「アイヌ」語の要用幷ニ其研究法」（『東京地学協会報告』第一六巻第四号、東京地学協会、一八九五年）。引用文はカタカナ表記を平仮名に改めた。

（38）前掲『ジョン・バチェラーの手紙』一七七―一七九頁。

（39）JACAR（アジア歴史資料センター）Ref. A10112678900叙勲裁可書・明治四十二年・叙勲巻三・外国人「英国人ジョン、バチェラー叙勲ノ件」（国立公文書館）。

（40）ハヴラサ・ヤン著、長与進訳『アイヌの秋――日本の先住民族を訪ねて』（未來社、一九八八年）九四頁。一九三〇年にプラハで刊行された原著『Japonsky podzim. Zlomky života』（日本の秋　わが生涯の断片）からの訳出。

（41）高倉新一郎「北に学ぶ」（『私のなかの歴史7』北海道新聞社、一九八七年）九四頁。高倉は一九六五年の函館郷土史研究会での講演でも、バチェラーから「日本人がアイヌ人に対して何をして来ましたか、ためになることは何もしていないじゃないか、そういう事をお調べになることは日本の国のためになりませんからお止しになったらいいでしょう、若し貴方がどこまでも頑張っておやりになるのであれば、私は貴方に対して何も申し上げることは有りません」と「相当こっぴどくおしかりを受けた」と回想している（「郷土史雑話」『函館郷土史研究会・啄木を語る会・函館植物研究会講演　第五集』市立函館図書館、一九六九年、五八頁）。高倉は一九四二年に『アイヌ政策史』（日本評論社、新版・三一書房、一九七二年）を著し、地域史の編纂などで北海道史研究の中心的な人物となる。

（42）JACAR Ref. A10113121300叙勲裁可書・昭和八年・叙勲巻七・外国人「英国人勲四等ジョン、バチラー叙勲ノ件」（国立公文書館）。

イザベラ・バードの見た日本

石井正己

いしい・まさみ——東京学芸大学教授、一橋大学大学院連携教授。専門は日本文学・民俗学。主な著著に『柳田国男　遠野物語』（NHK出版、二〇一六年）、『ビジュアル版　日本の昔話百科』（河出書房新社、二〇一六年）、『昔話の読み方伝え方を考える』（三弥井書店、二〇一七年）、編著に『博物館という装置』（勉誠出版、二〇一六年）、『現代に生きる妖怪たち』（三弥井書店、二〇一七年）がある。

イザベラ・バードの『日本奥地紀行』は、日本で最もよく読まれてきた外国人の紀行であると言っていい。だが、この作品には完訳版と縮約版があり、それらの諸本が十分に認識されないままに議論が進んでしまった。ここに来て、完訳版と縮約版を正確に見渡せる翻訳の環境が整い、『日本奥地紀行』を総合的に認識することができるようになった。また、バードが日本の後で東アジアを旅して残した『朝鮮奥地紀行』『中国奥地紀行』の翻訳も揃った。それらによって、日本だけでなく、朝鮮・中国を含む東アジアをどのように見ていたのかを考えることもできるようになった。ここでは、開国まもない日本を訪れた英国婦人が一人旅をして、日本をどのように見たのか、完訳版に拠って概観してみたい。

一、世界を見て歩いた英国婦人

イザベラ・バードは、一八三一年にイギリスで牧師の娘として生まれ、一九〇四年に亡くなった。日本で言えば、それぞれ天保二年と明治三十七年にあたり、江戸から明治への時代をまたぐように生きたことになる。その間に日本を四回訪れているが、一過性の旅に過ぎなかった。広く世界を見ようとする立場からすれば、長期の滞在は難しかった。誤解を恐れずに言えば、バードは広く世界中を見ることの方を選択したのである。

柳田国男の調査モデルに照らせば、これは目で見た対象しか捉えられない旅人であるということになる。寄寓者であれ

図1　イザベラ・バード（Wikimedia Commons より）

ば耳で聞いた言葉を知り、郷土人ならば心で感じた心情まで捉えるが、旅人の調査は遥かに劣っていると見なされてしまう。しかし、広く世界を見て来た旅人だからこそ見えることがあるにちがいない。バードの旅にはそんなところがある。

世界に君臨する英国で育った一人の女性が世界中を旅した様子は、パット・バー著、小野崎晶裕訳『イザベラ・バード　旅に生きた英国婦人』（講談社、二〇一三年）に入れられた旅程が参考になる（図2）。バードが世界を横断してゆく際に歩いたのは、英国が支配していない地域であり、その結果、日本にもやって来たと考えられる。だが、女性が外国を旅するのは今日のような観光というようなものではなく、まさに冒険や探検と言っていいものだった。

バードは脊椎の病気に加えて、精神の弱さもあったため、医者に勧められて旅をするようになった。彼女は旅をしている間は生き生きしていたが、家に帰ると意気消沈してしまう状態だった。不安定な健康を抱えながらも、旅をしている間だけは生きている実感が持てたにちがいない。彼女の場合、生きることと旅することが抜き差しならない関係にあったと見なければならない。

バードは一八七三年（明治六）、英国と関係が深いニュージーランドからハワイ諸島（サンドイッチ諸島）に行く。さらに太平洋を渡って、ロッキー山脈を馬で越える旅をする。その後、一八七八年（明治十一）、サンフランシスコから汽船に乗って、日本にやって来た。開国してからまだ十年ほどしか経たっていなかった。

横浜に着き、東京から日光に行き、日光から会津に抜けて、川を下って新潟に出る。山形県の置賜から村山を経て新庄に着き、秋田県の横手を通って、神宮寺から船に乗って久保田（今の秋田市）へ入る。久保田から大館へ抜け、青森県の黒石から青森まで行く。さらに北海道の函館に渡って、噴火している駒ヶ岳を見ながら、噴火湾（内浦湾）を回るようにして、室蘭から苫小牧、平取まで行って戻ってくる。こうして、東北と北海道を縦断したことになる。

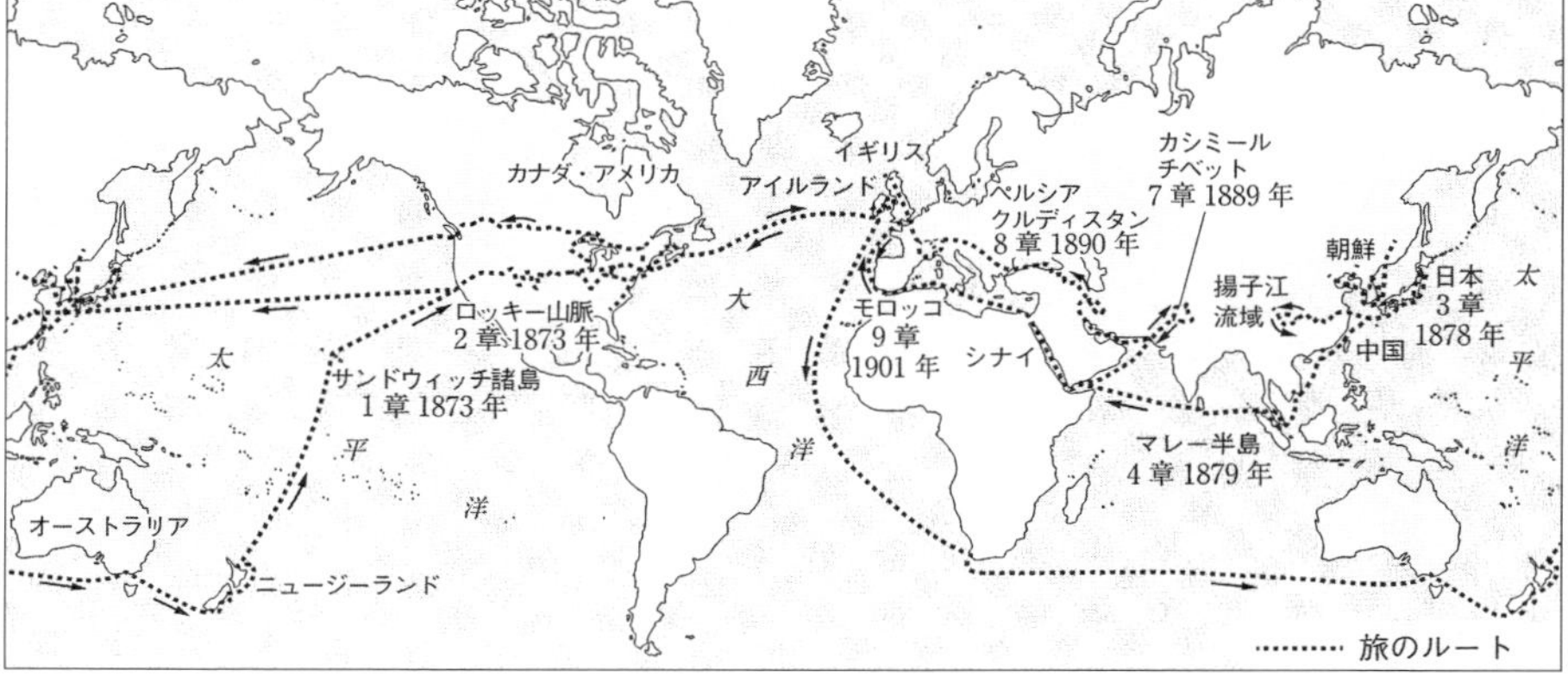

図2 イザベラ・バードの行程
（金坂清則「旅行記と写真展—イザベラ・バード論の展開（前編）」〈『地理』2010年3月号〉を参照して作図）

実は、これは日本の旅の前半にすぎなかった。後半は東京から神戸へ船で行き、京都から奈良、長谷寺を経て伊勢に行き、津から大津、琵琶湖を回って、神戸から東京へ戻って来ている。しかし、この後半の旅はこれまであまり知られなかった。そのルートは地図にも入っていない場合があった。これはバードの『日本奥地紀行』の翻訳に問題があった。初版の地図はR・H・ブラントンの日本地図を作り変えたものだった。初版の翻訳にあたって、訳者の金坂清則は日本語をあてて作り直した地図を載せた。この地図によって、東北・北海道旅行だけでなく、関西旅行をたどることができるようになった。その結果、バードが日本の東西をバランスよく旅していたことがわかる。

二、『日本奥地紀行』の諸本と翻訳

改めてバードの書いた日本の紀行を確認しておくと、一八八〇年（明治十三）にジョン・マレー社から『日本の未踏の路筋』（*"Unbeaten Tracks in Japan"*）が上下二巻本で出た。これが初版で、よく売れて絶賛され、バードは王立地理学協会特別会員になり、ビクトリア女王に謁見することになる。

ところが、二巻本が出た後、一八八五年（明治十八）に普及のための縮約版一巻本がジョン・マレー社から出た。それは後半の関西旅行を削除し、東北・北海道旅行を簡略化して、半分にしたものである。この縮約版の翻訳が高梨健吉の『日本奥地紀行』（平凡社、一九七三年）であった。これはよく読まれてきたので、バードは東北・北海道を旅しただけだったというイメージが作られた。これを翻訳した高梨健吉は、「これは関西旅行の部分などを省略したものであるが、彼女の旅行記の本領は奥地旅行にあるのだから、その真価をうかがうのはこの一巻本で充分であろうと思われる」と考えていた。

それに対して、金坂清則は初版の二巻本を使って、『完訳　日本奥地紀行』全四巻（平凡社、二〇一二〜一三年）を翻訳した。その際に、一九〇〇年（明治三十三）に新版がジョージ・ニューンズ社から出たものも参照した。これは銅版画の挿絵を写真版に入れ替えた豪華本であった。ここに来て、やっと縮約版と完訳版の両方を翻訳で読むことが可能になった。

さらに金坂は、高梨の『日本奥地紀行』の縮約版の翻訳は底本に忠実ではないとして、『新訳　日本奥地紀行』（平凡社、二〇一三年）を翻訳した。金坂は、方法的に重要な銅版画を省略し、残した場合も掲載の位置に誤りがあり、索引を省略しているのは不備であるとして、新訳の必要性を説いた。そして、完訳版との関係がわかるような配慮を加えて、対照できるような翻訳にした。

高梨は縮約版で十分だと言ったが、金坂はこれを厳しく批判した。[1] 当時の外国人は居留地から四〇キロメートルの範囲しか旅ができなかったが、バードは内地を自由に旅することができる内地旅行免状を持っていた。行く先々に巡査が来て、それを確かめている場面が見られる。バードが自由に旅ができたのは例外的だったと見なければならないことになる。

削除や省略がある縮約版を批判して、完訳版がバードの意思を伝えるものであると見なした。しかし、実際には二種のテキストが、彼女自身の手によって出版されたことは尊重されねばならない。そして、縮約版はよく読まれ、日本のみならず、翻訳の底本にされてきた。著者の意志を超えて出版されることを考えれば、完訳版と縮約版のそれぞれの性格を見極めてゆけばいいことになる。今、こうして翻訳が整って、やっと総合的な研究ができるようになったと言っていい。

バードは日本を旅した後、一八七九年にマレー半島を旅し、さらに一八八九年にはインド・チベット、一八九〇年にはペルシャ・アルメニア・トルコを旅している。一八九四年から朝鮮・満洲・沿海州を旅し、一八九六年には上海から揚子江に入って中国を旅している。一八九八年（明治三十一）には『朝鮮とその近隣諸国』（*"Korea and Her Neighbour"*）を出版、これは『朝鮮奥地紀行』（平凡社、一九九三～四年）に翻訳され た。一八九九年（明治三十二）には『揚子江流域とその彼方』（"*The Yangtze valley and beyond*"）を出版、これは『中国奥地紀行』（平凡社、二〇〇二年）に翻訳された。

バードは、一八八〇年から一九〇〇年の『日本の未踏の路筋』の新版までの時期を費やして、日本・朝鮮・中国の東アジア紀行三部作を出して、極東地域を見渡すことができたのである。今、『日本奥地紀行』『朝鮮奥地紀行』『中国奥地紀行』の三部作が揃って、翻訳でも読めるようになった。宮本常一の『古川古松軒　イサベラ・バード　旅人たちの歴史3』（未来社、一九八四年）の講義にしても、高梨訳の縮約版に拠るものであり、完訳版による研究はまだ始まっていない。完訳版と縮約版を総合しながら、バードの記録をどう読んでゆくかは今後の課題である。その先に、日本のみならず、朝鮮・中国を合わせた東アジア紀行の研究が待たれるところまで来たのである。

三、完訳版の構成と記録の意図

完訳版を見ると、翻訳に当たって、金坂清則はまず日本地図を載せ、新たな訳注を加えて、記述の背後にある事実を丹念に調べている。歴史地理学の視点で記述の背後にある事実を明らかにした点では、単なるテキストの翻訳を遥かに超えていると言わねばならない。しかし、文学研究から見ると、記述を事実に還元することを急ぎ過ぎて、表現の分析はほとんど考慮されていない嫌いが残る。(2)

翻訳の第一巻を見ると、横浜から東京へやって来て、春日部・日光・湯元・藤原・会津若松・新潟まで進んでいる。その間の第五報の寺院は増上寺を指すが、第八報で参拝しているのは浅草寺である。第七報の「演劇」では、歌舞伎が改良されてゆく様子を見ている。東京の神社仏閣を見て、新たな演劇運動に関心を示していることがわかる。浅草寺については細かく書くが、その裏の奥山から吉原遊郭は訪ねていない。そうした点で言えば、やはり彼女は女性の立場で書いていると言わざるを得ない。

第二巻は新潟から山形・秋田・青森を旅してゆく。「仏教」「店屋」「病気」「葬儀」「婚礼」「祭の日」といった人生儀礼や年中行事を見る一方で、「巡査」「病院」「警察」など新たにできた近代的な組織や施設を訪ねていることがわかる。

第三巻は函館から始まる北海道である。アイヌを訪ね、平取では長期間滞在して、その生活を記録している。有珠山や駒ヶ岳の火山活動についても細かく書いている。しかし、バードが旅した季節は雨が続いて、第四十九報には台風のことが出てくる。

第四巻では東京へ戻ってから京都へ行く。京都では新島襄に会い、西本願寺で赤松連城という僧侶に会っている。その後、奈良から伊勢に行き、琵琶湖を経て大阪に戻って、神戸から船で横浜に帰っている。伊勢では内宮と外宮の両方を見ているが、その間にある古市遊郭は賑わいがあるとする程度で、深入りしていない。

「はしがき」を見ると、この旅はやはり肉体的精神的な健康回復を意図したものであった。日本の気候には失望したが、十分に調査研究の対象になる地域だと認識した。そして、「本書は「日本研究書」ではない。日本での旅の記録《ナラティヴ》であり、この国の現状に関する知識を幾分なりとも豊かにしようとの試みである」と述べる。外国人は日光まで行ってもそこから北は旅していないので、そこを歩くのは私が初めてであり、しかもヨーロッパ人女性の一人旅であったことを強調する。

この完訳版は第一報から第五十九報までと、「伝道」「食べ物」「東京に関する覚書」「伊勢神宮に関する覚書」「日本の国政」などで構成されている。「報」というのは、この紀行がヘンリエッタという英国に住む妹に送るという形式の書簡体で書かれたことに拠る。従って、愛する妹に向けて書かれた文章であり、第一読者は妹だった。実際に英国に送ったという説があるが、英国には送られず書簡体という形式だけを採って書き上げたという説もある。どちらにしても、「報」の集積によって本が作られたのは、バードの採った意図的な方法だったと見なければならない。通訳を雇って旅し、「事実を掘り起こす」ことだったと述べている。

そして、「本書の書簡［報］には、農民が置かれている状況を通常言われているよりも酷く描いているものがあるので、読者のなかには、これほどまでに生々しく書くことはなかったのにと思う人がいるかもしれない。しかし、そのような状況が一般的に存在するのであり、私の作り話でもなければ、そのような状況を求めて出かけたわけでもない。事実を明らかにしようとしただけである。日本政府が新しい文明を築き上げる上で取り組むべきものが何であるか、その大半はこのような状況の例示から得られるのである」と述べる。

バードは、たとえ酷く書いた場合も、日本に存在する生々しい事実を正確に書いたものであり、それは日本政府が文明化を進めるための問題の所在を明らかにするものであると主張した。この紀行は単なる読み物ではなく、開国したばかりの日本の発展に寄与すると考えていたことになる。日本でキリスト教の布教ができるかどうかも気にしたが、そう簡単ではないと述べている。「日本での旅の記録《ナラティヴ》」は「事実を掘り

起こす」ためだったことは間違いない。(3)

挿絵の問題にも触れているが、この本ができる前に妹が死んでしまい、失意の中でこれを書き上げたと、「はしがき」を結ぶ。この本でバードは名声を得たが、第一読者である妹を失って思い悩んでいた時期に、二巻本は生まれたのである。

四、女性が一人旅できる国

序章から見てゆくと、日本の自然と健康の関係が出てくる。夏は暑くて湿度が高く、冬は寒くて乾燥しているが、春と秋は英国より短くて明瞭にあり、「健康に悪い季節はない。風土病はなく、ヨーロッパ人はこの国のどこででも、子供と一緒に元気に過ごすことができる」とした。四季の彩りの豊かな国で、風土病の心配はないし、子供を連れて行っても過ごせる場所だと述べる。

だが、一方では、地震がしばしばある。バードの記録にも地震があったことが出てくるが、横揺れや突き上げるような揺れを起こした。七・八・九月には台風が来襲する。休火山がいつ活動するかわからないし、軽いマラリアもある。この日本の自然が持つマイナス面も的確に述べる。マラリアを除けば、それは今も変わらない。

また、開港場の日本人と内地に住む日本人の差を指摘する。港ができた地域に住む日本人は、外国人と交わることによって人が悪くなり、品を失っている。ところが、「内地《インテリア》に住む日本人は、「未開人」であるどころか、とても親切で、心優しく、礼儀正しい、それで［外国人でも］日本人の従者一人以外にはだれも伴わずとも、外国人がほとんど訪れない地域を、無礼な目にも強奪にも一度もあわないで旅をすることができる」と述べる。内地は女性一人でも旅ができる安心で安全な場所だった。(4)

そして、「政治的には旧き日本はもう存在しない。旧き日本の支配者たちの威光や武士道、威厳を正した礼儀作法、儀式ばった自殺［切腹］、そして仇討ちといったものも今や舞台にしか存在しない」と述べる。江戸幕府は消滅し、武士の切腹や仇討ちは歌舞伎の舞台にしか見られなくなった。だが、「伝統的な衣装や厳格な社会秩序、形式ばった礼儀正しさ、測ったようなお辞儀の仕方、無知からくる愛国心、人々を虜にしているおびただしい迷信は内地《インテリア》には依然として残存している」と指摘した。江戸時代は終わったが、内地には古き日本が変わらずに生きているので、バードはそこを訪ねてゆくのである。

続いて、「私が日光から青森まで踏破した、それまで外国人が訪れなかった道沿いの地域の大部分では、進歩の槌音がいまだほとんど聞こえてこない。日本の農民たちは、祖先が暮らしていたとおりの暮らしを続け、同じ考え方を有している」と見た。バードが見たかったのは文明化されてゆく新しい日本ではなく、江戸時代以来の精神が残る古い日本が生きている姿だった。続く第一報で「私は本当の日本へと入っていきたくて」と述べるのは、「本当の日本」が東北・北海道にあると考えるからに他ならない。「[私のような外国の]女性が一人で旅してもまったく安全ではある」が、心配なのは蚤の大群と馬の貧弱なことだけだったとする。

第六報では、バードは日本語が話せないので、通訳として伊藤という十八歳の青年を雇ったことを述べる。伊藤は伊藤鶴吉のことで、日本人通訳の先駆けであり、後に通訳の名人として有名になった人物であることが明らかにされている。紹介状を持たずにやって来た鶴吉は、小柄だが丈夫そうだった。米国大使館で働き、大阪鉄道の職員だったこともあり、植物採集家のマリーズに同行し、東北を抜けて蝦夷地に行ったことがあると法螺を吹いた。バードはこの若者が気に入らなかったが、バードの話す英語がわかり、この男の話す英語もわかった。早く「本当の日本」へ入っていきたいという思いから、契約を結んで雇った。一カ月分の給料の前払いを求めてきたが、この男の努力で東北・北海道旅行は成功したのである。

第九報は、春日部の宿屋に着いたところで、これも有名な場面である。伊藤が蚊帳を張り、ベッドを組み立て、浴槽に湯を張っているように、多くの荷物を携帯していた。卵を運び、内地旅行免状を宿の主人に写してもらった。蚤と蚊に邪魔されたが、問題は襖が音もなく開けられ、覗き見されたことだった。部屋の両側にはいくつもの目が張りついたままであり、視線の恐怖を感じた。外国人の女性を初めて見る日本人が押しかけて、プライバシーはまったくなかった。もう一つの悩みは騒音だった。お経の声、三味線の音、太鼓の音、火の用心の拍子木の音は、彼女にとって騒音でしかなかった(5)。

一方、盗難の心配はまったく杞憂であった。注記に「私の恐怖心はただ一人の女性としては至極もっともなことだが、実際にはまったくの間違いだった」とある。「今私は、世界中で日本ほど女性が危険にも無礼な目にもあわず安全に旅のできる国はないと信じるものである」と述べる。実際に旅して、日本がいかに安全であるかを実感したのである。

第十五報では、不潔と病気について述べた。風呂に入らず不潔なために、至るところで皮膚病が流行っていた。宿の子供に持参の薬を与えると、それが評判になった。東北を歩いて見聞したままに書いたが、こういったことを書くのは、日本政府が文明化の政策を立てるために役に立つとも書いていている。

第十六報は、会津若松で、二〇〇〇人がバードを見にやって来たと書いている。道路がひどく、雨のために道がぬかるみ、何度も落馬している。日本政府は、装甲艦を買ったり、西洋のくだらない贅沢品にうつつを抜かしたりするよりも、道路を整備すべきであると提言する。インフラ整備こそ国がすべき事業であると考えていた。開国後まもない日本が取り組むべきことを的確に指摘している。

五、日本人が見せた好奇と誠実

第二巻では新潟に入り、キリスト教の布教の問題が出てくる。僧侶が法話を行っているが、キリスト教の布教が難しいのは、日本人はあらゆる宗教にほとんど無関心であることに拠ると見る。「宗教的能力」は日本人の本性から失われているように思われる」とする。西洋を受け入れるときに、キリスト教を受け入れずに文明だけを受け入れたと見るのは鋭い。アメリカで学んで、高い教養を身につけてきた日本人に、「宗教について学びましたか」と尋ねると、「実用的な意味のないものについて勉強する時間などありませんでした」と答えたことを引く。日本人がとった近代化は、パット・バーが「神なき実利主義」と呼んだとおりだったが、バードにはそれが不自然に見えたにちがいない。

第二十三報では、山形県の手ノ子（今の飯豊町）に着き、宿の主人から帳簿へのサインを求められたことが見える。暑かったので、周りにいる女性たちが団扇を取り出し、丸一時間もあおいでくれた。気温が高いだけでなく、湿度が高かったのである。バードが料金を尋ねると、それを断って受け取ろうとせず、「異人さんにお目にかかったのはこれが初めてです。お金をいただくなどという卑しいことはできません」と言った。古き良き日本のおもてなしはこういう形だったということがわかる。バードは日本人の優しさに触れて、「日本のことを思い出すかぎりみなさんのことは決して忘れません」と言って別れている。

第二十五報は秋田県の六郷（今の美郷町）である。人力車を引く車夫が裸でいると、向こうから巡査がやって来て、車夫は土下座した。裸で居るのを巡査が取り締まっていた。暑いので、車夫たちは上着を脱いで、おそらく褌一丁のような姿で人力車を曳いていたにちがいない。車夫は巡査を目の前に土下座して震えていて、警察の機構が浸透しているが、日本の古い習慣と折り合えていないところがあった。バードが通訳の伊藤を介して、「大変夏い日なので」と言って許しを請うと、巡査は「本来ならとっ捕まえるのだが、そうすると異人さんに迷惑がかかるから大目にみよう」と言って許してくれた。三人の車夫のうち年配者はしょげ返っていたが、若い二人は巡査の姿が見えなくなると着ていたものを脱いで車を曳いた。したたかな車夫のふるまいを的確に描いている。

第二十八報は久保田に着く。通訳の伊藤の良いところと悪いところが出てくる。彼は宿の記録や会計簿を正確につけていたが、一方でピンハネをするので、バードはそれが許せなかった。旅をしてゆく間、伊藤は英語と日本語で日誌をつけ、英語が上達していることがわかった。バードが利益を得ただけでなく、後に日本の通訳の草分けになる伊藤鶴吉は、この旅を通して英語力を磨いたのである。

第三十二報では、日本の均一性が指摘されている。それぞれの地域の言葉や気候・制度は違うが、家の建て方や礼儀作法・遊び方などの伝統的なものは崩れず、非常に均質であると指摘する。そういった習慣が西洋的なものに変わってしまうのは見るに忍びないと述べる。

第三十三報（続）で、日本の子供の遊び方について述べる。「私は日本の子供が大好きである。赤ん坊が泣くのを耳にしたことも、うるさい子供や聞き分けのない子供を目にしたこともない。孝行は日本における美徳の最たるものであり、親への絶対服従が何世紀にもわたる習慣になっている。英国人の母親がしている、子供をおだてたり怖がらせたりして無理やりに服従させるということやしつけ方は見かけない。子供たちが遊びを通して自立するように教えられる、そのやり方には感心する」と述べる。後に柳田国男が『こども風土記』（朝日新聞社、一九四七年）でまとめたような子供の自治活動に注目し、それは英国の教育方法と違っていることに気づいた。

しかし、伝統的なもので気になったのは迷信だった。第三十五報で、「下層階級の人々［平民］は、女だと全員が、男でもほとんどが世間でよく知られている迷信を信じているように思われる。「新生日本《ヤング・ジャパン》」はそれらを嘲る風を装っているけれども、私にはそうは思えない」と述べる。「迷信の多くは地方的なもののようであるが、どこにでもある迷信もある」として、日本の迷信には地域差もあるが、かなり均質だと見ている。

また、興味深いのは、「これらの迷信は私が東京を発って以後書き留めてきた何百という迷信の一部を適当に選んだものにすぎない。その多くは都市にあってはすたれてしまっているし、東京以西《サザン・ジャパン》の日本の多くのところでは冗談として話されている」と述べる。田舎には古き日本が生きているが、都市は新しい日本になって迷信はすたれてしまった。東日本では信じられているが、西日本では冗談になっているとして、迷信には地域差があることに気づいている。「これらの迷信は古くからの影響力を保ち、昔と変わらぬ恐怖の種になっている」として、迷信の影響力の大きさを認識している。

六、アイヌへの親愛と日本認識

第三巻は北海道のアイヌである。「蝦夷」では、「「毛深いアイヌ」と呼ばれてきたこの未開人は、愚かながら、もの静かで、気立てがよく、従順でもある。日本人［和人］とはまったく別の民族である」と述べ、アイヌは「アジア的というよりもヨーロッパ的である」とする。そして、「文字や文学・歴史を持たず、伝承もほんのわずかしかない」と述べるが、バードはアイヌが伝えるユーカラなどの口承の世界が豊かにあることには気づいていない。

アイヌの人々の暮らしは感動的で、春日部で受けたよりも深いおもてなしを受けて、「太平洋に沿って続く苫小牧から襟裳岬への［道で味わえる］途絶えることのない波の音、噴火湾沿いの地域の荘厳な静けさ、さらには爽快で自由な蝦夷の暮らし――私が日本から持ち帰ったもののうち、蝦夷の思い出がある意味で最もすばらしいものになったのは、これらの魅力のおかげである」と述べる。[6]

宮本常一が『古川古松軒　イサベラ・バード　旅人たちの歴史3』で言うように、日本人（和人）は外国人の女性を見に集まったが、アイヌは無関心だった。第四十一報に、「日本人とは違い、集まってくることもなければじろじろ見ることもない」と述べる。

第四十二報では、アイヌのコタンの家はハワイの先住民の草葺きの家に近く、顔つきはヨーロッパ人に近いとする。バードの場合にも、ヨーロッパ人のルーツをアイヌに求める観点があったことは否定できない。

アイヌの信仰は「素朴で原始的な自然崇拝だった」と、第四十二報（続々）で述べる。それは「和人が信じる神道の原初形態である」と見なしている。そして、「間引きは知られておらず、高齢者は子供たちから親として敬われ親切にされ養ってもらえる。彼らの社会関係や家族関係には称賛に値するものが多い」と評価する。これは日本人（和人）と比較していると見ていい。バードには文明化していない未開人であるアイヌの優れた資質に寄せる思いがあるが、その視線は文化人類学に影響されているにちがいない。

第四巻は東京に帰って以降のことである。「東京に関する覚書」は東京論、日本論と言っていいものである。江戸はもはや存在せず、将軍は静岡に閑居し、大名は近郷に分散し、刀を差した武士の姿を見かけることはなくなっていた。「一二年という歳月は古い江戸を近代的な東京に変容させてしまった。もしこの旧都がその建造物や慣習を含めて完全に忘却の彼方に陥っていないとしたら、それは、それについて愛着をもってきめ細かく調べている外国人研究者たちの努力のおかげである」と述べる。開国とともに来日した外国人研究者は「古い江戸」に関心を持ったが、日本人は「近代的な東京」に関心を持つだけであった。「古い江戸」に愛着の視線を注いだのは外国人研究者だったのである。そんな外国人研究者の一人に自分を数えていることは間違いない。

　そして、「実際、東京は進取の気性と活気にあふれたすばらしい都市であり、新秩序の中心でもある。また、並はずれた能力と活力を有する政府の所在地であると同時に、日本を根本的に変革する教育の一大拠点をなしている」と述べる。そして、「教育を受けた今日の日本人ほど純然たる無神論と完全なる物質主義に拠って立つ者はこの地球上にいないと思われる」と指摘する。これはきわめて重要な指摘である。さらに東京は日本の〈頭脳〉であり、京都は日本の〈心《ハート》〉であるという対比も見える。関西旅行の経験が日本の全体像を捉えるのに役立って、東京はさらに相対化されることになる。

　第五十三報では、英国で学び、西本願寺で修行する赤松連城に会う。赤松は英語を話す僧侶として知られていた。赤松は、日本ではキリスト教を受け入れなかったが、ダーウィンの『種の起源』は積極的に受け入れたと述べる。江戸時代の官学であった儒学（朱子学）がなくなり、それに取って代わったのが英国哲学だったと見ている。そして、「日本ではこの［英国］哲学が仏教とキリスト教の両方を脅かしています」と述べた。これも重要な指摘で、仏教もキリスト教も受け入れず、『種の起源』に代表されるような英国哲学の合理主義を信奉しようとしているとする。こうした認識どおりに、その後の日本人は歩みつづけてきたように思われる。

　そして、最後の「日本の国政」では、「日本に忍び寄らんとしている影のうちで最も暗いものは、私の考えでは、この国が種々の果実を生み出す［キリスト教という］木を移植しないで果実だけを得ようとしてきているという事実——史上初めてのこと——に由来する」と述べる。キリスト教を受け入れずに、物質的な文明だけを受け入れようとしていることを憂えている。パット・バーが「神なき実利主義」と呼んだ指摘であるが、「この国が、私たち［西洋］の諸技術や諸科学をつかんだのと同じように積極的に、我らの主イエス・キリストが唇と命をもって説かれた初期キリスト教の真理と純粋性をつかみとることである」とするのは、あまりにも性急である。それまでの冷静な観察の記録からすれば、そのように進まないことは明らかだっただろう。

バードは、この二巻本の新版を豪華本にして一九〇〇年に出している。日本を旅してから二十二年、初版の刊行から二十年が経っていた。バードは序文の最後で、この間に日本はずいぶん変わったが、私が書いた農村の日本人は二十年経ってもほとんど変わっていないので、この本を改めて出す意味があると主張した。バードは自ら書き残した「日本での旅の記録《ナラテイヴ》」に大きな自負を抱き、一八九八年の『朝鮮とその近隣諸国』、一八九九年の『揚子江流域とその彼方』に継いで、この一九〇〇年の『日本の未踏の路筋』新版で、東アジア紀行三部作としたのである。

こうした認識の次に、柳田国男の民俗学も生まれてくる。『遠野物語』（私家版）が刊行されたのは、この新版から十年後の一九一〇年（明治四十三）のことであった。柳田はイギリスの民俗学から大きな影響を受け、外国人が書いた紀行もよく読んでいたが、バードの著作を読んだ形跡はない。冒頭に述べたように、柳田の調査モデルに照らせば、この『日本奥地紀行』は完訳版にせよ、縮約版にせよ、旅人が目で見て書いた記録としか評価されないことになる。しかも、著者は外国人であり、日本語を理解することはなかった。だが、柳田自身の意識を超えて、自省の学問としての民俗学はこうした蓄積を経て生まれてくる。柳田や民俗学に関してステレオタイプ化された言説を繰り返すよりも、こうした時代史の中で考える方が遥かに生産的ではないかと思われる。

注

（1）金坂清則は、「簡略本では旅の見聞記でない部分はすべて省かれている。否、それだけでなく、二つの旅のうち関西・伊勢方面への旅（内地旅行）については完全に省いてしまっているし、本州北部・北海道の旅についてもかなりの削除がなされている。そのため、旅の記録としても不完全できわめて偏ったものになっている」と批判した。

（2）有名なのは、米沢盆地を述べた、「実り豊かに微笑する大地であり、アジアのアルカデヤ（桃源郷）である」（高梨謙吉訳）である。こうした表現がバードに惹かれてゆく魅力だと思われるが、事実の認定ではそれは説明できない。

（3）柳田国男の『遠野物語』（私家版、一九一〇年）も、これは「目前の出来事」であり、「現在の事実」であると宣言した。柳田の前を歩くバードの姿を考えなければならない。バードの日本を見る視線は概して優しいが、英国女性の持つオリエンタリズムから抜け出てはいない。それは翻って、東北を見る柳田の視線を問い直す契機になるはずである。

（4）網野善彦が『異形の王権』（平凡社、一九八六年）で、絵巻物を見ると女性の一人旅がたくさん見つかることを指摘し、「一人で旅をする女性の場合、性が解放されていたのではないか」と推測したことが思い浮かぶ。女性の一人旅を許容した社会については、踏み込んだ議論が必要である。

（5）内藤高は『明治の音　西洋人が聴いた近代日本』（中央公論新社、二〇〇五年）で、バードが騒音に悩んだのに対して、北海道で接したアイヌの声には好意的であり、「人種的人間的にはバードはアイヌにヨーロッパ人に近いものを感じる」と指摘した。他の記述からも知られるように、その背景にはヨーロッパ人の人種起源論が影響している。

（6）バードが一八七八年に訪ねた噴火湾沿いにあるアイヌのコタンを、一七九二年に歩いていたのが菅江真澄である。時を隔てた二人の訪問は比較してみる必要がある。

参考文献

・イサベラ・バード、高梨健吉訳『日本奥地紀行』（平凡社、一九七三年）。
・イサベラ・バード、朴尚得訳『朝鮮奥地紀行1・2』（平凡社、一九九三～四年）。
・イザベラ・バード、時岡敬子訳『朝鮮紀行』（講談社、一九九八年）。
・イサベラ・バード、楠家重敏ほか訳『バード日本紀行　新異国叢書　第3集3』（雄松堂出版、二〇〇二年）。
・イサベラ・バード、高畑美代子訳『イサベラ・バード「日本の未踏査」完全補遺』（中央公論事業出版、二〇〇八年）。
・イザベラ・バード、時岡敬子訳『イザベラ・バードの日本紀行上・下』（講談社、二〇〇八年）。
・イザベラ・バード、金坂清則訳『中国奥地紀行1・2』（平凡社、二〇〇二年）。
・イザベラ・バード、金坂清則訳『完訳　日本奥地紀行1～4』（平凡社、二〇一二～三年）。
・イザベラ・バード、金坂清則訳『新訳　日本奥地紀行』（平凡社、二〇一三年）。
・伊藤孝博『イザベラ・バード紀行『日本奥地紀行』の謎を読む』（無明舎出版、二〇一〇年）。
・オリーヴ・チェックランド、川勝貴美訳『イザベラ・バード旅の生涯』（日本経済評論社、一九九五年）。
・金坂清則編訳『イザベラ・バード　極東の旅1・2』（平凡社、二〇〇五年）。
・内藤高『明治の音　西洋人が聴いた近代日本』（中央公論新社、二〇〇五年）。
・パット・バー、小野崎晶裕訳『イザベラ・バード　旅に生きた英国婦人』（講談社、二〇一三年）。
・宮本常一『古川古松軒　イサベラ・バード　旅人たちの歴史3』（未来社、一九八四年）。

付記　本稿は、二〇一六年十二月三日に東京学芸大学で開催したフォーラム「外国人が見た日本」における講演「イザベラ・バードのまなざし」を加筆訂正したものである。

宣教師ウェストンのみた日本

小泉武栄

こいずみ・たけえい――東京学芸大学名誉教授。専門は地理学、自然地理学。主な著書に『日本の山はなぜ美しい』（古今書院、一九九三年）、『山の自然学』（岩波新書、一九九八年）、『ここが見どころ日本の山』（文一総合出版、二〇一四年）、『登山と日本人』（KADOKAWA、二〇一五年）などがある。

ウェストン祭で知られるウェストンは、本業は宣教師であったが、登山を好み、彼の書いた本は日本山岳会創立のきっかけとなった。彼は白人で宣教師という立場であったにも拘わらず、一般的なヨーロッパ人のような日本人に対する偏見を持たず、日本人の民族性や自然崇拝の信仰、文化、芸術、習慣などをよく理解していた。彼の目は、民俗学者のようであったといえよう。

ウォルター・ウェストンは「日本近代登山の父」といわれ、日本山岳会創立のきっかけをつくった人物としてよく知られている。彼を記念したウェストン祭は、毎年テレビや新聞で報道されるから、ウェストンの名はかなり有名である。このため彼は登山家だったと思っている人がほとんどで、それ以外のことはあまり知らないのが普通である。

彼の本業はイギリス聖公会の宣教師である。宣教師とか牧師とか呼ばれる人々は、おだやかな顔をし、細身の身体をしていることが多いが、ウェストンは写真で見るとけっこうごつい顔をしているし、身体つきもがっちりしている。教会でどんな説教をしたのだろうかと心配になるほどだが、みかけに反して彼は話がうまく、しばしばダジャレを言ったり、落語のような言い回しをしたりして聴衆を笑わせ、人気があったという。

ウェストンにとって登山はあくまで趣味であった。しかし鉄道がようやく普及し始めた時代のことであるから、一つの山に登るだけでも一週間から十日程度の日数がかかった。こ

図　ウェストンと妻エミリー（田畑真一『知られざるW.ウェストン』信濃毎日新聞社、2001年より）

のためウェストンは長期休暇を取って山に出かけるしかなく、彼は休暇を取りすぎると、教会内部での評判はあまり良くなかったそうである。上司に当たる聖公会の日本主教（イギリス人）がイギリスの教会本部に送った書簡によれば、ウェストンはイギリスに帰った時の日本宣教の報告講演で、伝道のことより登山のことを語ることが多かったという。いかにもありそうなことで、よほど山が好きだったのだろうと、私などほほえましく感じてしまうが、主教にすれば、とんでもない話で、宗教のことをもっとまじめにやってほしいと思っていたに違いない。主教は手紙の中でウェストンに替えて別の人を送るよう暗に促しているのだが、それが実現しなかったのは幸いであった。まあ本業よりも趣味の活動の方が世の中に対する影響がはるかに大きかったということであろう。ただウェストンの研究家・田畑真一によれば、ウェストンが来日したのは大学教授か中等学校の教員になるためであった。しかしそれがうまく行かなかったために宣教師になったのであって、それは彼本来の希望ではなかったという。こうした事情が分かると、ウェストンが趣味に走ったのにも同情せざるを得ない面がある。

なお教会関係者はウェストンが結婚すれば、登山熱は治まるのではないかと期待したが、妻になったエミリーは、ヨーロッパアルプスでのロッククライミングを好んだというほどの本格的な登山家であったから、期待はあっさり裏切られ、ウェストンは妻と一緒に北アルプスの槍ヶ岳や穂高岳に登ったりすることになった（いずれも女性としての初登頂である）。

彼は一八八八年（明治二十一）に来日している。明治初期のお雇い外国人の来日を第一期とすれば、ウェストンの来日は第二期ということができよう。彼がやってきたのは、明治時代中ごろの日本が大きく変貌しつつあった時期である。ウェストンは来日してから、全国各地の山に登るが、その行き来の際、訪ねた日本各地の姿をよく観察して紀行文に残している。本稿ではウェストンの記録を基に、当時の日本の姿を復元してみたい。ウェストンに関する著作は多数にのぼるが、本稿ではウェストン自身の書いた『日本アルプス　登山と探検』（岡村精一訳、平凡社）、『極東の遊歩場』（岡村精一訳、山と渓谷社）、『宣教師ウェストンの観た日本』（山本秀峰訳、ナウカ出版）、『ウェストンの明治日本見聞記　知られざる日本を旅して』（長岡祥三訳、新人物往来社）、を原資料とし、田畑真一『知られざるW・ウェストン』（信濃毎日新聞社）、『私のウェストン追跡記』（山と渓谷社）その他を参考資料とした。ウェストンの著作四つのうち前の二つは登山の記録だが、後の二つは日本人論あるいは社会評論といった性格の書物である。

一、来日するまで

ウェストンは日本では幕末にあたる一八六一年のクリスマスの日に、イギリス・ダービー市の工場経営者の家に生まれた。ケンブリッジ大学クレアカレッジで学んだ後、同大学リドレー・ホール神学校でイギリス国教会の聖職教育を受け、イギリスの教会に数年勤務した後、二十七歳の時に宣教師として来日した。なぜ神学校を選んだのかよくわからないが、登山好きになったのは兄ロバートの影響だという。イギリスには高い山がないので、ウェストンは兄と一緒に何回もヨーロッパアルプスに出かけている。彼がイギリスの山岳会（アルパインクラブ）に入会を申請した時の資料を田畑が紹介しているが、それをみると、ブライトホルン、マッターホルン、ヴェッターホルン、アイガーなどの険しい山を次々に登っている。この資料では一八九〇年以降になると、白馬岳を始めとして日本の山が続々と登場し、その中には外国人として初登頂というコメントがいくつもついていて、彼が日本の山に登ったことに誇りを感じていたことがよくわかる。

二、来日した頃の日本

ウェストンが来日した頃の日本は、まだ「神秘の国・日本」のイメージが強く残っており、幕末から明治初期に日本を訪れた外国人が、夥しい数の日本印象記や旅行記を出しているときであった。ウェストンは訪日した外国人としては、先述のように第二グループに属すが、『日本アルプス』の冒頭でこうした本の浅薄な記事を皮肉り、私はまだ本当に紹介されたことのない、中部日本の内陸部をしっかり歩いて紹介したいと述べている。時代をみると、来日の十一年前の一八七七年に西南戦争が起こり、来日翌年の一八八九年に帝国憲法発布、そしていったん日本を離れる一八九四年に日清戦争が起こっている。当時の日本の社会は都会を中心に変貌が著しく、外国人の中には、欧米化で日本のよさが失われてしまうのではないかと心配する人が多かった。しかしウェストンは変化しているのは都会とその周辺だけで、田舎には日本のよさがまだまだ残っていると述べている。なおウェストンは三回来日しているが、二回目は日露戦争、三回目は第一次世界大戦に遭遇している。当時の日本は十年ごとに戦争をしていたのである。

三、来日初登山

彼が最初に登ったのは浅間山である。ウェストンは横浜から出発し、汽車で当時の高崎線の終点・横川まで行った。それより先に汽車はなかったので、軽井沢までは鉄道馬車というものに乗った。碓氷峠を越える鉄道馬車は線路の幅が五〇センチメートルしかなく、揺れがひどくてよく脱線するひどい乗り物だったが、彼はそれにめげず、いつ脱線するかとはらはらさせてくれて面白いし、上下運動が乗馬と同じくらい激しいので、肝臓の働きの鈍い人にはお勧めだと皮肉を飛ばしている。

浅間山を降りてからウェストンは追分村の宿に泊まるが、寝ようと思って蒲団に入った途端、隣の部屋でやかましい宴会が始まり、ゆっくり休みたいという期待はむなしくなってしまった。夜遅くまで宴会があることと、日本人がおしゃべりなこと、客が障子に穴をあけて隣室を覗きこむためにプライバシーがないこと、などを彼は再三にわたって書いているが、困ったものだという反面、これこそ文化の違いに基づくものだから仕方がないと、達観しているところがある。

四、日本人の登山と信仰について

当時、日本人の登山といえば、もっぱら信仰登山だけであった。登山の対象になっていたのは富士山や御嶽、白山、立山などの信仰の山ばかりで、日本アルプスの山々や関東山地、東北の山々などは、一部の例外を除いて登山の対象になっていなかった。そのため、浅間山の後、針の木峠に向かおうとしていたウェストンは、大町近くの新町の宿で、宿の主人に頼まれ、日本人のお客と面会させられる羽目に陥る。日本人たちは、「銀鉱を見つけに来たのか」とか、「そうでないなら水晶を探しに来たのか」などと訪ね、ウェストンはただ面白いから登るのだということを説明するのに苦労している。ウェストンは、来日前、あるヨーロッパの夫人が、「私としましては、常々、登山なんていうものは軽い狂気の種類と思っています。あなたがなんとおっしゃっても登山なんてそれ以外のものとは考えられません」と言ったのを引用して、これと同じだと書いているが、日本山岳会のできるはるか前のことであるから、当時の庶民にとっては、ただ面白いから山に登る、ということは、どうやら理解不能だったようである。

ただウェストンは日本人の信仰登山というものをよく理解していた。『ウェストンの明治日本見聞記』には「暁方早くに富士山の頂上で、近代的な気象観測所の建物のすぐ傍に立って東の方向を向くと、そばに年寄りの白い着物をまとった行者が並んでたっているのが目に入るだろう。彼は山の修験者で、身を震わせながら頭を恭しく垂れ、太平洋を覆う雲海から昇ってくる赤い太陽を拝んで手を打ち鳴らすのである」という記事が出ている。彼は宣教師でありながら、こうした庶民の自然崇拝の心をよく理解していた。以下、同じ本からいくつか引用してみよう。

> 六世紀の中頃、中国から仏教が渡来する以前、日本にあった宗教は神道であった。これは古代のローマ人と同じように、広く行われた祖先崇拝の意味を持つ宗教を称したものである。それは不安と畏敬が混じり合った、大自然のあらゆる力に対する崇拝であり、太陽と海の崇拝であり、日常の食物やそれを作る道具でさえも、崇拝の対象となる。無数の山の頂や、流れの早い渓流や美しい滝も擬人化されて崇拝される。
>
> 日本人ほど生まれつき自然に対する愛着が強く、それが皆の間に広まっている民族を見たことがない。この特徴は日本人の生活全般に浸透しているもので、それは彼らの日常生活や休日の娯楽のみならず、宗教、芸術、詩歌などの全領域に彩を与えている。
>
> 日本人の偉大な芸術家たちは、富士山の素晴らしい山容と色調およびその神秘的な魅力に魅せられて、そこから受けた霊感を彼らのほとんどの作品に反映させてきた。富士山の見慣れた円錐形の姿は、武士の刀の鍔の優美な細工や、貴族の煙管入れによく使われている。安物の団

扇にも富士の絵を描いたものが少なくないし、職人の小屋の衝立にも富士の絵が描いてある。

こうした文章は優れた日本論といえ、ウェストンが日本人の心情をいかに深く理解していたがよくわかる。当時、日本を訪れた外国人にはヨーロッパ生まれのキリスト教徒が多かったせいか、自然崇拝や山岳信仰などを、これといった教義もない原始的な宗教だと馬鹿にする者が多かった。そうした中でウェストンは偏見を持たずに日本人に接し、日本人の良さや宗教心の篤さをよく理解していた。その意味でウェストンは誠に得難く、かつ日本人にとってはありがたい人物だったといえよう。

ウェストンはまた、日本人が身近にある風変わりな美しいものを好み、魚や昆虫や花や、やさしいそよ風に優美に揺れる背の高い竹などを賞でる、とも述べ、それが花見や紅葉狩りなどの行楽や、庭園巡りなどにつながるのだとしている。

五、濃尾地震の被災地を訪ねる

ただウェストンが初めて訪れた頃の日本は、一八八八年の磐梯山の大崩壊（来日した年に当たる）や一八九一年の濃尾地震と、大きな天災が相次いだ大変な時代であった。濃尾地震の際、ウェストンは神戸の自宅で振動を感じたが、すぐに現場を目指して出発し、壊れた長良川の鉄橋を何とか這って渡り、被災地に達している。そこでは夥しい数の壊れた民家を見たり、できたばかりの根尾谷断層の崖を観察したりしている（これは外国人として初めての可能性が高い）。驚くべき好奇心だが、こうした体験を経てウェストンは、日本人は温暖な恵まれた自然環境の下にあるが、地震や台風、火山噴火といった天災が頻発するため、大きな災害が起こっても驚かず、何の不平も言わずに、すぐに復旧のための手入れを始めるという、忍耐強い性格をもつようになったのだと考えている。この指摘は現在でも通用し、そのため、日本人は世界的にみてもはなはだ珍しい性格をもつようになったといえそうである。

六、風俗や習慣について

ウェストンは日本人の風俗や習慣について、民俗学者か文化人類学者のように記述している。ウェストンが驚いた風俗に、例えば温泉地での入浴がある。当時田舎の温泉宿では男女混浴で、多いときは何十人も一緒に入ることがあった。芋を洗うような光景だが、皆きまじめで行儀がよく、一人として風儀を乱す者はいないと、ウェストンはおおいに感心している。ただ風呂場で会った一人の日本人に、生れたままの姿の女房子供を順番に紹介された時はさすがに驚き、辟易している。ウェストン自身も温泉が大好きになり、山に登る度に必ず温泉によって入浴している。日本人が入浴の好きなことについて、中国人は、日本人が汚いから毎日風呂に入る必要があるのだと説明しているというエピソードも出てくるが、日本人の風呂好きというのは世界的にみても相当目立つもののようだ。

次にウェストンが感じたのは、日本人が子供を非常に大事にしていることである。母親だけでなく、父親も近所の人たちも子供をかわいがり、赤ちゃんなら抱っこしたり、頬擦りしたりする。自立を促すために、早くから個室をあたえ、上流階級ならほとんど乳母に育てさせたりするヨーロッパの家庭に育ったウェストンにとって、これも大変な驚きだったようだ。彼が特筆していることに、子供のためのお祝いの日の多いことがある。たとえば三月三日の桃の節句には何段ものお雛様を飾り、子供たちは白酒を飲み、お菓子を食べる。五月五日の端午の節句には兜や武将の絵を飾り、鯉のぼりを風になびかせ、柏餅を食べる。ウェストンはこれを、子供たちに礼儀や目上の人たちに対する忠誠心を教える儀式だとし、雛壇の飾り方や鯉のぼりについて何ページも費やして詳しく記載している。私たちにとっては当たり前の風習だが、外国人にとってはよほど珍しいことに見えたようだ。

七、ウェストンが困った問題

ウェストンが困った問題はいろいろあるが、一番困ったのはトイレの臭いで、繰り返し苦情を述べている。それぞれの町で最高級のいい旅館に泊まったとしても、その臭いが漂ってきてウェストンを不快にさせた。二番目の問題は蚤で、これは畳や蒲団があるところにはどこにでもいて、ウェストンを困らせた。石炭酸が効果があると聞いて持って歩いたこともある。

養蚕の蚕の臭いも当初は気になったが、当時の日本の最大の産業が蚕を飼い、それを生糸にすることだったから、これについてはそれほど文句を言わず、やむをえないこととしている。来日早々、製糸工場を見学し、そこで若くてきれいな乙女たちが工女として作業しているのを見て、印象がよくなったのかもしれない。

ウェストンの困った別の問題は、山小屋の煙と人夫のおしゃべりである。山小屋はたいがい窓がなく、炊事の煙は出場所がないため、小屋中にこもり、ウェストンらを苦しめた。床に這うようにしていれば、多少はましだが、そんな姿勢をいつまでも続けられるものではない。

人夫のおしゃべりについても繰り返し苦情を書いている。中央アルプスの木曽駒ケ岳の登った際は、おしゃべりばかりしているから、息が抜けて体力が持たないのだと書いているが、この日、一行は木曾谷の上松から標高差二二〇〇メートルを登り、それから伊那谷の伊那部という村まで降りている。恐るべき体力で、筆者などにはとても無理な行程である。これではおしゃべりをしなくても、くたびれ果ててしまう。二人の人夫に同情せざるをえない。

以上で見てきたように、ウェストンは白人で宣教師であったにも拘わらず、日本人に対する偏見はなく、日本人の信仰や習慣、文化に対しては好意をもって理解してくれていた。当時のヨーロッパ人にしてはきわめて珍しい人物だったといえよう。しかし木曽駒ケ岳に一緒に登ったこの人夫に対しては「口の中に石をくわえさせれば、おしゃべりは止むのだが」と書いている。この記述には日本人にたいするわずかな蔑視が感じられる。上手の手から水が漏れたということなのかもしれない。

ジョン・F・エンブリー夫妻と須恵村

難波美和子

なんば・みわこ——熊本県立大学准教授。専門は比較文学。主な論文に「フォークロア研究と女性」（『昔話——研究と資料』四三号、二〇一五年）、「現代インドの英語文学を考える」（『現代インドの英語文学とグローバル化する英語』、二〇一六年）などがある。

ジョン・F・エンブリー『須恵村　日本の村』（一九三九年）は、日本の村落の文化人類学的研究の嚆矢である。一九三五年十一月からの一年間、エンブリー夫妻は須恵村に滞在して調査を行った。これまでに日本の民族学、アメリカにおける日本研究に与えた影響が指摘されてきたが、残された調査資料の文献研究はいまだ十分ではなく、今後の研究が待たれる。

一、須恵村と二冊の本

九州脊梁山地に発する球磨川は八代海にそそぐ。河口の八代から川沿いの道をさかのぼると、急峻な渓谷に刻まれた狭く曲がりくねった道をたどる。道路と鉄道が接して走る、風光明媚な道である。やがて不意に、川の幅が広がったと思うと、人吉盆地に入っていることにきづく。深い谷の上に見えていた空が急に広がり、視界が開ける。川辺川との合流点を越えてさかのぼれば、盆地のへりを走る道沿いにつぎつぎに集落が続く。人吉盆地を過ぎ、山道を登っていくと球磨川をせき止めた水上ダムがある。その周囲には桜が植えられており、春には花見客でにぎわう。この道をさらにたどって九州山地を越えれば、日向へと下る道に続く。これは、八代海と日向灘を結ぶ街道である。須恵村は、この街道沿い、人吉盆地のやや上流部、球磨川が南へ蛇行した北岸に位置している。ただし、行政区としての須恵村は、二〇〇三年四月、隣接する上村、免田町、岡原村、深田村と合併し、「あさぎり町」となり、村としての名前は消えた。しかし、「須恵村」の名

写真1　ジョン・F・エンブリー

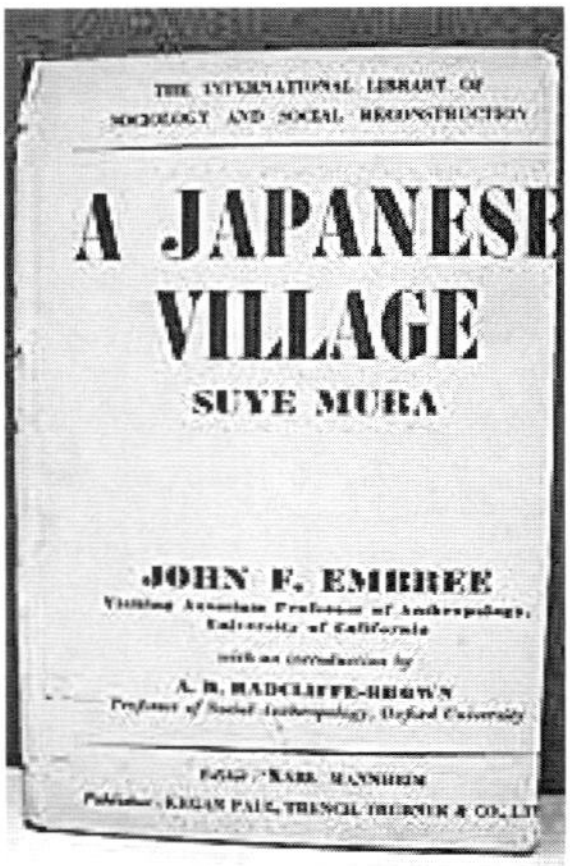

写真2　『須恵村』初版本（1939）

は、『須恵村　日本の村』と『須恵村の女たち　暮らしの民俗誌』とこれらに関わる文献によって残り続けるだろう。

『須恵村　日本の村』(1)（以下『須恵村』）は、ジョン・F・エンブリー（John F. Embree, 1908-1950）（以下ジョン）による須恵村調査の報告書である。シカゴ大学に提出された博士論文をもとに、一九三九年にシカゴ大学出版局から出版された。文化人類学者による初めての日本の村落調査として知られている。一九四一年の日米開戦により、日本の実地調査が不可能になる中、日本研究の重要資料としても位置づけられた。一方、『須恵村の女たち　暮らしの民俗誌』(2)（以下『女たち』）は、ジョンとともに須恵村での調査に当たった妻、エラ・ルーリィ・エンブリー（Ella Lury Embree, 1909-2005）（以下エラ）(3)がロバート・J・スミス（Robert J. Smith）（以下スミス）に提供した当時の日誌から、『須恵村』で十分に記述されなかった女性たちの暮らしに焦点を充てて編纂されたものである。出版は一九八二年、四十年以上を経て、須恵村の生き生きとした姿が描き出されたと評価された。(4)というのも、鶴見俊輔も述べている通り、『須恵村』が社会構造の記述を目的として、村人の情緒的な面に立ち入ることを避けているのに対し、『女たち』では、日誌に書かれたジョンやエラの感想や村人の個人的な関係への記述がみられるからである。『須恵村』と『女たち』は二冊を合わせて読むことで、太平洋戦争前の（そして戦争が間近に迫った時期の）日本の農村の日常の暮らしを知ることのできる資料として貴重なものとなっている。

二、調査地：須恵村

エンブリー夫妻による須恵村の調査は、一九三五年十一月から翌年の十一月までの一年間である。夫妻は須恵村に家を借り、住み込んで調査に当たった。シカゴ大学文化人類学科が進めていた東アジア社会調査の一環として、大学院生であったジョンの研究に対して与えられた助成金を利用したものだった。当時シカゴ大学は、A・R・ラドクリフ・ブラウン（A. R. Radcliff Brown）を中心とした社会人類学の拠点の一つとなっていた。助成を受けたのはジョンであるが、エラと二人で調査することは当初からの予定であったらしい。というのも、ジョンが日本語ができないのに対し、エラは日本育ちで、(5)日本語での会話ができたためである。ジョンが日本語の通訳、佐野敏夫を雇うと二人が別々に行動できるようになり、異なった立場への参加が可能になっていくのである。これによって女性の生活の調査が充実することになった。

二人が調査地を決定した理由として、『須恵村』には四点が挙げられている。要約すると、（一）二人で調査するのに適当な大きさ（小ささ）である。（二）日本の村落社会として他と区別される著しい特徴がない。政府の監督指導が強くない。裕福でも貧困でもない。（三）軍事基地から離れていて、軍からの干渉を受けない。（四）よい紹介者があり、村長が好意的であったこと、理解ある人物がいたこと(6)、である。稲作を中心とする農村が、日本の一般的農村の姿と考えられている。軍からの干渉は一九三五年という時期を考えると、不安材料であっただろう。『須恵村』には述べられていないが、『女たち』には、官憲からの監視や陸軍士官からの嫌がらせがあったことが言及されている。(7)須恵村への紹介者としてこの項で名前が挙がっているのは、九州大学の木村修三と熊本県庁の小島であるが、調査の容認や調査地の選定に際して、東京大学、早稲田大学の教授たちの紹介があったことが述べられている。その中に、柳田国男の名もあり、大学関係者、民族学者のネットワークがエンブリー夫妻を支援したとみられる。八月に来日後須恵村を調査地に決定するまでのあいだ二か月にわたって二十一か所の候補地をめぐることになる。(8)その数の多さは、二人の意図が日本の協力者に伝わっていなかったためと考えられるが、同時に、協力者のネットワークの多様性をうかがわせるものでもある。それらの村落は、彼らの考えでは、あまりにも僻遠であったり、農村とはいえなかったり、政府の影響が強すぎるように見えた。最終的に熊本県庁の官吏が須恵村を紹介することで、最適の調査地に出会うことになる。

二人が関東や近畿地方の候補地から九州へと目を向けたのは、大都市、ひいては貨幣経済の影響が薄いことを求めたためと考えられる。木村修三との接点は、農村社会学の研究者グループからとも考えられるが、民族学会を立ち上げたばかりの渋沢敬三が、前年に南島民俗調査を共にした木村を紹介したとしても不思議はない。(9) ともあれ、こうしたつながりが、エンブリー夫妻を須恵村に導いたのである。ネットワークの研究者の中でも鈴木榮太郎はジョンと日本における農村調査についての議論を行ったことを一九四〇年に『須恵村』の書評で述べているが、「調査地選定の根據は餘り充分ではないと思ふのであるが、偶々選定されたスエ村は餘り不適當でもない様に思ふ」(10) いうように彼らの決断は記述からは納得しにくいものがある。同様にジョンの説明に十分納得いかなかったという牛島盛光は、のちに『女たち』を読んで、エラが「貸家があった」(11) ことを挙げているのを見て、「夫妻の本音を垣間見る思いがして面白かった」(12) という。一年にわたって夫婦で暮らし、調査を行うためには、プライバシーの確保と研究のためのスペースを確保したかったことだろう。この貸家の存在が決定打となって、須恵村が調査地となったとするなら、この貸家のおかげで、須恵村は文化人類学の研究史に名を残すことになったわけである。

三、描かれた『須恵村』

ラドクリフ・ブラウンは『須恵村』の序文で社会人類学の目的を「人類社会に共通する構造を見出すこと」と定義する（Village, x.）そのためには多数の社会を研究しなければならないというのである。そのため、いわゆる「未開社会」だけではなく、アメリカ合衆国やヨーロッパも調査対象となる。社会人類学的調査の東アジアへの拡張の一歩として日本が視野に入って来るのである。その調査が一定期間の観察を要するものであることを次のように説明する。

What is required for social anthropology is a knowledge of how individual men, women, and children live within a given social structure. It is only in the everyday life of individuals and in their behavior in relation to one another that the functioning of social institutions can be directly observed.

〔社会人類学が求めるものは、いかに個々の男性、女性、そして子供たちがその特定の社会構造の中でともに暮らしているか、ということの知識である。ただ個々人の日常生活、互いの関係による人々の振る舞いの中だけに、社会組織が機能しているのを直接に観察できる。〕

（Village, xi.）

社会構造を理解するためには、日常生活の中の人々の行動を観察し、分析しなければならない。そうして観察され、分析された個別の社会は、他の社会と比較されることで、より普遍的な構造へと導くものになる。

面白いことは、社会人類学が人類の普遍性を求め、そのために様々な社会のフィールドワークに基づいたモノグラフを集めたとしても、それらはすべて個別的なもの、二つとない存在を記載するものである。『須恵村』と『女たち』は一九三五年から一九三六年に須恵村に生きた人々についての、エンブリー夫妻の眼から見た記録であって、それ以外の時間には存在ないものであろう。二つのモノグラフから読み取れる須恵村の社会構造とは、その時、エンブリー夫妻を含めた人間観関係の中で立ち現れた構造にほかならない。

『須恵村』は八章からなるが、組織や階層、共同の形態に記述の中心があり、次いで家族や社会の変化、特に国家主義的な体制に伝統的社会組織が取りこまれていることへの言及がみられる。『須恵村』におけるジョンの記述は全体としては客観的な叙述を主としており、個人間の関係を述べる場合も、感情的な面を描くことを避ける傾向がみられる。しかし、無味乾燥というわけではなく、部落での共同や講で行われる宴会の描写には、村人たちの複雑な関係性が透けて見える。特に重視されているのは、行政上の村ではなく、歴史的に形成されてきた「部落（hamlet）」を単位とした共同と、個人単位で行われる講を通じた人間関係である。労働と贈与関係によって結びついた人間関係は、より広い経済圏との結びつきで変化しつつあった。副業として養蚕を行っている家が多いことは、世界的な商品経済の影響を受けやすくしている。世界恐慌の影響は須恵村にも及んでいた。中央集権的な国家主義が徴兵制度や教育を通して浸透しつつあるものの、国家が編成する組織は男性たちの間では定着しているが、女性たちは積極的に参加しているわけではない。

四、『須恵村』の影響

(一) アメリカにおける初の影響

日本の村落に関する初の人類学フィールドワークのモノグラフとしての『須恵村』は、日米開戦によって大きく方向を変えることになった。社会人類学が目指す普遍的社会構造の理解のためではなく、「特異な」社会を理解するための情報源として利用されたのである。太平洋戦争中、アメリカ軍が対日情報戦の一環として、さらには占領政策の準備として日本研究を行ったことはよく知られている。そこで行われた分析をもとに戦後の一九四七年に出版されたルース・ベネディクト（Ruth Benedict）の『菊と刀』（*The Crythamthemum and Sward*）は有名だ。『菊と刀』の序文には、日本の村落についての唯一のモノグラフとして『須恵村』への言及がある。戦争中に日本社会の理解のためにこの本が非常に読まれたことは、終戦後、ＧＨＱ関係者に始まって次々にアメリカの研究者が須恵村を訪れたことからもうかがえる。牛島によれば、その第一号が、連合軍総司令部（Ｇ．Ｈ．Ｑ．）天然資源局による「変貌する日本農村」調査プロジェク〔ママ〕であった。一九四七年から四九年にかけて実施された須恵村の調査データは、戦後における社会変化の初期のデータとして、今日きわめて貴重な存在になっている。(13) 戦前のデータとの比較が意図されていたことということで、がうかがえる。その後、一九五〇年末のジョンの死の翌年、エラが須恵村を再訪するが、一九五〇年代を通じて、研究者の訪問が続く。牛島は彼らと、須恵村の変化についての議論を重ねたという。

ジョン・Ｆ・エンブリーは一九五〇年十二月に交通事故のため亡くなった。その以前、彼はタイの社会研究を行い、「タイ国――弛緩した構造をもつ社会体系」(14)によってその後のタイ社会研究に大きな議論の種をまいた。「弛緩した」とは、「タイ社会の構造や個人の行動あるいは価値体系がきわめて緩やかなもので日本や中国あるいはベトナムなどの社会と比べて個人差の幅が広いということである」。(15) この着想は、須恵村の調査なくしては生まれたかったと言え、タイ研究に対する『須恵村』の波及的な影響ともいえるだろう。

（二）日本における影響

民族学（Ethnology）は十九世紀にヨーロッパで起こった学術領域だが、学問としての確立は二十世紀初頭である。アメリカでは、文化人類学（Cultural Anthropology）、社会人類学（Social Anthropology）として同時期に発展した。日本では、柳田国男が一九二〇年代に紹介し、一九三四年に渋沢敬三を中心として日本民族学会が結成された。しかし、いわゆる官学においては、民族学、社会人類学の学問内容の認知は遅れた。先に挙げた農村社会学者たる鈴木榮太郎は、『須恵村』の書評において、ジョンの意図を理解しかねたことを告白している。

日本の農村を研究すると云つてもどんな角度からどんな方法によつて研究するのかと云ふ私の質問に對して、氏は社會人類學的に研究したいと答へた丈で未だ充分の計畫も立つていなかつた様に思へた。其時私は私が從來日本農村の研究に用ひた見方や方法について述べたのであるが、氏は其は全く自分の研究に同じ様だと云つた。……わたしはいつもそれを單なるお世辭とばかり解して居た。然るに氏の滿一年の日本農村調査の成果として公にされた「スエ村」を見ると、それは一つのモノグラフではあるが、其研究内容は私等が日本農村社會學と考へて居るものと極めて近いものである。[16]

鈴木は『須恵村』によって社会人類学と日本農村社会学の方法論的近さを知り、ラドクリフ・ブラウンによる序文によって、社会人類学を紹介しようと試み、その限界をも指摘しようとする。鈴木は『須恵村』が「日本農村の社會生活の組織的研究として必要且つ充分なる問題を示して居る」[17]と評価する一方で、その記述が科学的に処理されていない[18]、「とるにたらぬ一村人の殆ど出鱈目の意見を仰々しく書いてある」[19]ことなどを批判している。参与観察に基づくモノグラフにおいては、実際の行動を「科学的に分析しない」こと、情報提供者の言葉が間違っているかどうかにかかわらず誠実に記載すべきであろう。その批判の当否はともかく、このモノグラフに向き合うことは、異なって見える学問領域互いに影響しあうという認識を鈴木に与えたのではないだろうか。

鈴木の書評は日本民族学会の会誌『民族学』第六巻三号（一九四〇年）に掲載された。これを当時の民族学徒がどのように読んだかは、喜多野清一が牛島の『変貌する須恵村』への序に描いている。[20]鈴木の批判と同様、人類共通の社会構造のという目標への疑義、収集されたデータの分析が行われないことが問題として挙げられる。発展途上にある民族学会に、日本で初めて行われた社会人類学的手法は大きな刺激を与えたようだ。

エンブリー夫妻が須恵村で調査していた当時、人吉で中学校に通っていたのが牛島盛光であった。牛島は中学校に講演に来たジョンの話を聞き、人類学調査に興味を持った。太平洋戦争における出征を経て戦後、一九五〇年には原著を取り寄せ、やがて須恵村を研究対象とするに至った。おそらく牛島は『須恵村』によって決定的な影響を受けた一人である。一九五〇年から須恵村を訪ね、エンブリー夫妻を知る村人からの聞き取りも含めて、社会調査を行っていく。その成果をまとめたものが一九七一年に出版された『変貌する須恵村』である。ここで牛島は『須恵村』における「社会史的、文化史的資料の調査、分析がネグレクトされている点が多かった」[21]ことを補おうとする。こうして須恵村の古代から現在の社会文化史を一望する労作が成立した。さらに牛島は、エンブリー夫妻の写真と自らが撮影した写真によって、須恵村の五〇年の変化を視覚的に捉える『写真民族誌　須恵村　一九三五〜一九八五』を出版する。こうして、須恵村は、戦前から高度経済成長期の変化を同時代的に追うことのできる地域となったのである。

須恵村の住民たちにとっても、エンブリー夫妻の滞在は印象深いものであったに違いない。太平洋戦争中、その記憶がどのように処理されたかは不明だが、終戦を迎えると、その交流は隠す必要のないものになった。上述のように、『須恵村』はさまざまな人々が須恵村を訪問する動機となった。エンブリー夫妻とのつながりは、須恵村を日本を代表する村落、共同とおおらかな村のイメージによって、誇るべきものになった。そこへ、ジョンの不慮の死の知らせが届く。村に滞在した時にはほんの幼児であった娘クレアも同じ事故で亡くなったことは、戦前の善き時代への憧憬とエラへの同情を強めずにはいなかったろう。一九五一年、須恵村でジョンとクレアの追悼会が開かれ、エラは出席のため、須恵村を再訪する。以後、毎年エンブリー祭が行われるようになる。エラはさらに一九六七年にも再訪、一九八五年には五十周年記念に合わせて再婚した夫フレデリック・J・ウィスウェルとともに招待されて訪れている。この時、迎えのバスに「英語でWelcome to Suye Mura Mr. and Mrs. Ella Wiswell」(22)と書かれた大きな旗印がつけられていた」。こうした交流が続いたように、須恵村では社会の変化をこうむりつつも、「エンブリーさん」の記憶が大切に伝えられていった。

五、もう一つの須恵村
――『女たち』に描かれたもの

『須恵村』が出版され、ジョンが亡くなったのち、エラは調査ノートを保管していたが、自分で活用することはなかった。それでもそのままにしておくことにはためらいがあったのだろう。事態は一九六五年、ロバート・J・スミスがエラと出会うことによって変わる。スミスは調査ノートが二種類あること、そして一方はエラがつけた日誌であって、ジョンのものとは内容がまったく異なることに気付くのである。(23)スミスはその後、エラと協力して、二つのノートをつきあわせながら、女性たちの日常を描き出した本を生み出した。それがはじめに述べた『女たち』である。

『女たち』を読んで気づくのは、女性たちが確かに様々な制限を受け、きびしい労働に従いながら、様々な遊びを楽しんだり、怒りを爆発させたり、性的な放縦に走ることさえあるということだ。戦前の旧民法下における女性のイメージとは合致しない姿も浮かび上がってくる。しかし変化は着実に起こっていた。

須恵村の女性たちはほとんど、特に五十代以上は文盲だったと記述されているが、(24)多くの家には『家の光』があったと、

『須恵村』にも『女たち』にも記されている。『家の光』は大正十四年（一九二五）に産業組合によって創刊され、ちょうど一九三五年に一〇〇万部に達し、産業組合の支部を通してほとんどの農家が購入していた雑誌である。農村の生活向上を目的にし、小学校初等科終了程度の識字力で読めることを目指し、一冊二十銭の雑誌に「修養雑誌、農業雑誌、婦人雑誌雑誌、娯楽雑誌、子供雑誌の内容を盛り込んでいた」[25]。『家の光』は実用的な情報を農家に提供し、「都市のサラリーマン家庭の主婦像を農村に直輸入するもの」[26]と指摘される。エラの主要な情報提供者である「和内さん」が、『婦人之友』を購読していて、エラが村のどこかで見たことがある、というと驚き、'a more serious magazine, and stressed the fact' (Women, 14)「比較的堅い雑誌だといい、そのことを強調した」(『女たち』68)[27]のは、高額な雑誌を購読する財力があることとその教養ある情報に触れていることを誇る気持ちがうかがえる。エラは『主婦の友』と間違えたのだが、「和内さん」にとっては遺憾なことだったろう。いずれにせよこうした都市のサラリーマン家庭向けの雑誌に描かれる家庭と主婦像が『家の光』を通して農村に浸透しつつあったのが、まさにエンブリー夫妻の農村調査の時代であった。同時に『家の光』は女性たちが農村を嫌って都会に出るために、村の男たちが結婚できない、という危機感を持ち、農村女性の生活改善を目指していた。『女たち』には、若い女性たちがバスガールになったり都市の工場へ働きに行く希望を持つことが[28]述べられ、須恵村が日本の他の地域と同様の流れの中にあったことがうかがえる。

六、よみがえる『須恵村』

須恵村ではエンブリー夫妻の記憶は途切れることなく続いたが、日本全体で見れば、『須恵村』は『菊と刀』ほどには読まれず、その後の日本文化論ブームの時代にも注目されることは少なかった。牛島盛光の著作を除いて、須恵村の追跡研究でまとまったものは見られない。『女たち』の翻訳出版（一九八七年）によって多少は認識が高まっただろうか。『須恵村』は、一九五五年に植村元覚による翻訳が出版され、一九七八年に新版が同じく植村訳によって出ている。現在はこのオンデマンド版が手に入る。

近年になって、『須恵村』を読み直す動きが見受けられる。『須恵村』に描かれた村落と調査者に関心を持った田中一彦はその足跡を丹念に調査し、彼らのフィールドノートにもあたって『忘れられた人類学者　エンブリー夫妻が見た〈日本の村〉』を二〇一七年に上梓している。[29] 田中は今も須恵村で語り継がれる「エンブリーさん」の記憶を聞き取り、本書に紹介している。旧須恵村を含むあさぎり町ではエンブリー夫妻の顕彰と地域の再評価を目的としたシンポジウムが二〇一五年、二〇一六年と続けて開催された。『須恵村』、『女たち』だけではなく、二人が残した写真の活用、フィールドノートを通して当時の村を再構成する試みも見られる。神谷智昭は「エンブリーの見た須恵村の復原――空間・時間的分析」を研究テーマに挙げている。

　こうした研究がテーマになりうるのは、八十年を経て『須恵村』がノスタルジーでは解釈しきれない異文化となってしまったことを意味するのかもしれない。しかし、復元に際しては、それがあくまでも「エンブリーが見た」ものであることを肝に銘じておかねばならないだろう。

　エンブリー夫妻のフィールドノート、写真等の資料は、エラからそれらを受け取ったスミスによってコーネル大学の図書館に収められた。現在はジョン・F・エンブリー文書（John Embree Papers）として整理保管されている。あさぎり町にはエンブリー夫妻撮影の写真が相当数移管されているとのことで、整理と公開が待たれる。

　エラ・ルーリィ・ウィスウェルは、後半生をハワイ大学のフランス語教員、次いでロシア語学科を設立し、教員・研究者として生きた。ロシア語とフランス語の文献翻訳を多数おこなったが、その中には自身の家族が被害を受けたいわゆる「尼港事件」（一九二〇年）に関する研究論文[30]が含まれる。

注

（1）Embree, John F., *Suye Mura: A Japanese Village*, Black Star: New York, 1939. (Routledge: New York, 1946, reprint 2002)［Village］［エンブリー、ジョン・F、植村元覚訳『日本の村 須恵村』日本経済評論社、一九七八年（オンデマンド：二〇〇五年）］。

（2）Smith, Robert J. & Ella Lury Wiswell, *The Women of Suye Mura*, The University of Chicago: Chicago, 1982.［Women］［ロバート・J・スミス、エラ・ルーリィ・ウィスウェル、河村望・斎藤直文訳『須恵村の女たち　暮らしの民俗誌』御茶の水書房、一九八七年］。

（3）エラ・ルーリィはジョンとの死別後、再婚してウィスウェル（Wiswell）姓となり、『女たち』はエラ・ルーリィ・ウィスウェルの名で出版されている。ここでは、調査当時の氏名として、エンブリー姓を用い、夫妻を区別するためにファースト・ネーム（ジョン、エラ）を用いる。

（4）鶴見俊輔「本のうしろにもうひとつの本が――ロバート・J・スミス、エラ・ルーリィ・ウィスウェル、河村望・斉藤尚文訳『須恵村の女たち――暮らしの民俗誌』（らんだむ・りいだあ7）」（『潮』三五二号、一九八八年）三九二―三九九頁。

（5）ルーリィ家はカムチャツカのニコラエフスク・ナ・アムールの貿易商だったが、一九二〇年、革命後の混乱を避けるため、北海道に移住した。その直後、赤軍によるニコラエフスク襲撃事件（尼港事件）が起こり、親せきが被害に遭った（Ella Lury Embree Wiswell, 1909-2005. Finding Aid, University of Hawaii at Manoa Library)。

（6）Village, xvii-xviii.

（7）Women, 18.

（8）Women, xxiv.

（9）昭和九年（一九三四）五月十四日から十六日にかけて、渋沢敬三が主宰するアチックムーゼアムは薩南十島の民俗調査を行っている。その参加者の中に、エンブリー夫妻と九州における接点となる九州大学の木村修三の名がある（羽毛田智幸「薩南十島調査とその後への影響」『国際常民文化研究叢書 10』神奈川大学、二〇一五年、一六七―一六九頁）。

（10）鈴木榮太郎「社會人類學上の研究としてのエンブリー氏の『スエ村』と日本農村社會學：John F. Embree, Suye Mura, A Japaese［sic］Village, Chicago Press, 1939. に就いて」（『民族學』第6巻3号、一九四〇年）三六九頁。

（11）Women, xxiv.

（12）牛島盛光『変貌する須恵村』（ミネルヴァ書房、一九七一年）一三三頁。

（13）前掲注12牛島書、二頁。

（14）前掲注12牛島書、三頁。

（15）Embree, John F. "Thailand: A Loosely Structured Social System" *American Anthropologist* 52, 1950.

（16）綾部恒雄「エンブリー　John F. Embree」（『文化人類学事典』弘文堂、一九八三年）一一一頁。

（17）前掲注10鈴木書、三六六頁。

（18）前掲注10鈴木書、三五六―三六四頁。

（19）前掲注10鈴木書、三七一頁。

（20）喜多野、三―四頁。『変貌する須恵村』は序文・はしがき・目次が一―一五頁、続く第1部が新たに一頁から始まっている。英文梗概と事項索引が左開きで一―四二頁。いずれも算用数字でナンバリングされているため、同一ページ表記が三種類ある。

（21）前掲注12牛島書、四頁。

（22）『女たち』iii頁。エラ・ルーリィ・ウィスウェルによる「日本語版への序文」であり、原書にはない。正しくは"Mr. and Mrs. Fredrick Wiswell"であるはずだが、須恵村の人々にとっては、エラの名が優先されたのだろう。

（23）Women, x.

（24）Women, 10.

（25）板垣邦子『昭和戦前・戦中期の農村生活――雑誌『家の光』にみる』（三嶺書房、一九九二年）（ii）頁。

（26）前掲注25板垣書、一四九頁。

（27）Women, 14.（『女たち』68）

（28）Women, 146.

（29）田中一彦『忘れられた人類学者［ジャパノロジスト］エンブリー夫妻が見た〈日本の村〉』（亡羊社、二〇一七年）。

（30）*The Destruction of Nikolaebsk-on-Amur, 1920* by A. Ya. Gutman (translated from Russian by E/ Wiswell; Limestone Press, 1993).

◎コラム◎

フィリップ・フランツ・フォン・シーボルトのみた日本各地の海辺の営み

橋村　修

はしむら・おさむ――東京学芸大学准教授。専門は民俗学・地理学。主な著書に『漁場利用の社会史――近世西南九州における水産資源の捕採とテリトリー』（人文書院、二〇〇九年）、「魚の民俗と神話――海と川の回遊魚スズキと暖流域の回遊魚シイラ」（丸山顕徳編『古事記――環太平洋の日本神話（アジア遊学一五八）』勉誠出版、二〇一二年）などがある。

はじめに

フィリップ・フランツ・フォン・シーボルト（Philipp Franz Balthasar von Siebold 一七九六年二月～一八六六年十月　ドイツの医師・博物学者。標準ドイツ語での発音は「ズィーボルト」だが、日本では「シーボルト」で知られている）。言わずと知れた江戸時代後期に日本を訪れた、日本の花鳥風月をもっとも愛し、それを科学的に把握、理解したヨーロッパ人であった。彼はドイツ人であったが「オランダ人」として日本を訪れた。

本コラムでは、彼の著した『日本』（P. F. von Siebold Nippon 1832-1882 『シーボルト「日本」』雄松堂出版（全九巻）、一九七七～七九年（本文では雄松堂出版の巻数を示す））と、一八二六年四月からの第一六二回目のオランダ商館長（カピタン）江戸参府に随行し、長崎から江戸への旅を記録した『江戸参府紀行』（『シーボルト　江戸参府紀行』斎藤信訳、平凡社東洋文庫、二〇〇六年）を用いてシーボルトがみた日本列島の海辺の人々の営みや暮らしを紹介していく。

一、日本の海岸線と水産資源の利用

シーボルト『日本』四巻に入る「日本の国内産業」「漁業および狩猟」二九七頁では、日本列島のきわめて広い海岸において、その周囲は――十二の大きな島を加えるだけで――三五一三里、すなわち一八六四マイルに及び、その他小さな島や岩礁なども数多く、その数は三五七六にのぼるとする。そこには多くの漁民が住み、しばしば往来して二五〇〇万人の人びとのために、禁止している肉食の必要な代用品として、魚類やそのほか海中にある食料品を求めて採集し、さらに主としてイワシ（干鰯）を乾かし、肥料の主成分として用いる程度の分量をとり、数百万人の漁民は、魚、カニ、貝、イカ、ウニなどを獲るとする。また、もし毎日国民の三分の一にあたるおよそ八〇〇万人が、このような海産物を食べるとして、一人当たり十銭（五〇〇銭は一グルデン）と計算すると、一年の消費は五八〇〇万グルデンという額になるとする。

　また、海岸の住民が、さまざまな海産物を取るための作業や技量にも注目し、とりわけカツオ漁やイワシ漁が大規模に行われているとして、ヨーロッパにおけるニシン漁やタラ漁と同列の存在だと指摘する。カツオは、特殊の船（カツオ船）の装備に加えて、漁村に建てられた鰹節加工用の特別な建物のなかで、カツオの肉を煮て乾かし、紡錘状の断片に切り完成するとし、中国への輸出品、国内における一般の重要な食料となっていることを指摘する。日本の水産加工品は、乾燥したイカ（スルメ）、アワビ、それに海苔などが日常の食料、質素な食物である一方、国民的祭日や祝日になると貧富を問わず必要にして欠くことのできないものとなっているとする。さらに、食用のカンテンや、織物の経糸を膠でつけたり絹や木綿の製作に光沢をつけたりするために採取加工されるトサカノリにも言及する。これらの海産物は、国内取引においてきわめて重要であったと記す。

二、漁法など

　シーボルトは各地の漁法や船にも注目していた。江戸参府途中の瀬戸内海の児島（『江戸参府紀行』三月六日、三七三頁）では海岸でタコを捕る巧妙な漁法として、漁師が長いワラ縄にバイ貝の一種の大きな貝を並べてつけ、これを海中に入れ、八足類の一種（日本語のタコ）をとるとする。タコは貝の家を捜しあるき、本能的にその中に入り、その動きにつれて、避難所と思いこんでますますしっかりと巣にはいり込んでしまって、捕まってしまうとする。彼は、著名なヤドカリとアオイ貝にすむ奇妙な軟体動物の性質と似ていて、オウム貝がタコに似た軟体動物の住み家であることを、日本人はすでに前から知っていて、それでタコフネと名づけたものは、おそらくこの動物が風のおさまった時に貝の舟に乗って海面を進むからであろうと記す。生物学的な視点を取り入れたタコつぼの解釈は興味深い。

　『参府紀行』の三月三十一日（旧二月二十三日）の豊橋吉田から新居への箇所では、この海岸沿いのみすぼらしい小屋に住んでいる漁師が使っている舷側が窪んだ丈の高い材木で造った一種独特の小舟が見たところたいへん頑丈そうだが無格好で、長さは約十一歩だと記す。また海岸ではウ・カモメ・ウミネコおよび二、三の貝類を認め、さらにクラゲに似て輝き、同じような物質からなる透き通った小さい魚が、波に洗われ、粘液のようにかたまっていて、一フィートほど飛び上がるのを不思議に思ったとし、この魚の名がシラウオまたはカイサンヨウであり、彼は口のほかに腮を見つけることができなかったが、おそらく眼と神経系統はあるようだと記す。このほかにカキ若干・ウミザリガニおよびその他のカニ少しばかりを捕獲したとある。漁船については、鯨船と鰹船、それに普通の釣舟、生きている魚類を送るために船槽の中央部の舟底の格子づくりの窓によって海水が出入りするようになっている生簀船などを紹介している。

三、水産加工品について

江戸参府道中で水産加工品の記述がみられる。四月三日朝六時ごろ出発した藤枝では、町の路上にいくつか並べて売っていたサメやガンギエイの皮に注目した。そして日本人は大部分の軟骨魚の皮を上手に加工することを心得ていて、刀の鞘や柄はたいていこれらの魚の皮をよく磨きいろいろいろの漆をぬって作ったものであるとし、しかもオランダ人や支那人が日本へもってきたエイの皮は、日本人の間では特に高価である、またエゾの松前からは種々の魚皮が来るが、その中ではチョウザメの皮がとくに珍重されていると記す。

これに関しては『日本』において「動物性食品」として詳しく記す（三〇五頁）。「とくに魚食の調理には多数の人が従事していて、最も重要な製造・商業部門の一部をなしている。世人は魚を塩漬にし、乾燥し、煮たり、焼いたりする。鯨肉、脂身、内臓もまた同じである。すでに述べたカツオ節やまたカマボコと呼ばれた製法は、カツオを獲るのに便利で好都合な地方では、大きな施設を築いて、新しくとらえたカツオを紡錘状の断片に切り刻み、塩水で煮て乾燥させる。カツオの鮞（ハララゴ）は新鮮なうちに塩漬にして空気で乾燥し、キャビア同様に料理通の美味とされているものである。脂肪の多いアナゴや乾燥したサメ類も同様に、多量に一種の魚パン（練製品）を作って鉄串にさし、油で焼いて（竹棒の上に固く練りつけて）、市場に出している。鯨肉や脂身は塩漬にして国民一般の食品となり、また十分に煮込んだクジラの内臓は不格好な腸詰と同様に、特別に料理屋で売られている。なおほかに新鮮な魚骨を鋸引きして、植物の液汁で紅、緑、黄色に染めて饅（ヌタ）、膾（ナマス）などのサラダを作る施設さえ建てられている。私はこれらすべてが、さほど重要でないものまで多く数えあげたが、この食料品のなかで日本の家庭経済に欠くことのできないものや重要な貿易品であるだけでなく、貿易品でなくとも、機会と事情が許されるならば、ヨーロッパでも参考にしてもよいと思われる。」と記している。

四、捕鯨について

シーボルトは、日本の捕鯨に興味を持ち、医師高野長英の捕鯨に関する論文を読んでいた。日本の捕鯨が外国よりも収益が多く、非常に安く見積もっても毎年の純益は一〇〇万グルデンとなるとする（『日本』）。『江戸参府紀行』の二月二十七日によると、高野の患者の中に平戸の捕鯨業者がいて、その業者に下関で報告させている。それによると、収穫の多い捕鯨漁場は平戸島・五島および女島群島・壱岐島付近（北緯三十一度から三十四度、グリニッジ東経一二八度から一三〇度までの範囲）で、いちばんよい季節は十二月から四月初めまでだった。平戸藩（平戸候）は特権収入である捕鯨について、この期間にふたつの会社（捕鯨組）に賃貸し、前年においては冬の捕鯨に対する賃貸契約は九万両、すなわち十八万グルデンに達し、賃貸（契約）期間外にとれた鯨に対しては鯨の大きさを標準として税金が支払われたという。四尋二尺（六・六六六メートル）の長さおよびそれを超えるものは一〇〇両あるいは二〇〇グルデン、それより小さいものに対する税は比較的少ないという。この動物の長さというのはただ気孔から尾ビレまでを計るのだそうだと記す。

鯨の区分は日本の捕鯨者とヨーロッパでは違っていた。日本の捕鯨者は捕えようとするうちの三種、すなわちザトウクジラ・ナガスクジラ・ノソクジラは変種にすぎず、喜望峰でいわゆるRohrqualというものの年齢の違ったものであるとする。一方セミクジラとコクジラは南太平洋にいるクジラの年を経たものと年若いものの違いで、マッコウクジラはあの有名なPottfisch（Physeter）であり、非常に珍しいイワシクジラは多分わが方（ヨーロッパ）のクジラ（*Balaenoptera arctica*）であるとする。日本の海ではセミクジラが最も多く姿を現わし、このクジラの肉はおいしく、日本人の好みに合い珍重されるという。

鯨肉は日本において一般の食用となり、およそクジラの何から何までが食用にされ、そしてヨーロッパでは人々がまだ考え及ばなかった用途に使用されると記す。そのため一匹の大きなセミクジラは三六〇〇から四〇〇〇両（七〇〇〇から八〇〇〇グルデン）までもする。そして平均して年間に約二五〇から三〇〇頭までのクジラが捕えられるから、それから考えても日本における捕鯨業の重要さが判断されると記す。ごく控え目に見積もっても、クジラは一〇〇万グルデンと評価されるとし、この平戸の業者は二十尋（三〇・三メートル）のセミクジラを見たとし、また壱岐の近海で一日に七ないし十頭の、それも大部分セミクジラを捕ったとはっきり言ったことを紹介している。

日本とヨーロッパの捕鯨は全く異なる目的で、しかも違った方法で行なわれ、ヨーロッパの捕鯨家が装備しているような種類の船は日本にはないとする。ヨーロッパは捕獲、鯨油の製造その他鯨を利用するために必要なすべてのものを備えて各船ごとに出漁するが、日本では普通二十五に小舟と八隻の割合大きい船が船団を作って捕鯨にでかける。小さい舟は鯨船といい、五〜六間（九〜一一メートル）の長さの空舟で、八つの艪をもち、十一ないし十三人が乗り組んでいるのは本来捕鯨をするためのものであり、鯨が見つかると、この小さい舟にのって鯨に向かって漕ぎ進みモリを投げ、大きいほうの船（堺船《さかいふね》）は商船式に造られていて普通それには波不知船《いさわふね》という木造船を使うと説明する。これは傷ついた鯨を取り囲んだり、あるいはその退路を断つ大きい鯨アミを運搬したりする役を受けもっていた。クジラの網は稲藁か、またまれにはシュロの繊維で編んだもので、十丈（三八・一八メートル）の深さで、三〇〇メートルの長さがあるので、これだけで船の積荷となる。捕った鯨や殺された鯨をその網でつつみ、普通は漁村の海岸まで引っぱってゆき、陸揚げ場のうちとくにそういう設備のある場所で切り開く。肉や脂身やその他食用となるところは魚屋が買い集め、新鮮な状態で日本じゅうのすべての港へ送り出す。イルカなども同様であるが、食用にならぬものだけが鯨油をとるのに使われると記す。

　いちばん需要の多いのはセミクジラとコクジラの肉である。これは歯切れのよくない牝の種牛か水牛の肉のような味で、生のまま食べたり塩漬けして食べたりするが、塩漬けのほうがおいしいという。この塩漬けを薄い小片に切って食べる脂身は日本人の好物で、塩漬けしたオリーブのような味がするといい、内臓、鰭および鬚も食用となり、鬚はきれいにおろしてサラダにするという。脂身の屑や砕いた骨から鯨油を精製するが、人々はその油を菜種油よりよいとして好んで用いるとする。焼いて油をとった残りの部分もなお貧乏な人々の食用となり、粉は肥料として用いる。塩漬けの脂身は慢性下痢の、また胃や脾臓の薬として効能がある。粉にした鬚は便秘薬として、鯨油は苔癬の薬として知られている。またイナゴなどが穀物についた時に、鯨油を田にまく。腱からは木綿を織るのに用いる弾弓（Tokju）の線を作ると記す（一〇六頁）。

五、塩について

　塩は、『江戸参府紀行』の瀬戸内海児島などで詳しく次のように紹介している（三〇二頁）三月六日（児島　日比）。日本では塩の消費をヨーロッパよりも比較的大量に用いている。塩は、日本では太陽で蒸発させる方法で海水から精製され、南や東の海岸では全村をあげてこの収益多い製造業に従事する。毎日簡素な米と魚の食事をとるので、これを補うために塩味のある辛い副食物を必要とする。強く塩味を利かせた野菜や果実、それに誰でも知っている醤油は食生活に欠くことのできないものとなっている。ひとりが毎年一斤（六〇〇グラム）の塩を用いると仮定して、一年の消費量は二五万ピコル（一五〇〇万キロ）となり、最も安く見積もっても、この国では七五万グルデンとなる。しかし実際の塩の消費量は、この二倍や三倍はあると計算しなければならないと記す。

『日本』二巻には「オランダ人」で初めて日本の製塩をみた外国人と言われたと記す（三月六日、三六九頁）。日比の塩田では天日で蒸発させる方法で海水から精製される。これは日本における唯一の、一般に行われている製塩法である。海塩あるいは食塩を、ヨーロッパで知られている戸外で蒸発させて採るやり方と比較すると、日本人のもつ設備と方法ははるかに完全に近くたくさんの独特な点があるとし、われわれの知るかぎりその方法はわが製塩家にもまだ知られていないため詳しく記す旨を書いている。その内容は、次のようなものである。「海岸の近くに、長さ約二二五メートル、幅約七十メートルの平坦な場所が花崗岩（ほかのところでは荒石または玄武岩）で築いた堤防で囲まれていて、海水の侵入を防いでいる。その場所を水平にならし、五尺（一・五一五メートル）またはそれ以上の幅で同じようにせきとめてあって、一つの水門で海に続いている水路が、その中を横切っている。そしてそこは二つの大きな蒸発盤に分けられていて、水路の上にかかっている木の橋で両方の蒸発盤は互いに行き来できるようになっている。埋め立てた低地または乾いた未耕地にようにすっかり堤防に囲まれ、こういう場所は堤防の内側に沿って約一メートル幅の溝をめぐらし、そして並行に走っている同じ幅の溝によって十ないし十二メートル幅の地盤《ぢば》に仕切られ、その数や長さは地所の大きさによる。……われわれは向日比と日比の二つの村を訪ねたが、それらの村やその住民をみて彼らの裕福な暮らしぶりがわかった。村人はわれわれを珍しそうに眺めていた。そして彼らから、まだ一度もオランダ人がこの土地を訪れたことはなかった、ということを聞いた。」

むすびにかえて

ここまでシーボルトが記録した、日本の十九世紀前半の漁業、水産加工、捕鯨、塩業を紹介してきた。シーボルトは、ヨーロッパと比較しながら、日本の沿岸の営みを淡々と記しているが、そこには日本の技術が水産加工、塩業などヨーロッパよりも先駆的であることを認める内容も多くみられる。また、地誌的な内容の中にも、生き物の生態行動の深い知識に裏付けされたタコツボをはじめとした自然科学者の顔を覗かせる記述はシーボルトならではの日本像ともいえよう。

李光洙と帝国日本を歩く
――『毎日申報』連載の「東京雑信」を手がかりに

金容儀

キム・ヨンウィ――全南大学校人文大学教授。専門は民俗学、韓日比較文化。主な著書に『혹부리영감과 내선일체（瘤取爺と内鮮一体）』（全南大学校出版部、二〇一一年）、『일본설화의 민속세계（日本説話の民俗世界）』（全南大学校出版部、二〇一三年）、『일본의 스모――종교의례인가 스포츠인가（日本の相撲――儀礼なのか儀礼スポーツなのか）』（民俗苑、二〇一三年）などがある。

「東京雑信」は、朝鮮総督府の機関紙『毎日申報』に連載された。私はこの作品をある種の「日本文化論」として捉えたい。当時文明社会に進入したばかりの日本社会を見聞した「日本文化論」であり、また日本社会を尺度にして、朝鮮社会を照らし合わせた「比較文化論」でもある。李光洙の「日本観」を知るための重要な手がかりを提供してくれる。

はじめに

李光洙（一八九二～一九五〇）は、朝鮮の文学者、思想家であり、韓国近代文学を開拓したもっとも重要な文学者の一人である。彼は「韓国近代文学の祖」とも言われ、よく日本の夏目漱石や中国の魯迅にたとえられる。(1) その名声にふさわしく、現在まで韓国では多様な視点から李光洙の文学や思想についての多くの研究が行われている。(2)

しかしながら彼は日帝強占期（植民地期）の創氏改名、朝鮮人学徒に対する志願兵の勧誘、親日作品の執筆などの親日活動のために、韓国社会では、長い間まともに評価されることがなかったことも事実である。例えば二〇一六年に企画された「李光洙文学賞」の制定に際して、反対の世論がかなり強かった。(3)

李光洙は、かつて日本に留学したことがあり、日本についての小説、評論、紀行文など、数多くの作品を残した。彼が日本をどのようなルートで、どのように認識し、また作品の中には、どのように描いているのか、興味深いテーマである。

ここでは、李光洙が早稲田大学へ留学中に『毎日申報』に連載した「東京雑信」を手がかりに、当時彼が帝国日本をどのように認識していたか、その「日本観」の一端を探ってみたい。『毎日申報』は、植民地朝鮮において発行された朝鮮総督府の機関紙である。[4]

「東京雑信」は、『毎日申報』に一九一六年（大正五）九月二十七日から十一月九日まで、合わせて十四回に分けて連載された。「雑信」とは言え、当時李光洙が日本に渡って体験した学校制度、学生界、日常生活、経済、家庭生活、美術展覧会、読書界などについて述べた、見事な「日本見聞録」である。

私はこの作品を単なる「日本見聞録」ではなく、一種の「日本文化論」として捉えたい。即ち「東京雑信」は、当時文明社会に進出したばかりの日本に触れた「日本文化論」であり、またそういう文明社会を尺度にして、朝鮮社会を照らし合わせた「比較文化論」でもある。それゆえ「東京雑信」は、われわれに李光洙の「日本観」を知るための重要な手がかりを提供してくれる。しかしながら李光洙研究者の間では、なぜか「東京雑信」を取り上げた研究が多くない。筆者の確認によると、韓国では今まで二つの論文が発表されたにすぎない。二つの論文は、李光洙が日本を朝鮮の鏡のように認識していたという点において共通している。[5]

写真1　李光洙

一、李光洙の日本体験と作品活動

李光洙は、少年時代から二度にわたって日本に留学して日本社会を体験している。[6] 彼は一九〇五年（明治三十八）八月、十四歳の時にはじめて日本に渡った。一九〇六年（明治三十九）に帰国して、翌年には官費留学生として再来日し、九月に明治学院普通部三年生に編入する。卒業後帰国してからは、当時民族主義教育で有名であった五山学校で教鞭をとることになる。

一九一五年（大正四）九月には、早稲田大学高等予科文学科に編入学、一九一六年七月に卒業し、九月には早稲田大学大学部文学科哲学科に入る。李光洙の生涯において、この時期は「第二次留学時代」と言われる。

彼は、一九一九年（大正八）二月八日に、東京で読み上げられた「二・八独立宣言書」を起草し、これが原因で、中国の上海に亡命した。そしてしばらくの間、日本に滞在することができなかったが、一九三二年（昭和七）九月に東亜日報の社用で東京に渡った。当時改造社の社長であった山本実彦の招待により、星岡茶寮で恩師吉田絃二郎のほか久米正雄、藤森成吉、佐藤春夫などに会って交流した。一九三五年（昭和十）十二月には、家族に会いに東京へ渡り、翌年の一月まで滞在した。この間、臨終が近い阿部充家を見舞った。一九三六年（昭和十一）五月に、また家族に会いに東京へ行き、六月まで滞在した。

以降彼の「親日」活動が本格的に展開される。例えば一九四二年（昭和十七）十一月一日から十三日までは、東京で開かれた第一回大東亜文学者大会に出席して発言する。李光洙の日本行きは一九四三年十一月をもって最後を迎えた。即ち一九四三年（昭和十八）十一月八日、日本で朝鮮出身の学徒に対し、志願兵を勧めるために崔南善とともに日本へ渡ったのが最後であった。

少年時代の留学からはじまった李光洙の日本体験は、家族との再会、日本の文学者との交流、朝鮮出身の学徒に対する志願兵の勧誘など、その動機や目的において様々である。当然ながら、李光洙の様々な日本体験は、彼の作品のいたるところに満遍なく反映されている。

次の**表1**は、李光洙の日本滞在及び関連作品をまとめたものである。[7] 李光洙の作品の中には、彼の日本体験に基づいた「日本見聞録」のようなものがいくつかある。ここで取りあげる「東京雑信」（一九一六年）をはじめとして、「東京から京城まで」（一九一七年）、「星丘茶寮の文人雅会」（一九三三年）、「東京求景記」（一九三六年）、「東京文人会見記――東京求景記の継続」（一九三七年）、「三京印象記」（一九四三年）などが「日本見聞録」である。

表1を見ると、「東京雑信」は、彼が日本体験に基づいて書いた最初の「日本見聞録」であることがわかる。この点は「東京雑信」が李光洙の「日本観」を知るうえで、重要な資料として位置づけられる理由でもある。

また『毎日申報』という朝鮮総督府の機関紙に連載されたとは言え、彼が早稲田大学に留学していた、まだ本格的な政治活動を行っていなかった時代に書かれたことを考慮するならば、日本に滞在しながら見聞したことを率直に述べたと看做してもいいであろう。この点においても、「東京雑信」は李光洙研究において、重要な位置を占める。

表1　李光洙の日本滞在及び関連作品

時期	主な内容	備考
一九〇五年八月	一進会の留学生として日本へ渡る	
一九〇六年四月	大成中学に入学	
一九〇七年二月	官費留学生として再び日本へ渡る。白山学舎で編入試験に備える。九月明治学院普通部三年生に編入	
一九〇九年四月	五年生に進級する	十二月「愛か」（日文）を李宝鏡の名前で『白金学報』に発表
一九一〇年三月	二十六日　明治学院普通部卒業式（欠席）	
一九一五年九月	早稲田大学高等予科文学科に編入学	
一九一六年七月	早稲田大学高等予科文学科を卒業。九月に早稲田大学大学部文学科哲学科に入学する	九月二十七日『毎日申報』に「東京雑信」の連載を開始する。十一月九日連載を終了
一九一七年六月	特待生として二年生に進級する	一月『毎日申報』に『無情』の連載を開始 六月『無情』の連載を終了 七月「東京에서京城까지（東京から京城まで）」
一九一八年七月	優等の成績で三年生に進級する 十月許英粛と北京へ逃避行。十二月日本へ	一九一九年二月「二・八独立宣言書」を起草して上海に亡命
一九二二年		『開闢』五月号に「民族改造論」を発表
一九三三年九月	東亜日報の社用で東京に行き、改造社の山本社長の招待で、恩師吉田絃二郎のほか久米正雄、藤森成吉、佐藤春夫などに会う	一九三三年一月「星丘茶寮의文人雅会（星丘茶寮の文人雅会）」
一九三五年十二月	家族に会いに東京へ行き、一月まで滞在する。臨終が近い阿部充家を見舞う	
一九三六年五月	家族に会いに日本へ行く。六月まで滞在	一九三六年「東京求景記」。一九三七年「東京文人会見――東京求景記의 継続（東京文人会見記――東京求景記の継続）」
一九四二年十一月	第一回大東亜文学者大会に出席	「大東亜精神（上）（下）」（大東亜文学者大会の発言）『京城日報』十一月十一～十二日
一九四三年十一月	日本で、朝鮮出身学徒に対し志願兵を勧誘する。八日崔南善とともに日本へ	一月「三京印象記」『文学界』
一九四五年十月	二十五日、李光洙死去	

李光洙は、「東京雑信」の連載が終わってから、彼の代表作と評される小説『無情』（一九一七年）を『毎日申報』に連載しはじめた。(8) 即ちジャンルこそ違うが、両者の間には時期的に見て、何らかの関連性が認められるのである。

二、「東京雑信」に描かれた帝国日本と植民地朝鮮

「東京雑信」には、李光洙が見聞した様々な事柄が取りあげられている。具体的には、〈学校〉、〈留学生の思想界〉、〈工手学校〉、〈学生界の体育〉、〈怱忙〉、〈沐浴湯〉、〈経済の意義〉、〈勤而已矣〉、〈名士の倹素〉、〈家庭の予算会議〉、〈福沢諭吉の墓を拝する〉、〈文部省の美術展覧会記〉、〈知識慾と読書熱〉、〈一般人士の必読すべき書籍数種〉など、十四にわたる項目（小見出し）によって構成されている。(9)

李光洙は「東京雑信」において、単に新奇な文明の展示場としての東京の生活を並べようとしたのではない。つまり「東京雑信」は、東京という鏡に写された植民地人の内面としての自己表象、また未来に対する具象を確認させてくれるのである。したがって「東京雑信」は李光洙文学の源を物語る資料として読み直される必要がある。(10)

「東京雑信」に述べられた全体的な基調は、かなり図式的で、ある意味ではわかりやすい。まず日本社会がどれだけ文明化しているのか、あるいは文明化を可能にした原動力とは何かについて述べる。続いて朝鮮社会がいかに文明化に遅れているのか、痛烈に批判しながら、これからの朝鮮人の覚醒を切実に訴えている。言うならば、李光洙はここで、始終文明と野蛮、または帝国と植民地という、二分法的な思考に徹している。

興味深いことに、こういう定型化した二分法的な思考は、「東京雑信」に取りあげられたすべての項目に一貫している。つまりいたるところに、帝国日本と植民地朝鮮の優劣が比較されているのである。

表2は、筆者が「東京雑信」の内容を分析し、帝国日本と植民地朝鮮を文明と野蛮という二分法的な思考によって対比している箇所を選んで、その一部を示したものである。李光洙は、両国の社会システム、国民の品性、日常生活の光景にいたるまで、様々な事柄に触れている。以下**表2**を参考にしながら、「東京雑信」に描かれた内容を具体的に検討してみることにする。

三、エリート教育と実業教育

李光洙が「東京雑信」の中で、もっとも力強く主張したの

表2　「東京雑信」に描かれた日本と朝鮮の対比

項目	日本	朝鮮	備考
学校	然し十余年前に藤村操という十八歳の此学校の学生が人生は不可解と極端な厭世観を抱いて日光山華厳瀑中に五尺の躯を投げたことによって（他の青年も自殺する者が多くなった）、喜ばしいことではないが其後を継ぐ者が続出して、高等学校は自殺の宗家という童謡まで創られた。	朝鮮には自殺者が稀少であるが、此は自矜すべきことではなく、思想程度の低さをはずかしく思うべきである。人類の以下、低級な部類には煩悶もなく自殺もないはずである。	藤村操一九〇三年五月二十二日華厳滝において自殺
工手学校	早稲田大学の附属事業に工手学校という学校がある。貧寒して昼間にはまともに教育を受けることが不能な者のために設立され、故に其の学生は皆商店使喚や労働者又は貧民である。昼間に衣食を求し、夜間を利用して将来に独立する職業教育を受けようとする者たちである。	これに加えて朝鮮は将来工業を第二の本業にしなければならない。人口が日に増加して極度に耕地を整理して、耕作の方法に学理を応用して最大限の農産物を出したとしても、此によって僅かに衣食は得たとしても、富を得ることは不可能であり、万一朝鮮にとって今日の貧窮を棄して栄光な富名を得ようとするならば不可不工業に頼るべきであり、兼て朝鮮は十分工業地の資格がある。	一九一一年早稲田工手学校開校
学生界の体育	日本人の顔色を見た場合まず烱烱たる眼眸に鋭気が充溢し、きゅっと閉じた口に意志力が表現されるが、此は長い教育を受け、また生存競争が激烈な実社会で長く鍛錬した結果と。必ず体育の効果と言えないのかもしれないが、試しに其の裸体を観てみよ。胸突出して、両腕に筋肉が発達して盛り上がり、堅く石のようではないか。	反して朝鮮を見よ。果たしてどうであろうか。某友がかつて慷慨にいわく、余が一日鐘閣前に立ち、往来する白衣人を観察していたが、眼睛は力なく口は開き、手足は垂れ、胸部はへこんで、身体は前に屈み、歩き方は気力が無く、顔色は病み黄ばんでいる。このような種族がどのようにして、この競争場において縷命を維持することが可能であろうか。	
怱忙	実に彼等の一分は吾朝鮮人の一年より貴重である。或此一分に国と国の間の戦争と平和が決定され、或此一分に数百万円が利害が分かれ、或此一分に驚天動地すべき新発明が生ずるのである。	夏の日の黄昏や日曜日、其他休日に東京の近郊、市内の園、演劇場、活動写真館等に間暇に逍遥観覧する士女を見るに、此は京城でも塔洞公園、三清洞、清涼里等で見られる景況である。然し此と彼は相異が有り、此は長い時間にすることは無く、寂寞に耐えられず遊楽に歳月を送ろうとする者であり、彼は終日又は数日間繁劇な事務に疲れた心身を一時の快活な気晴らしによって恢復しようとしたのである。	

沐浴湯	日本人が世界に対して自矜することの中の一つは、沐浴を愛護することであり、沐浴を愛護するとは、即ち清潔を愛護することであり、清潔は実に日本の国民性の一であり、此国民性は家屋、衣服、飲食等日常生活においてすべて表現され、（後略）	朝鮮人はいまだ清潔思想が普及されず、入浴という良い習慣が無く、此は文明人の体面としては甚だ恥かしいことである。中流以上の人士も一個月以上も入浴していない者があり、（後略）	
名士の倹素	雑誌『太陽』と言えば東洋において最も権威のある雑誌である。その雑誌の主筆と言えば、日本の一流名士であり、一流学者であろう。誰でもそのような人を想像する時には、百余円の高い衣服に金時計を下げ、車馬や自動車で精養軒や帝国ホテルのようなところで美姫を擁し、美酒に酔うであろうと思う。朝鮮式の名士がこのようにするからである。	日本の学生はこのような諸名士の感化を受けて、倹約をもって誇りに思うが、まず京城等地の学生諸君に見せたい。	浮田和民の質素な生活ぶりを取り上げる。
家庭の予算会議	安部磯雄氏がかつて某処で講演した要旨が左の如く、（後略）	我朝鮮でも、このような方法を採用するということはいかがか。採用するまではいかなくとも、家長観を濫用する者が鑑戒するならば、幸甚である。	安部磯雄の講演を引用する。
一般人士の必読すべき書籍数種	日本紳士は二十四五歳になるまで完全な文明教育を受け、学校を出て社会に入った後も、新聞雑誌と新刊書籍を常に読み、少しでも最高の知識層から下ることを恐れる。	仮に朝鮮紳士が日本紳士と対座して談話を交わすとしたら、朝鮮紳士は自分が日本紳士と少しも差等がないように思うが、日本紳士の眼には、朝鮮紳士が小児のように見えるのである。	必読すべき七種の書籍を具体的に提示する。

は、他でもない教育の重要性であった。「東京雑信」の冒頭に取りあげた〈学校〉をはじめとして、〈工手学校〉や〈学生界の体育〉へつながる項目の中には、教育の重要性、とりわけ学校教育の重要性が繰り返して強調されている。

ところで李光洙が見た日本の学校教育の頂点は「帝国大学」であった。彼は「山之祖宗がヒマラヤというならば、学之祖宗は帝国大学である」(11)という前提の元に、日本人の著名な人物のほとんどが「東洋の最高学府」の帝国大学を出ていると言及した。続いて東京帝国大学、京都帝国大学、九州帝国大学、東北帝国大学などをいちいち列挙しながら、帝国大学への入学がどれほど難しいのかについて述べた。

また彼が「女学生等の念念不忘さは二条白線第一高等学校

の帽子に二条白線をひき、女学生の中に美人は大概二条白線者の手中に陥し、その余滓が世俗に分配されるのである」[12]と言及しているところからは、彼がいかに帝国大学を高く見ていたのか、世俗的な側面からも確認できる。

帝国日本の近代教育制度に圧倒された彼にとっては、自殺という社会的な病弊すらも、まるで文明の証のように認識され、うらやましく思われたようである。このような彼の見方は、**表2**の〈学校〉の項目に述べられた、藤村操の自殺事件に端的に示されている。周知のように、この自殺事件は、藤村操という旧制一高の学生が一九〇三年（明治三十六）五月二十二日、現在の日光市に所在する華厳滝において、近くの木に「巌頭之感」という遺書めいたものを書き残して、自ら身を投げた事件である。

この自殺事件は、李光洙本人も触れているように、決して「喜ばしいことではない」であろう。それにもかかわらず、当時彼には、「朝鮮には自殺者が稀少であるが、此は自矜すべきことではなく、思想程度の低さをはずかしく思うべきである。人類の以下、低級な部類には煩悶もなく自殺もないはずである」[13]ように思われた。

言うならば、彼は日本に渡って、文明化した日本社会を身近に目睹し、遅れた朝鮮社会の文明化への願望があまりにも切実であったあまり、若い学生たちの自殺という社会病理すらも、文明の証のように思われたのである。韓国の諺に喩えるなら、「痘痕も笑窪のように」見えたわけである。あるいはこの時期の彼には、文明社会に起こりがちな様々な社会病理や文明の暴力性というのを見破る資質までは、具わっていなかったと言ったほうがより正確かも知れない。

ところで、李光洙は日本社会のエリートを輩出する「帝国大学」だけに注目していたわけではない。彼は、同時に実業教育の重要性にも目を向けていた。この点からすると、さすが李光洙であると言わなければならない。

例えば〈学校〉の項目の末尾を「なにとぞ朝鮮青年なる者は、非生産的な事業を取せず、商工業の生産的な事業を取して、取りあえず衣食を充足させ、朝鮮処処に煙瓦煉突が林立し、二十、三十階にわたる巨舗大賈が各道各邑に並ぶようにせよ」[14]という文章で締めくくっている。

また彼は、〈学校〉に引き続き、〈工手学校〉という項目をもうけて、一九一一年（明治四十四）に開校した早稲田工手学校を詳細に紹介している。それによって、これからの実業教育の重要性を力説した。そしてエリート教育だけではなく、実業教育にも充実した日本社会と実業教育が求められる朝鮮社会を克明に対比して見せる。前述したように、これは「東京雑信」における彼の常套的な描き方である。例えば次の文章では、一種の「風景」のように、自然に日本と朝鮮を対比している。

黄昏に一日の労役を畢した貧家の子弟が正服正帽に冊褓を挟んで将来の生業になる教育を受けるように楽しく学校に來集する様と終日を優遊に送り食後に川邊や洞口に会座して淫談悖説に嬉戯する某処少年の様子を比較して見よ。(15)

四、文明人の日常生活

李光洙は、日本滞在の間、衣食住をはじめとして日本社会の日常生活をよく観察していた。この時の彼のまなざしは、かつて日本に流行った自然主義文学者のそれに近い。そして彼の細かい観察の結果は、やがて「国民性」とも言うべき、国民の品性論へと展開する。これらの内容は、「東京雑信」の〈怱忙〉、〈沐浴湯〉、〈経済の意義〉、〈勤而已矣〉、〈名士の倹素〉、〈家庭の予算会議〉などの項目に描かれるようになる。例えば次の場面に注目しよう。

試しに銀座等地の電車内に坐して乗客の顔色と挙動を観察する。すべて緊張した容貌、注意する眼、急いでいる態度が見え、膝上に置いてあるバッグの中には、至急処理すべき文書があり、明哲な頭脳には、今日終日を東馳西走しなければ、終わらない新たな日課の事務があるのである。

これは、「東京雑信」の〈怱忙〉に描かれた一場面である。李光洙が観察した銀座あたりの電車内の光景である。いまでも日本のどこかの電車内で、頻繁に見かけそうな、極ありふれた光景の一コマであると言えよう。

ここで重要なのは、李光洙には電車に座っている乗客の顔色と挙動が、文明人に相応しく写ったということである。今でもそうであるように、当時電車内の乗客は、雑談もすれば、居眠りもしていたはずである。ところが李光洙の目には、「すべて緊張した容貌、注意する眼、急いでいる態度」(16)のように写ったのである。

ここまで読むと、もう彼の言いたいことは明らかである。つまり時間の管理という日常生活の次元においても、いかに日本人が文明人の資格を有しているのか、そのことが言いたかったわけである。彼の観察は日本人の文明人としての資格に言及するだけに留まらない。こんどは朝鮮人のほうがいかに文明人として相応しくないのかを触れなければならない。案の定、李光洙は〈怱忙〉の末尾に、次のように指摘することを忘れない。

朝鮮人も、すでに世界文化の本流に接したので、その徽章である忽忙さを額前に付しなければ、生存という境内に入場することが許されないであろう。吾人の急務は何であろうか　万事を退いてまず各各が忽忙になるべきである。[17]

次は〈沐浴湯〉のほうに目を向けて見よう。今でもそうであるが、かつて日本の「沐浴湯（銭湯）」は、日本を訪れた多くの外国人の間で、一番「日本的」で「人間くさい」空間として認識され、よく絵画や文学の素材に取りあげられたりした。

ところが李光洙の「東京雑信」には、なぜかそういう「人間くさい」空間としての要素が感じられない。**表2**に引用しているように、彼は「沐浴を愛護するとは、即ち清潔を愛護することであり、清潔は実に日本の国民性の一であり、此国民性は家屋、衣服、飲食等日常生活においてすべて表現され[18]」ていると捉えている。つまり彼にとって「沐浴湯」とは、清潔な「国民性」を象徴する空間として捉えられていたのである。

また朝鮮人の不潔を指摘する場面では、「まず沐浴思想を鼓吹して、朝鮮人に何よりも身体の堆垢をなくすようにする必要がある[19]」と述べ、沐浴をまるで「思想」のように考えていたところが興味深い。

前述したように、彼は日本に渡って文明化した日本社会を体験し、朝鮮社会の文明化への願望があまりにも切実であったので、日本の銭湯を「人間くさい」空間として楽しむ余裕すらもなかったと言えよう。つまり李光洙の日本体験は、いつも自己認識へと転化したのである。

おわりに

李光洙の「東京雑信」は、同時代的な観点から一読すべき作品である。紙面の都合上、「東京雑信」に述べられた、李光洙が見聞したすべての事柄を取りあげることはできなかったが、「東京雑信」の中には、彼の多岐にわたる日本体験が屈折なく語られている。その中には、いまなお生き生きした場面も少なくない。

李光洙は日本に滞在する間、日本中を歩き回ったようである。例えば「東京雑信」の中には、彼が福沢諭吉の墓参りをした時の感慨が詳細に描かれている。〈福沢諭吉の墓を拝する〉という小見出しで描かれた部分である。彼はその中で、「余の胸中には、無限な敬慕と感慨が交わった[20]」と、福沢諭吉に「献辞」をささげている。

そう言えば、彼の「東京雑信」を読んでいると、福沢諭吉の『文明論之概略』につながることに気付く。両者の間には、きっとどこかに接点があるはずだ。この点は、これから追究すべき課題にしたい。

繰り返しになるが、彼は日本に渡って、文明化した帝国日本を身近に目睹し、朝鮮社会の文明化への願望がますますつのるようになった。「民族の教師」になる決心をした彼には、切実な危機感までも感じられたに違いない。しかしながら彼は文明社会に起こりがちな様々な社会病理や暴力性を見破ることはできなかった。朝鮮社会の文明化に焦り、そこまで考える余裕がなかったであろう。

さて、李光洙の「東京雑信」が発表されてから、ちょうど一〇〇年が経った。もしも李光洙が今の日本を訪れ、再び日本中を歩き回り、二十一世紀バージョンの「東京雑信」を描くとしたら、どのような見聞録になるのであろうか。李光洙と一緒に、今の日本を歩いてみたい。

注

(1) 例えば佐野正人は、「視覚性」という観点から李光洙と魯迅の文学における近代性について論じている。佐野正人「이광수 소설에 나타난 시각성의 문제：근대문학의 시작과 외부적인 시선（李光洙小説に現れた「視覚性」の問題——近代文学の始まりと「外部」の眼差し）」（『韓国現代文学研究』三十四、二〇一一年）。

(2) 例えば李ジュンオの研究によると、韓国では一九九二年までに、李光洙を取り上げた博士論文が十二編、修士論文が約四十編にいたる。李ジュンオ『이광수를 위한 변명（李光洙のための弁明）』（中央M&B、二〇〇〇年）。

(3) 紆余曲折を経て、第一回の受賞者は小説家朴順女に決まり、二〇一六年十二月二十二日授賞式が行われた。主催側の東西文化社は、授賞式が終わってから公式に発表した。

(4) 一九〇四年に創刊された『大韓毎日申報』を引き継いだものである。「東京雑信」の研究においては、まずこの作品が朝鮮総督府の機関紙に連載されたことを念頭に置く必要があるであろう。

(5) 尹대석「일본이라는 거울：이광수가 본 일본・일본인（日本という鏡——李光洙の見た日本・日本人）」（『日本批評』第三号、二〇〇〇年）、서승희「도쿄라는 거울 —— 이광수의『동경잡신（東京雑信）』（一九一六）에 나타난 도쿄 표상과 자기 인식（東京という鏡——李光洙の『東京雑信』（一九一六）に現われた東京表象と自己認識）」（『梨花語文論集』第三十八輯、二〇一六年）。

(6) 李光洙の生涯については、主に次の研究を参考にした。金允植『이광수와 그의 시대1（李光洙とその時代一）』（ソル、一九九九年）、金允植『이광수와 그의 시대2（李光洙とその時代二）』（ソル、一九九九年）。また李光洙の日本における足跡については、主に波田野節子の研究を参考にした。波田野節子「李光洙の第二次留学時代——『無情』の再読（上）」（『朝鮮学報』二一七、二〇一〇年）、波田野節子「李光洙の日本語創作と日本文壇——留学中断後の日本滞在を中心に」（『朝鮮学報』二二三、二〇一二年）、波田野節子『李光洙——韓国近代文学の祖と「親日」の烙印』（中公新書、二〇一五年）。

（7）表1は、金允植の前掲書に収録された「李光洙年譜」、津田野節子の個人サイトに掲載されている「李光洙の生涯年譜」をもとにして作成した。http://hatano.world.coocan.jp/bungaku/igwangsu/igwangsu.htm（閲覧：二〇一七年六月五日）

（8）『無情』は、波田野節子によって日本語で翻訳された。波田野節子『無情』（平凡社、二〇〇五年）。

（9）「東京雑信」の原文は韓国語である。本稿における日本語訳は筆者による。また本稿における本文の引用は、『李光洙全集』（三中堂、一九七一年）による。『李光洙全集』は、韓国で最初に刊行された個人全集である。この点からも、韓国文学史における李光洙の地位が伺える。

（10）서승희「도쿄라는 거울――이광수의『동경잡신（東京雑信）』（一九一六）에 나타난 도쿄 표상과 자기 인식（東京という鏡――李光洙の『東京雑信』（一九一六）に現われた東京表象と自己認識）」（『梨花語文論集』第三十八輯、二〇一六年）一六一頁。

（11）『李光洙全集』第十巻（三中堂、一九七一年）二九九頁。

（12）前掲注11書、三〇〇頁。

（13）前掲注11書、三〇〇頁。

（14）前掲注11書、三〇一頁。

（15）前掲注11書、三〇五頁。

（16）前掲注11書、三〇七頁。

（17）前掲注11書、三〇八頁。

（18）前掲注11書、三〇八頁。

（19）前掲注11書、三〇九頁。

（20）ここに全文を記しておく。「余の胸中には、無限な敬慕と感慨が交わった。日本の国力がまだ弱く、旧を守っていた六十年前に、烱烱たる彼の眼光は、早くも世界の大勢を察して、日本も世界にその存在を知らせ、雄飛を期するためには、活発たる泰西の新文化をもって沈滞した旧思想や旧制度に代わるべきことを確信し、断然志を決して欧洲漫遊の途に登り、彼のすべての見聞が新しく、あっぱれであり、あきらかである」。前掲注11書、三一七頁。

参考文献

『李光洙全集』全二十巻（三中堂、一九七一年）
金允植『이광수와 그의 시대1（李光洙とその時代　一）』（ソル、一九九九年）
金允植『이광수와 그의 시대2（李光洙とその時代　二）』（ソル、一九九九年）
서승희「도쿄라는 거울――이광수의『동경잡신（東京雑信）』（一九一六）에 나타난 도쿄 표상과 자기 인식（東京という鏡――李光洙の『東京雑信』（一九一六）に現われた東京表象と自己認識）」（『梨花語文論集』第三十八輯、二〇一六年）
尹대석「일본이라는 거울：이광수가 본 일본・일본인（日本という鏡――李光洙の見た日本・日本人）」（『日本批評』第三号、二〇〇〇年）
李京塤『이광수의 친일문학 연구（李光洙の親日文学研究）』（太学社、一九九八年）
李ジュンオ『이광수를 위한 변명（李光洙のための弁明）』（中央M&B、二〇〇〇年）
佐野正人「이광수 소설에 나타난 시각성의 문제：근대문학의 시작과 외부적인 시선（李光洙小説に現れた「視覚性」の問題：近代文学の始まりと「外部」の眼差し）」（『韓国現代文学研究』三十四、二〇一一年）
波田野節子『無情』（平凡社、二〇〇五年）

波田野節子「李光洙の第二次留学時代――『無情』の再読（上）」（『朝鮮学報』二一七、二〇一〇年）
波田野節子「李光洙の日本語創作と日本文壇：留学中断後の日本滞在を中心に」（『朝鮮学報』二二三、二〇一二年）
波田野節子『李光洙――韓国近代文学の祖と「親日」の烙印』（中公新書、二〇一五年）
和田とも美『李光洙長編小説研究』（御茶の水書房、二〇一二年）

S・エリセーエフと東京に学んだ日本学の創始者たち

荻原眞子

おぎはら・しんこ――千葉大学名誉教授。専門はユーラシア民族学、口承文芸研究。主な著書・論文に『アイヌと北方諸民族の世界観』（草風館、一九九六年）、「アルタイの山岳信仰と母性――その始原をたどる」（『民族藝術』vol.32、二〇一六年）などがある。

欧米における日本学の祖セルゲイ・グリゴーリエヴィチ・エリセーエフ（一八八九～一九七五）の学問の基礎は東京帝国大学文学科での留学時代（一九〇八～一九一四）に培われた。ほぼ同じ時期にロシアから幾人かの日本学・東洋学の若き俊英たちが帝大で研鑽に励んだ。しかしながら、その後の故国ロシアでの運命は想像し得ないものであった。

はじめに

明治時代の末から大正にかけて、日本学の領域にはロシアとの因縁浅からぬものがあった。何よりも、後にはロシアばかりでなく欧米の学問世界で先駆的な役割を果した幾たりもの先達が、その若き日々を東京で共に学んでいたのである。

セルゲイ・エリセーエフ（一八八九～一九七五）、ニコライ・ネフスキー（一八九二～一九三七）、ニコライ・コンラド（一八九一～一九七〇）、オットー・ローゼンベルグ（一八八八～一九一九?）、エヴゲーニー・ポリヴァーノフ（一八九一～一九三八）など、いずれも、ペテルブルグル大学の東洋学部で日本語・中国語などを学び、やがて、東京帝国大学で研鑽を積んだ人々である。ペテルブルグの同窓生たちは来日時期には多少のずれがあるものの、東京でも親交を結び、その後にも深い絆で結ばれていた。

ネフスキーは一九一五～一九二九年までの長期に亘って日本に滞在し、日本の民俗学黎明期に深くかかわったが[1]、ロシアでは西夏文字研究に大きな功績を残した。コンラドは一九一四～一九一七年に東京大学で日本語、中国語、日本文化の研修に励み、帰国後は各地の大学で教鞭をとる傍ら、東洋学研究所で明治期の文書の翻訳に携わり、また、ネフスキーと『和露辞典』の編集を行った。ローゼンベルグもペテルブルグル大学で日本語と仏教学を学び、ボン大学でサンスクリットを研究、一九一二～一九一六年に東京大学の大学院で仏教哲学を研究した。帰国後はペテルブルグ大学で教鞭をとり、一九一八年には『日本・中国資料による仏教研究序論』によってペテルブルグ大学で最初の日本語・日本文学の学位を取得した。ポリヴァーノフは音声学者である。日本語を学んだ後、ペテルブルグ大学で言語学・音声学を学び、一九一四年に来日した折には長崎に到着すると直ぐに三重の漁村へ言語調査に赴いたという。その後、一九一五、一六年に来日して日本各地で方言調査を行い、日本の方言研究をものにしているが、ロシアでは学会ばかりでなく社会活動にも参加している。

一九〇〇年代初年に若い精鋭たちを日本に惹きつけた背景には、どのような動機や事情があったのかは興味あるところであるが、各人各様に理由やきっかけがあったに違いない。東京帝大での勉学や研修の日々はおしなべてすぐれた教授や文人たちに恵まれ、充実した青春時代であったと想像されるが、この留学生たちが帰っていった故国ロシアは革命とそれにつづく混乱、さらなる大粛清という狂気の混迷期にあって、その後の人生には苛酷な試練が待ち受けていた。

一、セルゲイ・エリセーエフのこと（2）

東京に学んだロシア人の若手たちのなかで、もっとも早くに来日したのはセルゲイ・エリセーエフであった。それは一九〇八～一九一四年、エリセーエフ十九～二十五歳のことであった。

モスクワとサンクト・ペテルブルグには「エリセーエフ商店」という老舗の食料品店がある。サンクト・ペテルブルグの中心街にあるその店は古風で豪勢な建物の高級食料品店である。エリセーエフは一八八九年（明治二十二）にその豪商エリセーエフ家の次男として生まれ、幼少から家庭で恵まれた教育を受けた。十歳のときにドイツ系のラリンスキー校（ギムナジウム）に入学、十八歳で卒業、その後ペテルブルグ大学で東洋学（仏教学・インド哲学）の権威であったセルゲイ・オリデンベルグ教授の勧めによって、一九〇七年（明治四十）ベルリン大学に入学し、日本語と中国語を学んでいた。当時ベルリン大学には京都帝国大学から新村出と数人の日本人学者が留学していた。エリセーエフはある教室で偶然新村と出会った。それが日本留学のきっかけであったという。新村は一八七六年（明治九）生れであるから、当時は三十歳位であろうか。新村はエリセーエフの日本留学に積極的だったようで、ともかく、エリセーエフは一端ベルリンからサンクト・ペテルブルグに戻り、翌一九〇八年（明治四十一）の夏にはシベリア経由で来日して、九月には東京帝国大学に入学する。初めてロシア人の留学生を受け入れるまでの大学側の事務的な手続きは一筋縄ではいかなかったようであるが、新村やオリデンブルグ教授の推薦状や紹介状などもあって、文学科では八杉貞利、上田万年などが暖かく迎え、入学に向けて奔走したことが知られている。その際に作られた印鑑は「英利世夫」であった（後述する『東京朝日新聞』の文藝欄などではセルゲイ・エリセエフ／エリセイフなどと記されている）。

二、帝大生エリセーエフの日本語習得

晴れて帝大生となったエリセーエフは一九〇八年から足かけ六年間東京帝国大学国文科で学ぶ。十九歳で帝大生とはなったものの、当時、エリセーエフが大学の教員たちと話ができたのは、ドイツ語かロシア語、もしくはフランス語であり、おぼつかない日本語で大学の授業にはついていけなかったことは想像に難くない。倉田保雄『エリセーエフの生涯』には、一年目に受講した講義として、「古事記の文法と言葉」（上田万年）、「中世国文学史」（芳賀矢一）、「一般言語学」（藤岡勝二）、「西洋哲学入門」（R.von ケーベル）が挙げられている。このような専門的な授業を果たして理解できたであろうかと疑問に思うが、このうち、『古事記』にはV・ホール・チェンバレンの英訳“Kojiki or Records of Ancient Matters”（一八八二年）があり、ケーベルの講義は英語であったことが救いになったらしい。ともかく、エリセーエフは短期集中で日本語習得に励み、家庭教師について小学読本、中学の教科書で漢文と習字、国語文と日常会話などを集中的に学んだという。幸い二年生に進級してからは、本格的に国文学を学ぶ。履修した科目は、「国語研究史」（保科孝一）、「徳川文学史」（藤岡作太郎）、「室町文学」（芳賀矢一）と「比較文学」（K・フロレンツ）であった。フロレンツはドイツのジャパノロジストで、一八八九年から一九一四年（大正三）まで帝大に招かれてドイツ文学を講じるかたわら、日本文学の研究を行っていたという。

日本語は次第にものになり、それどころか、女中の一人が米沢出身の東北なまりであったので、それに慣れていたエリセーエフは山形県人保科教授のズーズー弁の授業にも支障をきたさなかったとか。

日本語の習熟に拍車がかかったのは、小宮豊隆（一八八四〜一九六六）の知遇を得て、能や狂言、歌舞伎や演劇、寄席や日本舞踊ばかりか花柳界など多方面の日本文化に触れるようになったからであろう。ドイツ文学と演劇を専門にする小宮とは互いに日本とロシアの演劇や文学について教え学び合い、その後終生親しい間柄であった。こうして、エリセーエフが身につけた日本語と日本文化の理解は、明らかに、大学教育の域をはるかに越えた、実践的で多様な領域にわたるものであった。それだけでなく、漱石の知遇を得て、その門下の文人たちと親交を深め得たことも幸運なことであった。

三、漱石の『三四郎』

小宮豊隆に伴われてエリセーエフが早稲田の漱石邸を訪れたのは一九〇九年（明治四十二）の六月、梅雨のころであった。エリセーエフはその一月前に出版された『三四郎』を手にしていて、それに揮毫を頼むと、漱石は「五月雨や　ももだち高く来る人」と記した。漱石は一八六七年（慶應三）の生まれであるから、四十二歳、帝大を辞して『東京朝日新聞』に連載小説を書く著名作家であった。エリセーエフはその『三四郎』を生涯特別な思いをもって読み返したに違いないが、その本は後の混乱期に失われてしまったという。

漱石山房と称された早稲田の居宅には「木曜会」という門下生が自由に集まる会があり、小宮豊隆のほか安倍能成、森田草平、阿部次郎など漱石を師と仰ぐ多くの帝大生・文士が出入りしていた。漱石の知遇を得たことは、その後にエリセーエフがロシアの文壇などについて『東京朝日新聞』をはじめ、いくつかの雑誌などに寄稿するきっかけとなったようである。

四、エリセーエフの著述
――日本文壇への寄与

エリセーエフの日本学者（ジャパノロジスト）としての人生は、東京での留学を終えて後、ロシア、フランス、アメリカにおいてのことである。卒論のテーマは松尾芭蕉であったが、倉田によると、エリセーエフはその後来日の度にこの論文を更に完成させることを志していたようである。学者としての礎を培った東京帝大時代には日本語の習得に励み、日本人の生活や文芸文化に親しむことに意を尽くしたことになる。漱石の知遇を得てからは、漱石の思い入れもあって『東京朝日新聞』の文藝欄に幾度かロシア文壇についての紹介などを公にしている。（固有名詞の表記は原文のママ）

記事はセルゲイ・エリセエフの名で掲載されているが、それとは別に、文藝欄の記者との共同作業・執筆の場合もあったところから察すると、エリセーエフはロシア文壇の新しい情報を読者に紹介するうえで文藝欄の担当者にとって重宝な存在であったと見受けられる。記事の大元はロシアで刊行される新聞や雑誌などであったらしく、そのなかで注目されるのは『言葉』と表記され、「リイツチ」「りえ（?）つち」とルビがついている（明治四十二年十二月二十一日、明治四十三年三月十日と九月二十七日）ものである。これはロシアの日刊紙「レーチ」（Rech' Речь＝言葉、言語、演説、メッセージの意）のことで、一九〇六〜一九一八年に刊行された「立憲民主党」の機関誌である。これには多くの知識人たちがかかわり、政治・経済・文学の論文や評論などは民主的で自由な論調であったらしい。参画していた面々のなかにはエリセーエフに日本研究を奨めたペテルブルグ大学のオリデンブルグ教授の名もある。エリセーエフの寄稿のある文藝欄には漱石をはじめ永井荷風、長塚節などの連載小説などのほか、文学に関する紹介や劇評などがあってロシアにおける文芸の動向に大きな関心が寄せられていたことが見てとれる。エリセーエフの寄稿はそのような雰囲気のなかにあり、セルゲイ・エリセーエフは広く知られる存在となっていたようである。

『東京朝日新聞』にはつぎのような記事を拾うことができる。

（一）一九〇九年十二月二十一、二十二日の文藝欄には「セルゲイ・エリセエフ」の記名で「露国新進作家　ボーリス・ザイツェーフ（上）（下）」が掲載されているが、それは来日二年目、帝大二年生、二十歳のときのことである。その前書きには次のように記されている。

　セルゲイ・グレゴリヴィッチ・エリセイフ君はペテルブルグの人で、今東京に来てゐる、文学好きの青年紳士である。この一篇はペテルブルグで發行する『言葉《リーツチ》』紙上に載つた評論を本にして、同君の意見を編み込んで、独逸文で草せられたものである。譯者は紙面の都合上、内容を損ぜざる範囲ないで、ところどころけづり或いは體裁を改めた。

このボリス・ザイツェフ（一八八一〜一九七二）は一九〇〇年のはじめに短編集を世に出して、一躍評判になった作家である。朝日紙上のザイツェフ論の日本語は同じ紙面にある他の文章とほぼ同じ論調であるから、上の紹介にもあるように、露文の記事をエリセーエフがドイツ語に訳し、それを理解する記者が和文にしたものと推測される。

（二）一九一〇年（明治四十三）三月十四、十五日の文藝欄「アンドレイエフの近作『アナテマ』の批評（上）（下）」。

原作は一九〇九年に発表され、最初のタイトルは「ダヴィト・レイゼル」（主人公の名）であった。この記事には、セルゲイ・エリセイフの記名で次のようなことわりがある。

「アナテマ」はアンドレイエフ最近の劇である。茲に批評を書いては置いたが、是は私の意見ではない。近着の『言葉』紙上に載つてゐたのを、かい摘まんで紹介するのである。評者はオフシヤニコ・グリコフスキ教授と云つて学士會院に籍を有してゐる。私は「アナテマ」を読んだのぢやないから、この説には何にも嘴を容れる事は出来ぬけれども、アンドレイエフの傾向全體に對する議論を見ると、評者とアンドレイエフとは、住んでゐる世界が丸で違ふ。従つてアンドレイエフと同じ考へを持つてゐる人から見ると、きわめて理解を欲いた批評である。私は褒貶の區々なアンドレイエフの作品に對して、こんな反対な意見もある事を、紹介したいのである。

レオニード・アンドレーエフ（一八七一～一九一九）が一九〇〇年代のはじめに発表した作品は早くにヨーロッパで評判になり、日本でも二葉亭四迷や森鴎外によって翻訳された(3)。この宗教的な戯曲「アナテマ」は一九〇九年十月にモスクワの芸術座で上演され、その後まもなく上演禁止になったようである。

（三）一九一〇年七月三十日の文藝欄「ザイツェフの『曙』」セルゲイ、エリセエフ。

この文は「シポヴニク文庫の最近号にボーリス、ザイツエフの新作小説『曙』が現れた」という書き出しである。「シポヴニク」（＝野バラ）はペテルブルグの出版社で、ボリス・ザイツェフはその主要な作家の一人であった。この解説記事はエリセーエフのオリジナルであるかのような書き方ではあるが、全体を通じてみると、その論調は若き留学生の筆とは思われない。やはり、元は誰か著名な論者の評論であろうと思われる。

（四）一九一〇年九月二十七日の文藝欄「アンドレーエフの新作『ガウデアームス』」。

この論評についても、同じような手順が明かされている。

エリセイフ君が露西亜語を独逸語に訳しながら、ぽつりぽつりと新聞を読んで行く。夫れを余は端から日本語に摘まんで是を書いた。新聞とは九月五日の「言葉《リエツチ》」である。新作の標題は「神を讃ぜむ、若ければ」の大學生がよく歌ふ歌からとる。（一記者）

この記事は一九一〇年に発表された四幕の戯曲の詳細な内容紹介である。

（五）一九一一年（明治四十四）二月九日の文藝欄「新時代

劇『検察官』」。

これもまたセルゲイ・エリセエフの名で次のような文ではじまり、丁寧ではあるが、厳しい講評が紙面一段半に記されている。これはエリセーエフ自身によるオリジナルな論評のようである。ただし、原文は日本語ではなさそうである。

偶然にも自分は井上正夫君から「検察官」の下稽古を観て演じ方や衣装などの指導をするやうに頼まれた。で前の水曜に稽古場へ行つて出来る丈の事を遣つてはみたが、どうも然るべき域に及ばざること甚だ遠しであつた。まづ相当に遣り果せたのは重役《おもやく》を勤める役者二三人に過ぎない。自分が見て浚へたのは始めから三幕で、最後の一幕は時間の都合で残念ながら居ることが出来なかつた。愈五日の初日に其實演を観ての所感を大略《あらまし》茲に述べようと思ふ。（資料参照）

(六)『東京朝日新聞』の外に、エリセーフはいくつか寄稿をしている。

その最初は『帝国文学』（明治四十二年一月号）にセルゲイ・エリセエフの名で掲載された「現代露国のデカダン詩」である。この出版はエリセーエフが二年生になった年のことであるから、前年に入学したばかりのロシア人留学生に八杉貞利教授は勢いこんで原稿依頼をしたのであろう。論文は四九―六四頁にわたるが、これはもちろんエリセーエフのオリジナルではない。出典の明記はないが、原文はロシア語のようである。

(七) 一九〇九年一月には『趣味』（彩雲閣）第四巻一号（三七―四二頁）に「エリセエフ『最近の露國文壇』」が掲載された。そのいきさつは明らかでない。これは当時の新進作家とその作品の簡略な紹介である。しかしながら、これも何か元があるように思われる。概略は次のようである。

M・P・アルツイバーセフ（アルツィンパシェフ）の『サーニン』、アンドレーエフでは三期それぞれの代表作として『断崖』、『ワシリー・フイエイスキの一生』、『レッド・ラッフ』（笑血記）、『七刑人』が比較的丁寧に論じられている。次いで、クープリンの『決闘』、『大尉リプニコフ』、グーセフ・オーレンブルグスキーではもっとも特色ある小説として『The Land of the Fathers』の解説がある。次のゴールキー（ゴーリキー）については、「大躰彼の思想は人生は實につまらない、けれど仕方がないと云つた様な考へで、露西亜に居堪まらないでアメリカまで出掛けて行つたが、米國は案外彼に無情《つれな》く當たので今度は伊太利のナポリに近いカプリ島へ行つて暮らしてゐる」という皮肉につづいて、『母』と『不用人の生涯』を取りあげ、『懺悔』について触れている。

この後には「皆舊派の人であるが、」として、コロレンコー[4]では『マカルの夢』、『盲楽師』を挙げ、『十三番地』と『怪しき女』の簡略な解説がある。このほかに「ポターペンコ[5]は餘り巧くない」と一言で片づけ、最後に「此間日本へ来たダンチェンコー[6]は古い作家で、書く事は實に澤山書いたものだ、アレキサンダー、ジュマにも敗けない位書いてゐる。併し近代的の人でない、傾向は寫實的であるが、人生の写真と云つた風のもので、吾々がクープリンを読んで考へるとか、コロレンコーを讀んで人生をよく見るとか、アンドレーエフを讀んで自分の精神を反省すると云ふ様な所は少しもない」と、結んでいる。

紙面の該当ページには「アルツイバーセフ氏」、「アンドレーエフ氏」、「クープリン氏」のポートレートが掲載されている。

（八）一九一〇年九月一日の『歌舞伎』（歌舞伎発行所）第一二三號には「露國の芝居事情」という以下のような短いコメントが「エリセイエフ談」として掲載されている。

ロシアでは普通の芝居は三月までが季節（シーズン）で、それすら九月までは役者は大抵田舎稼ぎに出る。四月から五六月まではオペラ殊にワグネルオペラの全盛期である。この中でシンスキー（不詳）の書いた吾々の生活は詰まらぬ超人にもなれぬといふ、絶望といふよりも教訓の意味を多分に持つた劇などが評判された（ママ）。一體ロシアでは最近文學も象徴的乃至神秘的な作風を歓迎する傾きがあるが、劇でも同様な傾向があつて、古いツルゲーネフあたりの作物でもやはり解釋の為方を變へて動作を主とせず象徴的にやつて跡は考へさせる様なやり方をやつてゐるのである。

エリセーエフによる著述はこれがすべてではないが、公表されたものは、夏目漱石をはじめ当時の文人たちがロシア文壇に対して抱いていた大きな関心に応えるものであったと思われる。因みに、エリセーエフの名のある二、三年間の『東京朝日新聞』ではロシア文壇や演劇などに関する論評や解説ばかりでなく、『二葉亭四迷全集　第二巻』の広告が同じ紙面に囲みで大きく印刷されていることも目に止まる。倉田によれば、エリセーエフの家には永井荷風、後藤末雄、久保田万太郎などがやってきて、ロシアから送られてくるフランス語の新聞や雑誌を読み、文学論をたたかわせ、さながら「文芸サロン」のようであったとあり、エリセーエフの交友関係は広く多岐にわたって活発であった。

五、日本で学んだジャパノロジストたちの悲運

セルゲイ・エリセーエフの日本滞在は一九〇九～一九一四年に及んだ。この間に東京でエリセーエフと邂逅したのは、仏教学・サンスクリット学のオットー・ローゼンベルグ（一八八八～一九一九?）で、その来日は一九一二年（明治四十五／大正元）であった。エリセーエフが帰国した同じ年の一九一四年には漢文学者、後に『和露大事典』を編纂するニコライ・コンラドが東京帝大に留学してきた。翌年には日本民俗学の草創期に深く関わったネフスキーがペトログラード大学の派遣留学生として来日し、コンラドが滞在していた本郷菊富士ホテルに逗留したが、間もなく本郷駒込の日本家屋に移り住む。コンラド、ネフスキー、ローゼンベルグ、ポリヴァーノフ、加えて後に大阪外語大学の教師となるオレスト・プレトネルと日本の歴史・農民運動研究のオレグ・プレトネル兄弟など、大正時代の東京には二十歳代前半のロシア人留学生の俊英たちが学んでいた。青年たちが東京で平穏な学問に専念していた当時、故国ロシアは歴史的な大変動・変革の時代にあった。

一九〇四、五年（明治三十七、三十八）の日露戦争の後には「血の日曜日」と呼ばれる帝政に対する大規模なデモの弾圧があり、それを機に反帝政の動きは加速して一九一七年（大正六）の社会主義革命に至る。そして、革命後には政治・社会的な混乱がつづき、やがてソヴィエト社会主義共和国連邦が成立する。エリセーエフをはじめ若きジャパノロジストたちが東京での学究生活を終えて帰国したロシアは、あらゆる意味で混迷の状況下にあった。エリセーエフの自著『赤露の人質日記』には、例えば、食糧難のなかで食糧を求めて奔走する本人自身・大学教授の姿が描かれている。その後、エリセーエフは家族と共に秘かにフィンランドに逃れ、その後フランスへ渡り、やがてハーバード大学に移って日本学・東洋学に大きな貢献をなした。

一方、ネフスキー、ポリヴァーノフ、コンラドは帰国し、大学やその他の研究機関で教育・研究に携わる。一九一七年の社会主義革命の直後には列強の干渉戦争がはじまり、その翌年には日本のシベリア出兵、一九二〇年（大正九）には極東の港湾都市ニコラーエフスク（尼港）で悲惨な事件が起こった。スターリンが権力を掌握するに及んで、一九三〇年代には大粛清がはじまり、その狂気の虐殺は猖獗をきわめた。魔手はアカデミズムの世界にも及び、多くの研究者がいわれなき罪科によって命を絶たれ、或いは流刑地に追いやられた。(7)

東京に学んだポリヴァーノフが逮捕されたのは一九三七年（昭和十二）で翌年には処刑された。ネフスキーは同じ一九三七年に逮捕され、亡くなったのは一九四五年であったことが明らかにされている。そして、コンラドは一九三八年（昭和十三）に逮捕されて、翌一九三九年（昭和十四）から五年の流刑となり、シベリアのカンスクの地で森林伐採に従事したが、アカデミー総裁の奔走によって学者などの特別な監獄に移され、一九四一年（昭和十六）に解放された。その後にはモスクワ大学で教鞭をとり、伊勢物語や方丈記などの翻訳、和露大辞典の編纂など大きな業績を遺し、ロシアにおける日本学の父と称されている。

大粛清で犠牲になったこの三者の嫌疑罪科は「日本のスパイ」であった。東京で「日本学」に情熱を燃やしたロシアの若い俊英たちにとって、皮肉にも「日本」が人生の仇になったことに、筆者はやるかたない悲憤を抱く。

資料　「新時代劇『検察官』セルゲイ、エリセエフ」

『東京朝日新聞』明治四十四年二月九日　文藝欄　所収

（復刻版の記事を極力忠実に書き起こしたが、一部ふりがななどは省略した。）

偶然にも自分は井上正夫君から「検察官」の下稽古を観て演じ方や衣装などの指導をするやうに頼まれた。で前の水曜に稽古場へ行つて出来る丈の事を遣つてはみたが、どうも然るべき域に及ばざること甚だ遠しであつた。先づ相當に遣り果せたのは重役《おもやく》を勤める役者二三人に過ぎない。自分が見て浚へたのは始めから三幕で、最後の一幕は時間の都合で残念ながら居ることが出来なかつた。

愈《いよいよ》五日の初日に其實演を観ての所感を大略《あらまし》茲に述べようと思ふ。

一幕目では愛澤の市政長官の話し始めは誠に良かつたけれど話が進むに伴《つ》れて段々氣が張つて聲の調子が變つて行くべき所を終ひまで一本拍子で押通して了つた。此間外の人々は銘々の遣るべき事をよく辨へぬ様子で間が抜けた。大勢の役者が一度に舞臺に列《なら》んでゐて、如何《どう》動くものか又何んな風に整つた團形《グループ》を拵へるものか知らない。尤も之は主として舞臺監督の手抜かりである。體に動きが殆んどなく聲に變化がない上に全《まる》で見當違ひの所に間を置くことが間々あつた。検察官が来てると聞いて破廉恥な徒輩《てあい》が次第に不安を増す感じが一向観客に傳はらない。此幕の終りの長官の妻（藤田）と娘（松葉）の氣の立ち方が充分でないので検察官の来着が母子に取つても大事件と思はれてる事が察しられない。

二幕目は餘程勝つている。小堀のオシツプが従僕の呼吸を

文藝欄

新時代劇「檢察官」

セルゲイ、エリセエフ

偶然《ぐうぜん》にも自分《じぶん》は井上正夫君《ゐのうへまさをくん》から「檢察官《けんさつくわん》」の下稽古《したげいこ》を觀《み》て演《えん》じ方《かた》や衣裳《いしやう》などの指導《しだう》かするやうに頼《たの》まれた。で前《まへ》の水曜《すゐえう》に稽古場《けいこば》へ行《い》つて出來《でき》る丈《だけ》の事《こと》を遣《や》つてはみたが、どうも然《しか》るべき域《ゐき》に及《およ》ばざるを甚だ遺しであつた。先《ま》づ相當《さうたう》に遣《や》り果《はた》せたのは重役《おもやく》を勤《つと》めた役者《やくしや》二三人《にん》に過《す》ぎない。自分《じぶん》が見《み》て浚《さら》へたのは始《はじ》めから三《み》幕《まく》で、最後《さいご》の一幕《ひとまく》は時間《じかん》の都合《つがふ》で殘念《ざんねん》ながら居《ゐ》ることが出來《でき》なかつた。

愈《いよいよ》五日《いつか》の初日《しよにち》に其實演《そのじつえん》を觀《み》ての所感《しよかん》を大略茲《あらましここ》に述《の》べようと思《おも》ふ。

一幕目《まくめ》では愛澤《あいざは》の市政長官《しせいちやうくわん》の話《はな》し始《はじ》めは誠《まこと》に良《よ》かつたけれど話《はなし》が進《すゝ》むに伴《つ》れて段々《だん/\》氣《き》が張《は》つて聲《こゑ》の調子《てうし》が變《かは》つて行《ゆ》くべき所《ところ》を終《しま》ひまで一本拍子《ぽんびやうし》で押通《おしとほ》して了《しま》つた。此間外《このあひだほか》の人々《ひと/″\》は銘々《めい/\》の遣《や》るべき事《こと》をよく辨《わきま》へぬ樣子《やうす》で間《ま》が拔《ぬ》けた。大勢《おほぜい》の役《やく》者《しや》が一度《ど》に舞臺《ぶたい》に列《なら》んでゐて、如何動《うご》くものか又何《まただ》んな風《ふう》に整《とゝの》つた團形《グループ》を拵《こしら》へるものか知《し》らない。尤《もつと》も之《これ》は主《しゆ》として舞臺《ぶたい》監督《かんとく》の手拔《てぬ》かりである。體《からだ》に動《うご》きが殆《ほと》んどなく聲《こゑ》に變化《へんくわ》がない上《うへ》に全《まる》で見當違《けんたうちが》ひの所《ところ》に間《ま》を置《お》くことが間々《まゝ》あつた。檢察《けんさつ》官《くわん》が來《き》てると聞《き》いて破廉恥《はれんち》な徒輩《てあひ》が次第《しだい》に不安《ふあん》を增《ま》す感《かん》じが一向觀客《かうくわんきやく》に傳《つた》はらない。此幕《このまく》の終《をは》りの長官《ちやうくわん》の妻《つま》(藤田《ふぢた》)と娘《むすめ》(松葉《まつは》)の氣《き》の立《た》ち方《かた》が充分《じうぶん》でないので檢《けん》察官《さつくわん》の來着《らいちやく》が端子《はし》に取《と》つても大事件《だいじけん》と思《おも》はれてる事《こと》が察《さつ》しられない。

二幕目《まくめ》は餘程《よほど》勝《まさ》つてゐる。小堀《こほり》のオシツプが從僕《じゆうぼく》の呼吸《こきふ》を好《よ》く呑込《のみこ》んでゐて最《さい》初《しよ》は悠々《いう/\》と遣《や》り出《だ》して段々《だん/\》に暢氣《のんき》に調子《てうし》づいて來《く》る。役者《やくしや》の數《かず》が少《すく》いだけに舞臺《ぶたい》面《めん》で心持《こゝろもち》が樂《らく》であるらしい。井上《ゐのうへ》の青年《せいねん》フレスタコフは旨《うま》い所《ところ》が隨分《ずゐぶん》あるが、惜《を》しい事《こと》には自分《じぶん》が高位《かうゐ》の役人《やくにん》と思《おも》ひ做《な》された事《こと》を感《かん》づく心理的《しんりてき》に大切《たいせつ》な刹那《せつな》の表《へう》情《じやう》が乏《とぼ》しい。又《また》ドブチンスキーが戸口《とぐち》から倒《たふ》れ込《こ》むんで鼻《はな》を擦《す》りむいても痛《いた》さを押《おし》隱《かく》して平氣《へいき》に取澄《とりすま》すといふ面白《おもしろ》い所《ところ》は出來損《できそこな》つて目茶《めちや》だつた。

三幕目《まくめ》ではオシツプとフレスタコフが中々旨《なか/\うま》かつた。が一幕目《まくめ》と同樣《どうやう》に大人數《おほにんず》で當惑《たうわく》の體《てい》がある。フレスタコフの獨白《どくはく》は實《じつ》に好《よ》く、又《また》オシツプを取卷《とりま》いての應《おう》答《たふ》も、あんなに一人《にん》の言葉《ことば》の終《をは》るを待《ま》つて始《はじ》めて他《た》が話《はな》し出《だ》すやうな間延《まの》びがなかつたら、尚更《なほさら》惡《わる》くもない。問《とひ》と答《こたへ》の間《あひだ》のあんな隙《すき》は實際《じつさい》の會話《くわいわ》にも存在《そんざい》しない舞臺《ぶたい》であつては惡《わる》い印象《いんしやう》を與《あた》へるものである。

四幕目《まくめ》は日本《にほん》の蠻的《ばんてき》な檢閲《けんえつ》のために殆《ほと》んど原作《げんさく》の面影《おもかげ》を失《うしな》ふ程《ほど》に澤山《たくさん》削除《さくぢよ》された。破廉恥《はれんち》な連中《れんちゆう》が一人一人《ひとりひとり》フレスタコフの前《まへ》に出《で》て來《き》て金《かね》を貸《か》さうと申出《まをしで》る、其《それ》で各《おの/\》違《ちが》つた性格《せいかく》を順次《じゆんじ》に列《なら》べて見《み》せるといふ面白《おもしろ》い場面《ばめん》は無《な》くなつてゐる。フレスタコフが立去《たちさ》つた後《あと》で市政長官《しせいちやうくわん》が色々《いろ/\》と空想《くうさう》を描《えが》いて喜《よろこ》んでゐるのに其妻《そのつま》の顏《かほ》には嬉《うれ》しさの色《いろ》が動《うご》いてゐないのは可笑《をか》しい。此單調《このたんてう》な場面《ばめん》が暫《しばら》く續《つゞ》いて愈《いよ/\》大團圓《だいだんゑん》に迫《せま》る。フレスタコフが前《まへ》の連中《れんちゆう》を一々《いち/\》茶《ちや》かした手紙《てがみ》を郵便局長《いうびんきよくちやう》が持《も》つて來《く》る。皆《みんな》で其《それ》を讀《よ》んで始《はじ》めて彼《かれ》の化《ばけ》の皮《かは》を知《し》る。此處《ここ》では女役《をんなやく》の方《はう》がもつと働《はたら》いて虛榮心《きよえいしん》の破壞《はくわい》された、絶望《ぜつばう》の樣子《やうす》が十分《ぶん》なくては可《い》かん。原作《げんさく》では娘《むすめ》の方《はう》は一時《じ》氣絶《きぜつ》する位《くらゐ》になつてゐる。女形《をんながた》三人《にん》の中《うち》で視學官《しがくくわん》の妻《つま》に扮《ふん》した小泉紫影《こいづみしえい》は實際《じつさい》女《をんな》だけに聲《こゑ》が自然《しぜん》で好《よ》い。最後《さいご》に使《し》者《しや》が來《き》て本當《ほんたう》の檢察官《けんさつくわん》の來着《らいちやく》を知《し》らせられて皆々《みな/\》の驚《おどろ》いて口《くち》も利《き》けなく凝《こ》り固《かた》まる體《てい》で幕《まく》が上《お》りて此喜劇《このきげき》が終《をは》る。

深《ふか》い藝術的精神《げいじゆつてきせいしん》を持《も》つた大戯曲家《だいぎきよくか》の一人《にん》たるゴーゴリは露西亞《ロシア》の官吏《くわんり》の些事《さじ》に齷齪《あくせく》として破廉恥《はれんち》なるを洞察《どうさつ》しては默《もく》するに忍《しの》びず、彼《か》の魂《たましひ》の叫《さけ》び聲《ごゑ》を此喜劇《このきげき》として書《か》き表《あら》はした。役者《やくしや》は果《はた》して此精《このせい》神《しん》を了解《れうかい》したらうか—否《いな》！各役者《おの/\やくしや》は全體《ぜんたい》の意味《いみ》を理解《りかい》しないので、魂《たましひ》が籠《こも》らずに銘々《めい/\》自分《じぶん》獨《ひと》りの爲《ため》にのみ働《はたら》いてゐる。

先年《せんねん》伯林《ベルリン》で此《これ》が演《えん》じられた時《とき》は獨逸人《ドイツじん》は露西亞人《ロシアじん》を醉《よ》ひどれの馬鹿者《ばかもの》として表《あら》はして、此古典的《このクラツシカル》な喜劇《きげき》を化《くわ》して詰《つま》らぬ茶番《ちやばん》として了《しま》つた。演技《えんぎ》がなだらかに行《ゆ》かない事《こと》は彼《かれ》と此《これ》と同樣《どうやう》であるが、今度《こんど》有樂座《いうらくざ》の所演《しよえん》では少《すく》くとも役者《やくしや》の態度《たいど》が眞面目《まじめ》であつて之《これ》に全力《ぜんりよく》を注《そゝ》いでゐるとは謝《しや》すべしである。總《そう》じて一通《ひととほ》りは成《な》つてゐるし、又時《またとき》には隨分《ずゐぶん》と面白《おもしろ》い節《ふし》もある。

好く呑込んでゐて最初は悠々と遣り出して段々に暢氣に調子づいて来る。役者の数が少いだけに舞臺面で心持が楽であるらしい。井上の青年フレスタコフは旨い所が随分あるが、惜しい事には自分が高位の役人と思ひ做された事を感づく心理的に大切な刹那の表情が乏しい。またドブチンスキーが戸口から倒れ込むんで（ママ）鼻を擦りむいても痛さを押隠して平氣に取澄すといふ面白い所は出来損つて目茶だつた。

三幕目ではオシップとフレスタコフが中々旨かつた。が一幕目と同様に大人数で當惑の體がある。フレスタコフの獨白は實に好く、又オシップを取巻いての應答も、あんなに一人《にん》の言葉の終るを待つて始めて他が話し出すやうな間延びがなかつたら、萬更悪くもない。問と答の間のあんな隙は實際の會話にも存在しない。舞臺であつては悪い印象を與へるものである。

　四幕目は日本の蠻的な檢閲のために殆んど原作の面影を失ふ程に澤山削除された。破廉恥な連中が一人一人《ひとりびとり》フレスタコフの前に出て來て金を貸さうと申出る、其で各《おのおの》違つた性格を順次に列べて見せるといふ面白い場面は無くなつてゐる。フレスタコフが立去つた後で市政長官が色々と空想を描いて喜んでゐるのに其妻の顔には嬉しさの色が動いてゐないのは可笑しい。此單調な場面が暫く續いて愈大團圓に迫る。フレスタコフが前の連中を一々茶かした手紙を郵便局長が持つて來る。皆で其を讀んで始めて彼の化の皮を知る。此處では女役の方がもつと働いて虚榮心の破壊された、絶望の様子が十分でなくては可《い》かん。原作では娘の方は一時氣絶する位になつてゐる。女形三人の中《うち》で視學官の妻に扮した小泉紫影は實際女だけに聲が自然で好い。最後に使者が來て本當の檢察官の来着を知らせられて皆々驚いて口も利けなく凝り固まる體で幕が上《お》りて此喜劇が終る。

　深い藝術的精神を持つた大戯曲家の一人たるゴーゴリは露西亜の官吏の些事に齷齪《あくそく》として破廉恥なるを洞察しては黙するに忍びず、彼《か》の魂の叫び聲を此喜劇として書き表はした。役者は果して此精神を了解したらうか――否！各役者は全體の意味を理解しないので、魂が籠らずに銘々自分獨りの為にのみ働いてゐる。

　先年伯林で此が演じられた時は獨逸人は露西亜人を酔ひどれの馬鹿者として表はして、此古典的《クラツシカル》な喜劇を化して詰らぬ茶番として了つた。演技がなだらかに行かない事は彼と此と同様であるが、今度有楽座の所演では少くとも役者の態度が眞面目であつて之に全力を注いでゐることは謝すべしである。總じて一通《ひととほり》は成つてゐるし、又時には随分と面白い節もある。

注

(1) 石井正己編『植民地時代の東洋学　ネフスキーの業績と展開』（東京学芸大学、二〇一四年）参照。

(2) S・エリセーフについての文献は少ない。本稿は主として倉田保雄の著書（2・3）、エリセーフ（1）、S・I・マラホーノヴァ（4）に拠った。

(3) L・アンドレーエフの翻訳には次のような作品がある。『血笑記』（二葉亭四迷訳、易風社、一九〇八年）、『心 小説』（上田敏訳、春陽堂、一九〇九年）、『信仰 小説』（中村吉蔵訳、杉本梁江堂ほか、一九〇九年）、『人の一生』（森鴎外訳、春陽堂、一九一一年）、『七死刑囚物語』（相馬御風訳、海外文芸社、海外文芸叢書、一九一三年）。

(4) ヴラジーミル・コロレンコ（一八五三〜一九二一）、ロシアの作家。代表作『マカールの夢』、『盲音楽師』。

(5) イグナチ・ポタペンコ（一八五六〜一九二九）、一八九〇年代に活躍したロシアの作家。

（6）ヴラジミール・ネミロヴィッチ＝ダンチェンコ（一八五八～一九四三）、ロシア・ソヴィエトの演劇人。K・スタニスラフスキーと共に一八九七年モスクワ芸術座を設立した。

（7）大粛清の犠牲者については長らく封印されソ連時代にはタブーとなっていたが、犠牲者の名誉回復がなされ、一部事実が明らかにされるようになったのは二十世紀半ばからであろう。スターリン以降にも粛清はソ連社会に隠然としてあったことが今日では知られている。一九九九年には『粛清された民族学者』（Репрессированные этнографы）がモスクワで刊行され、また、犠牲者のリストはインターネット上にも公にされている。

参考文献

1　エリセーエフ『赤露の人質日記』（中公文庫、一九七六年）
2　倉田保雄『エリセーエフの生涯――日本学の始祖』（中公新書、一九七七年）
3　倉田保雄『夏目漱石とジャパノロジー伝説――「日本学の父」は門下のロシア人・エリセーエフ』（近代文芸社、二〇〇七年）
4　S・I・マラホーノヴァ『セルゲイ・エリセーエフの日本滞在（一九〇八―一九一四）』（ロシア語　出典：https://cyberleninka.ru/article/n/prevyvanie-sergeya-eliseeva-v-yaponii-1908-1914）
5　中村喜和「エリセーエフ」（『ロシア・ソ連を知る事典』平凡社、一九八九年）
6　夏目漱石『三四郎』（岩波文庫、一九九〇年）
7　平岡敏夫編『漱石日記』（岩波文庫、一九九〇年）
8　生田美智子編『資料が語るネフスキー』（大阪外国語大学、二〇〇三年）
9　近藤富枝『文壇資料　本郷菊富士ホテル』（講談社、一九七四年）

日本はどのように見られたか

――女性の着物をめぐる西洋と日本の眼差し

桑山敬己

くわやま・たかみ――関西学院大学社会学部教授。北海道大学名誉教授。専門は文化人類学。主な著書に*Native Anthropology* (Trans Pacific Press, 2004)、『ネイティヴの人類学と民俗学』(弘文堂、二〇〇八年)、『日本はどのように語られたか』(編著、昭和堂、二〇一六年)などがある。

今日、国内外で日本文化の象徴とみなされる女性用の着物は、室町時代末期から江戸時代初期にかけて日本を訪れたヨーロッパ人によって西洋に紹介され、大人気を博した。鎖国の影響で西洋への搬出はしばらく途絶えたが、江戸時代末期に西洋人が再び訪れるようになると、彼らはその美しさにとりつかれた。本稿では、この着物をめぐる西洋と日本の眼差しの交差を、「見る」「見られる」「見せる」という観点から論じる。

はじめに

「日本はどのように見られたか」という問いは、「日本はどのように見たか」という問いと裏腹の関係にある。そして、「見る」という行為と「見られる」という行為の間には、相手に「見られる」ことを承知で、どのように自分を「見せるか」という行為が存在する。本稿で取り上げるのは、近現代史において日本が外国にどのように見られ、そしてどのように自分を見せたかという、自己と他者の眼差しのダイナミックスである。(1)

最初に断っておくと、以下で論じる「外国」とは、一八五三年のペリー浦賀来航後、日本に対して圧倒的な影響力をもった欧米列強のことである。近代日本にとって、見られて気になった相手は欧米（以下「西洋」とほぼ同義）であって、同時期に日本に関する多くの報告や作品を残した中国や朝鮮の知識人の視線を、日本人が気にすることはあまりなかった。

一、欧米人の目に映ったキモノ

欧米で日本を代表する文物の一つは着物である。着物とはいっても、彼らが注目するのは女性の小袖や振袖がほとんどで、それはkimonoとして知られているので、以下、カタカナで「キモノ」と表記する。

欧米におけるキモノの表象の特徴は、それが茶の湯、生け花、書道、浮世絵、歌舞伎、芸者、蛇の目傘、畳、お辞儀といった、海外でよく知られている日本文化や日本人の行動と、分かちがたく結びついていることにある。たとえば、茶の湯を実演するとき、主役はあくまで茶とそれを点てる茶人だが、十中八九、茶人は男性も女性も着物／キモノを身につけている。また、実演用の特設会場の壁には往往にして書の掛け軸が飾られ、床には畳が敷かれ、茶器の横には蛇の目傘が立てられている。さらに、客人は深々とお辞儀をしてから茶をたしなむ。このように、キモノはさまざまな人・モノ・行為と結びついて、一種の「文化複合」を形成しているのである。

(一) ヨーロッパとキモノの出会い

歴史を遡れば、欧米人がキモノと出会ったのは室町時代末期のことである。キモノの存在は、彼らが日本を初めて訪れた十六世紀半ばから徐々にヨーロッパに知れ渡ったが、多くの人の間で人気を博したのは江戸時代中期、つまり十八世紀に入ってからであった。ヨーロッパの博物館・美術館の日本コレクションを調査したクライナー（Josef Kreiner）によると、一七〇〇年以降、鎖国後の日本との貿易を独占したオランダでは「キモノ・ブーム」が起こり、上流階級の男女がガウンのようにして着ていたという。だが、日本からの輸入品は高価だったため、インドで大量生産された代替品が出回るようになった。その結果、キモノは非常に多くの人の手に行き渡るようになり、一七二五年、開学一五〇周年記念のミサを行ったライデン大学では、「アジアの服装」で出席することを禁止したほどであったという。また、モーツァルトは、一七九一年初演の人気オペラ「魔笛」で、テナーのタミーノに「日本の狩衣」を着て舞台に登場するように指示したと言われるが、その背景にはこうしたキモノ・ブームがあった（Kreiner 2005: 12）。

(二) シーボルト・コレクションに見るキモノ

江戸時代後期にキモノをヨーロッパに紹介した人物に、シーボルト（Philipp Franz von Siebold）がいる。周知のように、シーボルトは一八二〇年代に長崎の出島商館で医師として働くかたわら、日本の文物を数多く収集した。それらをヨーロッパに持ち帰ろうと企てたが、国外持ち出し禁止だった日本の地図が入っていたため、追放処分を受けることになった。これが一八二八年の「シーボルト事件」である。彼の収集物の多くは、一八三七年、ヨーロッパ最古の民族学博物館であるライデン国立民族学博物館が購入したが、同博物館はこの年をもって開館年としている。現在、シーボルトのコレクションは、彼が住んでいたライデンの家を改装した建物に移され、一般公開されている。

シーボルト・コレクションの中には、動物の剥製やホルマリン漬けの小生物、および押し花状の植物サンプルが数多く含まれており、シーボルトが医者であったことを思い出させる。しかし、文化研究者の目を引くのは、やはり彼が集めた日本の文物であろう。武士階級や富裕層から譲り受けたと思われる、当時のありとあらゆる身の回りの品——そのなかには金箔の位牌もある——が展示されていて、その一角には振袖（**図1**）がある。全体的に薄緑色で、裾のほうに刺繍が施されているこのキモノは、さほど優美には見えないが、大きなスペースをあてがわれているので目立つ。さらに、その周辺には布や複数の書物と版画が十点ほど展示されていて、版画の半分は色鮮やかなキモノを纏った女性を描いたものである。シーボルトの日本コレクションが、当時のヨーロッパ人の日本観にどれほど影響を与えたかは定かでないが、展示物の配置はキモノの文化複合を示すものになっている。

図1　シーボルト館に展示されている振袖

（三）ジャポニズムの中のキモノ

おそらく、多くのヨーロッパ人に決定的な影響を与え、今日でも少なからぬ影響をもっている日本の文物は浮世絵であろう。シーボルトの時代から少し下った江戸時代末期になると、ヨーロッパからさまざまな職種の人が日本を訪れて、お気に入りのモノを収集して自国に持ち帰った。また、明治時代になると、日本政府は欧米の主要都市で開かれた万国博覧会に参加して、欧米人が好みそうな日本の伝統文化を大々的に展示した。なかでも、喜多川歌麿、葛飾北斎、東洲斎写楽らに代表される浮世絵は人気を博し、印象派の画家にも大きな影響を与えた。いわゆる「ジャポニズム」の誕生である。

ヨーロッパを散策して気づくのは、ジャポニズムは決して過去のものではないということである。既に十年ほど前になるが、この日本への熱い思いの中心地であったフランスのパリには、オペラ座からさほど遠くない街角にラーメン専門店があって、そこには歌舞伎役者を描いた浮世絵風の大きな窓飾り（図2）があった。また、オランダのアムステルダムにあるヴァン＝ゴッホ美術館には、ヴァン＝ゴッホが模写した浮世絵が何枚か展示されていたが、そのうちの一枚は渓斎英泉の「花魁《おいらん》」である。そして、この世界的な美術館のギフトショップには、浮世絵を解説した本が何冊も並べられていて、表紙にはキモノ姿の女性が描かれていた。こうした浮世絵人気が一部のエリート層に限られたものではないことは、パリのラーメン専門店の窓飾りはもちろん、アムステルダムの街角で見かけたキオスクの看板（図3）に、北斎の「神奈川沖波裏」――海外ではHokusai's Great Wave（北斎の大波）などと呼ばれる――と、歌麿の美人画を模した絵が描かれていた

図2　パリの街角で見たジャポニズムの痕跡

図3　アムステルダムの街角で見た浮世絵

ことからも窺い知ることができる。筆者がもっとも最近見つけた例は、二〇一七年、ドイツのケルン大聖堂の目の前にあるレストランに飾ってあった、二枚の浮世絵風の美人画である。注目すべきは、ヨーロッパで人気がある浮世絵は美人画が多く、描かれた女性は庶民の服ではなく、艶やかなキモノを纏っているという事実である。

(四) 芸者とキモノ

ここで、海外で広く知られた日本の象徴の一つ、芸者について一言触れておきたい。芸者に対する欧米人の関心は深く、かつ歴史的に古い。たとえば、アメリカ人の異文化理解に大きな役割を果たした『ナショナル・ジオグラフィック』(一八八八年創刊)は、一九一〇年(明治四十三)、初めてカラー写真の特集を掲載した。そして、翌年には第二弾として「日本瞥見」(Glimpses of Japan)という特集を組み、「踊り子」(Dancing Girls)と題するカラー写真を載せた(Bryan 1997: 126)。十歳代後半から四十歳代くらいまでの、振袖と小袖を纏って扇子と蛇の目傘をもった六人の女性が、庭園の芝生に立っている姿を写したものである。特集のタイトルは、ラフカディオ・ハーンの名著 *Glimpses of Unfamiliar Japan*(一八九四年刊、日本語訳は『日本瞥見記』)を想起させるが、「踊り子」とは芸者または舞妓のことであろう。(2)

アメリカ人にとって、日本の伝統文化は強烈な他者性を備えている。事実、『ナショナル・ジオグラフィック』で取り上げられた世界の民族のうち、もっとも頻繁に登場したのは日本人だと言われている。全米地理協会発行のこの雑誌は(現在は別の関連団体が発行)、性的戒律がまだ厳しかった時代に、女性のセミヌードを父親が安心して家庭で見ることのできる唯一の本だったと言われるほど、きわどい写真を載せることがある。そうした雑誌に、日本の芸者の姿が幾度となく登場するという事実は、彼女たちの身体はもちろん、それを包んでいるキモノというオリエンタル・ローブ(Oriental robe)に、性的魅力が潜んでいることを示唆している。一九九五年十月号に掲載された一六ページにわたる芸者特集が、日本語版から完全に削除されていたのは、そうした視線を日本の読者が不快に思うことを危惧したからであろう(日本語版の創刊は同年四月であった)。

日本ではほとんど知られていないが、欧米ではGeishaの名を冠したさまざまな商品が巷に出回っている。たとえば、アメリカにはGeishaという商標のシーフードの缶詰が売られていて、扇子をもったキモノ姿の芸者がトレードマークに使われている。販売元は二十世紀初頭のサンフランシスコに住んでいた日本人(日系人)がつくった会社である。また、十九世紀末創立の由緒あるフィンランドの製菓会社は、Geishaというブランドでチョコレートを販売している。**図4**は、二〇一七年夏、フィンランド航空の機内誌の裏表紙に掲載された全面広告である。東洋系の女性が、キモノこそ着ていないが、艶めかしい白のローブに身を包んで、桜の花の下に浮かぶ小舟に傘をもって乗っている。おそらく、この女性は北欧人が想像／創造した芸者の現代版なのであろう。欧米におけるこうした日本文化の「流用」は、日本と言えばフジヤマ（富士山）とゲイシャ（芸者）と桜というステレオタイプを、日本人が知らないところで強化しているのである。

図4　フィンランドのチョコレートと芸者

二、外国の博物館の日本展示におけるキモノ

博物館はモノの展示を通じて異文化を表象する装置である。少なくとも、そのような機能が備わっている。そして、博物館に展示された外国の文物は、訪れた観客にその国のイメージを植えつける。その意味で、欧米におけるキモノの表象に、博物館は大きな影響を及ぼしたはずであるが、実際にはキモノの展示は驚くほど少ない。このことを、イギリスを例にとって考えてみよう。

（一）大英博物館（ロンドン）

前述のクライナーによると、ヨーロッパにおける日本の文物の収蔵品数はイギリスが最大で（博物館以外の収蔵品も含む）、中でも大英博物館の質の高さが目を引く。その理由の一つは、日本人が同博物館に寄贈を繰り返してきたからである。一七五三年に開館した大英博物館の歴史は、医者で博物学者だったスローン（Hans Sloane）が自身のコレクションを寄贈したときに遡るが、その中には、同じく医者だったドイツのケンペル（Engelbert Kaempfer）が、十七世紀後半に日本から持ち帰った文物も含まれていた。

現在、大英博物館の日本展示室は日本のとある企業の名を冠している。その特徴は、日本の歴史を縄文／弥生・古代・

中世・近世・近現代というように時代分けして、各時代を代表する美術品や工芸品を展示していることにある。いわゆる「文化史」的な展示のため、庶民の日常生活に関する文物は少ない。文字による詳細な解説は他の博物館より充実しているが、概して大英博物館の日本展示には衣類が少なく、二〇〇九年に筆者が四回目に訪れたときは、キモノ／着物の展示はまったくなかった。その意味で、唯一アイヌのアットゥシ（樹皮の繊維でつくった織物）が大きく展示されていたのは興味深い。

（二）ピット＝リヴァーズ博物館（オックスフォード）

キモノの展示が少ないという点では、オックスフォード大学のピット＝リヴァーズ博物館も同様である。一八八四年に開館したこの世界有数の民族学博物館の特徴は、各々の民族の文物を一カ所に集めて展示する現在主流のやり方ではなく、世界各地から収集した同種類のモノ（たとえば弓矢）を、技術の進化を基準に並べて見せることにある。

日本の展示物では、数体の完全な鎧兜のほか、ヨーロッパ随一と言われる能面のコレクションと、約八〇〇の根付《ねつけ》がガラスケースの中に所狭しと並べられている。そのほかにも、さまざまな日本の文物が随所に置かれているが、過去二十五年ほど同博物館に通った筆者の記憶にキモノの展示はない。ただし、キモノそのものはなくても、版画など他の展示物に描かれていることはあるので、観客がまったく目にしないというわけではない。これは大英博物館も同じである。

（三）ヴィクトリア＆アルバート博物館（ロンドン）

ロンドンの主要な博物館でキモノを大々的に展示しているのは、ヴィクトリア＆アルバート博物館である。二〇〇三年前後の統計では、この博物館の日本関係の収蔵品数は約四万二〇〇〇点で、大英博物館の約三万点をはるかに上回る（Kreiner 2005: 43）。目玉の一つは、一八六〇年、外交官で『大君の都』の著者オールコック（Rutherford Alcock）を介して、第十四代将軍の徳川家茂がヴィクトリア女王に贈呈した大鎧である。

解説書を紐解くと、収蔵品のほとんどは江戸時代以降のもので、展示されたキモノも近現代的なものが多い（**図5**）。これは、ヴィクトリア＆アルバート博物館の設立趣旨が、実際のモノづくりに携わっている人びとのために、デザインや色彩の応用面を見せることにあることと関係している。筆者が訪れた二〇〇六年三月には展示されていなかったが、同博物館には日本の民芸コレクションもあり、その中には江戸末期から明治初期にかけて使われた庶民の服が含まれているという。

図5　ヴィクトリア＆アルバート博物館のキモノ展示

三、外国の博物館のギフトショップに見るキモノ

博物館の展示とは対照的に、館内と館外の中間地帯——それは文化人類学で言う「リミナル」な領域で、日常生活の秩序を反転した現象が見られる——に位置するギフトショップには、キモノのイメージを使った土産物が溢れている。

図6は、二〇〇六年に筆者が大英博物館を訪れたとき、玄関脇のギフトショップで撮った写真である。ギフトショップに置かれているモノは、その時々によって変わることを承知で言うと、これほど狭いスペースに大量のキモノ・イメージが消費されている光景も珍しい。棚の上段中央にはキモノ姿の女性を表紙に描いた*Haiku*（『俳句』）という本があり、その左手前にはガラスの文鎮が三種類置かれている。その一つは川原慶賀の美人画をデザインしたもので、**Geisha**という題がついている（**図7**）。*Haiku*の両脇には浮世絵の美人画を使った二種類の湯飲茶碗がいくつも置いてあり、作者はともに歌磨である。棚の下段に目を移すと、中央に二種類、その両脇に計二種類のノートがあり、いずれも表紙のデザインに浮世絵の美人画を使っている。その一つは鳥高斎栄昌の「郭中美人競」である。さらに、左端には北斎の「神奈川沖波裏」の

Tシャツが何枚か置いてある。

この他にも、大英博物館の館内には大小多数のギフトショップがあるが、どこでも目にして僅かなお金で買えるのが絵葉書である。ある場所を訪れた人から時として海を渡って配達される絵葉書が、異文化のイメージ形成に大きな役割を果たすことは近年の観光研究が示す通りだが、二〇〇六年当時、同博物館で販売されていた日本の絵葉書は圧倒的に浮世絵が多かった。描かれていたのはキモノ姿の女性と歌舞伎役者が主である。

図6　大英博物館ギフトショップの中のキモノ（1）

図7　大英博物館ギフトショップの中のキモノ（2）

四、外国の文化センターのギフトショップに見るキモノ

博物館のギフトショップに匹敵するのが、いわゆる「文化センター」のそれである。ここでは一例としてパリ日本文化会館を取り上げる。

エッフェル塔から歩いて十分ほどのセーヌ川沿いにあるパ

リ日本文化会館は、運営している国際交流基金によれば「パリにある日本文化の発信拠点」である。地上六階、地下五階の大きな建物で、ギフトショップはその一階にある。店内には専門書を含む日本関係の本も置かれていて、物産展に本屋を合わせたような感じである。二〇〇五年、筆者が訪れたときは客も多く、窓際に置かれた陶磁器を物色している品の良さそうな女性の姿もあった（**図8**）。注目したいのは**図9**の売り場である。商品棚の最上段には、世界の至る所で見かけるようになった招き猫と、漆塗りの盆がいくつか置いてある。そして、その下の二つの段にはキモノ姿のこけし人形が何体も見える。一見、ただ漠然と日本的なモノが置いてあるようだが、そこにジャポニズムの走りを見い出すことは難しくない。

クライナーによれば、ヨーロッパが日本と接触した十六世

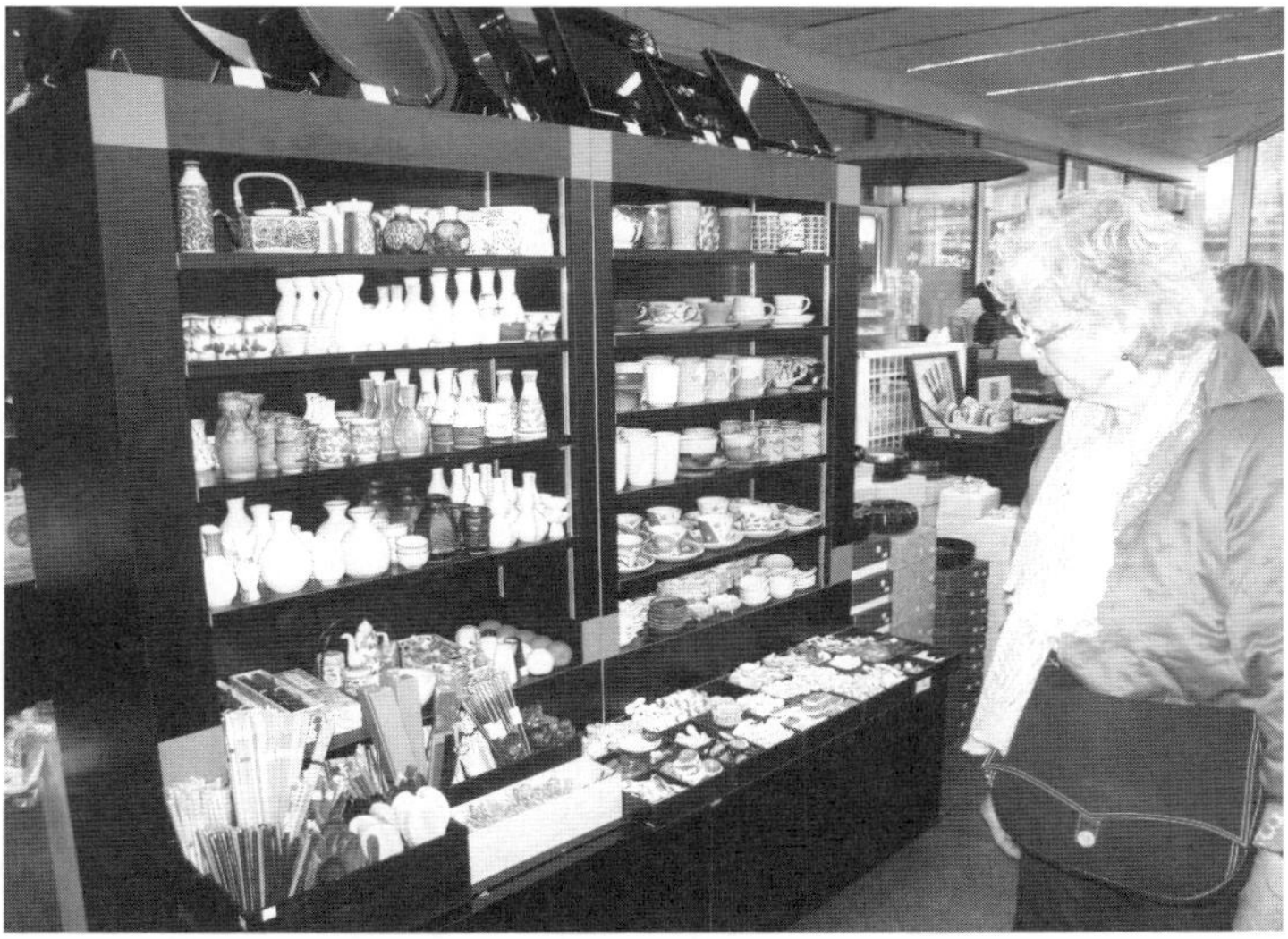

図8　パリ日本文化会館ギフトショップの陶磁器

図9　パリ日本文化会館ギフトショップの漆塗りとキモノ

紀半ばから約百年間、日本のありとあらゆる美術品や工芸品（特に刀、鎧兜、絵画、屏風、漆塗り、陶磁器、キモノなど）が、まずポルトガルやスペインなどの南欧諸国から入り、その後はオランダやイギリス経由で入った。しかし、十七世紀以降は鎖国の影響で搬入ルートが限られ、需要もほぼ漆塗りと陶磁器とキモノの三点に絞られるようになったという（Kreiner 2005: 8）。つまり、今日パリ文化会館のギフトショップに並べられている焼き物と、漆塗りの盆と、こけし人形に描かれたキモノは、十七世紀以降のヨーロッパにおける日本のイメージそのものなのである。

五、日本の博物館／ギフトショップとの比較

ここで視点を移して、日本の博物館では日本の伝統文化をどのように見せ、またギフトショップには何が置いてあるかを見てみよう。

（一）東京国立博物館のキモノ展示

上野の東京国立博物館は、日本を代表する博物館として外国人の訪問客も多い。日本の伝統文化の粋を短時間で見たいという彼らの期待に、この博物館は十分応えているが、キモノに関する限り展示は僅かである。本館二階の第十室には、浮世絵と衣装が常設展示されていて、季節によって入れ替えが行われている。根付、印籠、櫛、かんざし等も一緒に展示されているが、いずれも数は多くない。根付と印籠については、明治時代に欧米へ大量流出したのが原因であろうが、キモノの場合それは言えない。おそらく、考えられる理由としては、（一）日本人からすると、キモノはいくつもある日本文化の象徴の一つにすぎず、それに焦点をあてる必然性もスペースもない、（二）人目を引く振袖は江戸時代に発達したので、美術史的観点からすれば貴重品は少ない、等々が掲げられよう。いずれにせよ、欧米の主要な博物館と同じで、キモノの館内展示は少ない。

（二）東京国立博物館のギフトショップ

対照的に、博物館地下にあるギフトショップには、大英博物館ほどではないにせよ、キモノをモチーフにした土産物が多い。近年、このギフトショップの商品はインターネット上で紹介されているので、今現在の詳細はそちらをご覧いただきたいが、筆者のヨーロッパ調査と時間を合わせると、二〇〇七年当時、高価な金屏風のミニチュアが何点も置かれていた。その中にはキモノ（小袖）を纏った女性たちだけを描いたものが数点あった。絵葉書やカード類はヨーロッパと同じ傾向が見られ、浮世絵を使ったものが多い。歌麿、北斎、写

楽の人気は特に高く、北斎の「神奈川沖波裏」と写楽の「三世大谷鬼次の奴江戸兵衛」はTシャツにも使われていた。これは大英博物館と同じである。また、直径一〇センチほどの伝統的図柄をあしらった皿も多数置かれていたが、それらはパリ日本文化会館の陶磁器に相当するだろう。後述のように、

図10　成田国際空港ギフトショップの中のキモノ（1）

ヨーロッパと日本の博物館に同じような土産品が置かれているという事実は、眼差しの交差を考えるうえで興味深い。

六、国際空港のギフトショップに見るキモノ

顧客を海外旅行者に絞って、博物館のギフトショップを誇張したかたちで品物を揃えているのが国際空港のギフトショップである。たとえば、成田国際空港には日本の伝統的文物を主力商品としている店がいくつかあり、二〇〇六年に筆者が訪れたときには、キモノを着せたマネキンを店頭に飾って、その脇に日本人形をずらりと並べた店があった（**図10**）。中に入ってみると、歌麿の「寛政三美人」を描いた大きな暖簾や、キモノ姿の少女の紙人形などが目に飛び込んできた。近くにある京小物を扱った専門店には、多くの扇子が蛇の目傘の下の商品棚に並べられていて、もっとも目立つところには歌麿の美人画をデザインしたものが置かれていた。さらに別の店の店頭には、富士山と桜と五重塔とキモノ姿の女性を描いた壁掛けが複数あり、茶の専門店では、外国人に人気のあるグリーンティー（煎茶）に、なんと歌麿の「難波屋おきた」をデザインした包装紙が使われていた（**図11**）。キモノをモチーフとした土産物が、これほど一カ所に集まっていることも珍しいが、程度の差こそあれ、これは日本の国

際空港のギフトショップによく見られる現象である。

ここで注意しておきたいことが二つある。第一は、中国ではどの国際空港でもお茶とパンダのぬいぐるみとチャイナドレスを見かけるように、ギフトショップにはそれぞれの国や地域の海外イメージに合った商品が売られているということである。第二は、そうした定番商品を買い求めるのは外国人観光客ばかりでなく、これから外国を訪れる自国の観光客が、外国人への土産物として買うことも多いということである。後者の場合、自己は他者の眼差しを内面化したうえで、彼らの期待に沿って自らを「見せて」いるのである。

図11　成田国際空港ギフトショップの中のキモノ(2)

七、自他の眼差しの交差

このようにしてみると、欧米人が日本を「キモノの国」に仕立て上げたというより、むしろ彼らの視線を意識した日本人がキモノを自文化の象徴とみなして、それを外に向かって積極的にアピールした結果、日本の「ナショナル・ドレス」(national dress)としてのキモノが生まれたとも言えそうである。少なくとも、欧米と日本の接触が本格的に始まった近現代において、キモノは自他の眼差しが交差するところに位置したのである。

(一)日本近代におけるキモノの見方の変化

では、どのような歴史と事情が日本のキモノにはあったのだろうか。ワダ(Yoshiko I. Wada)によると、元来キモノは古代の宮廷服として発達したが、より直接的には封建時代初期に武士階級の女性が着用した小袖に由来するという。小袖はヨーロッパとの貿易を通じて十六世紀頃から海外で知られるようになったが、鎖国によって日本との関係が途切れると、いったんは忘れかけられていた。その間、国内では快楽的な町人文化が発達して、度重なる倹約令にもかかわらず小袖は派手さを増していった。それを牽引したのが歌舞伎役者と花魁で、彼ら/彼女らを描いた浮世絵は大人気を博した。小袖の袖は次第に巨大化して若い女性の間で流行し、振袖と呼ばれるようになった。それが十九世紀半ばに開国した日本を訪れた欧米人の目に留まったのである（Wada 1996）。

日本の近代化は基本的に西洋化であった。日本人は自らの伝統を「旧来の陋習」とみなして、近代文明国家形成の過程で排除すべきものと考えた。当然、キモノも排除の対象となって、特に上流階級では瞬く間に洋服にとって代わられたが、鹿鳴館に象徴される過度の西洋化に対する反発が起こると、女性の服装をめぐって国民的議論が起きたという。ワダは次のように述べている。

> 一八九〇年代の日本の社会批判は、自文化の伝統を盲目的に否定した過去に向けられた。その力点は女性の服装にあり、コルセットは女の体に悪いなどという主張も登場した。その結果、多くの女性の間で和服回帰が起こり、キモノは象徴的意味を帯び始めたのである。つまり、キモノこそは日本の伝統を体現しているというメッセージが、国内外で流布するようになったのだ。以降、キモノは日本の女性らしさと同義となり、皮肉にも《キモノ＝女性用のエキゾチックな胴長の上着》という西洋人の誤解を助長するようになった。
>
> （Wada 1996: 153 桑山［二〇〇八ａ：二六八］より引用）

（二）植民地化の危機に晒された日本とキモノ

今日、日本人は近隣アジア諸国を（半）植民地化したという「負の歴史」に苛まれることはあっても、日本は近代化に成功した最初の非西洋国家であるという「成功物語」が国内外であまりにも浸透したためか、この国が幕末から明治にかけて直面した植民地化の危機について語ることは少ない。だが、もし中国という欧米列強の植民地主義者にとってより魅力的な国が隣になければ、彼らはもっと日本に触手を伸ばしていたであろう。

こうした文脈にワダの見解を置くと、より深い考察が可能になる。世界各地で報告されているように、植民地化によって国や民族のアイデンティティが脅かされると、人びとは伝統に回帰しようとする。この伝統回帰の過程で、かつての栄光を物語る人物やモノが意図的に選択され、集団の文化的象徴に祭り上げられる。明治時代のキモノはそうした象徴に他ならない。しかし、《キモノ＝日本＝伝統》は《洋服＝欧米＝近代》と対置されたわけではなく、むしろ欧米人の注目を集めて彼らに賞賛されたからこそ、日本人は欧米主導の近現代においてキモノを自らの文化の象徴として再定義したのである。そして、それを日本が誇るべき伝統として欧米人、ひいては世界の人々に「見せた」のであった。その意味で、日本と欧米は図らずして「共謀関係」にあったと言えよう（桑山二〇〇八ａ：二六九）。

（三）キモノによる日本の女性化

結論として、日本は欧米に一方的に「見られる」ほど脆弱な存在ではなく、むしろ近現代の覇者である彼らの視線を巧みに取り入れることによって、より魅力的に自分を「見せて」きたと言ってよい。ただ注意すべきは、男性の着物は女性のキモノのような扱いを決して受けなかったということである。ここには、オリエンタリズム批判の焦点の一つである、強者による弱者の「女性化」という問題がある。つまり、日本と欧米の間には眼差す力に差があったということで、たとえ両者が「共謀関係」にあったとしても、「見る者」と「見られる者」の関係は対等ではなかった。

おわりに

本稿では西ヨーロッパを主に取り上げたが、最後にアメリカについて一言触れておこう。十九世紀半ばの黒船来航後、日米の力関係は二つのことを契機として一時的に逆転したように思われる。一九四一年の真珠湾奇襲と、一九八〇年代の「経済戦争」である。いずれも日本の「勝利」は束の間だったが、それ自体は問題ではない。重要なことは、これらの時期にアメリカにおける日本の象徴が、キモノから刀に取って代わられたということだ。つまり日本の「男性化」が起きたのである。そして、戦時中、刀はサムライ、鎧兜、忠誠心、厳格な身体訓練などと結びつき、一九八〇年代には企業戦士、はてはニンジャなどと結びついて、キモノとは真逆の文化複合を形成したのである。興味深いことに、国内外の博物館の日本展示で目玉となるのは、この刀を中心とする文化複合である。[3]

キモノによる女性化と刀による男性化は、二者択一的な現象というより、ある時点の国際社会における日本とアメリカの力関係を反映して、一つの極から別の極へと動く時計の振り子のようなものである。つまり、アメリカの対日イメージには、常にキモノと刀という相対する象徴が並存していて、状況次第で一方が前景化し他方が後景化するのである。[4] ここにおいて、私たちは海外における日本文化論の古典、ベネディクトの『菊と刀』に立ち戻らざるをえないが、紙幅も尽きたので、その検討は別の機会に譲ることにしたい。

注

（1） 本稿は既出の二つの論考（桑山二〇〇八ａ、二〇〇八ｂ）を利用して、新たな構想のもとに書き下ろしたものである。

（2） 本稿執筆中に、小暮修三がこの写真を取り上げて、オリエンタリズムとメディアについて語っていることを知った（小暮二〇〇八：五〇）。

（3）対照的に、博物館のギフトショップでは、刀を中心とする文化複合の土産物は非常に少ない。この意味で、キモノと刀は正反対の関係にある。

（4）「前景化」と「後景化」という表現は川瀬由高氏の示唆による。

参考文献

桑山敬己（二〇〇八a）「アメリカの教科書の中の日本――写真とテキスト」（『ネイティヴの人類学と民俗学――知の世界システムと日本』弘文堂）二四〇―二八二頁

――（二〇〇八b）「博物館展示と異民族イメージのあいだ――ギフトショップに見る日本の着物を中心に」（『アジアにおける博覧会の研究――ヒトの展示を通して』平成十七年度～平成十九年度科学研究費補助金［課題番号一七四〇一〇三二］、基盤研究B研究成果報告書、宮武公夫［研究者代表］）八〇―一一二頁

小暮修三（二〇〇八）『アメリカ雑誌に映る〈日本人〉――オリエンタリズムへのメディア論的接近』（青弓社）

Bryan, C. D. B. (1997) *The National Geographic Society: 100 Years of Adventure and Discovery*, New York: Harry N. Abrams.

Kreiner, Josef (2005) "Some Remarks on Japanese Collections in Europe." In Josef Kreiner, ed., *Japanese Collections in European Museums*, Bonn: Bier'sche Verlagsanstalt, pp. 3-52.

Wada, Yoshiko I. (1996) "The History of the Kimono: Japan's National Dress." In Rebecca A. T. Stevens and Yoshiko Iwamoto Wada, eds., *The Kimono Inspiration: Art and Art-To-Wear in America*, San Francisco: Pomegranate Artbooks, pp. 131-160.

◎コラム◎

コルネリウス・アウエハント

川島秀一

かわしま・しゅういち——東北大学災害科学国際研究所シニア研究員。専門は民俗学。主な著書に『漁撈伝承』(法政大学出版局、二〇〇三年)、『憑霊の民俗』(三弥井書店、二〇〇三年)、『津波のまちに生きて』(冨山房インターナショナル、二〇一二年)などがある。

一、「鯰絵」の命名者

アウエハントは一九二〇年、オランダのライデンに生まれた文化人類学者である。幼いころから日本にあこがれていて、第二次世界大戦中のオランダで反日感情が強かったころ、彼の両親は幾度もなく恥ずかしい思いをしたという逸話がある。

その日本へのあこがれの夢が叶い、ライデン国立民族学博物館の日本部門主任として勤務していたとき、シーボルトが日本から持ち帰ったコレクションの中に、ナマズをテーマにした多くの木版画を発見した。

その版画の錦絵のなかでは、ナマズは人間にとって良い役割と悪い役割を両方果たしており、深い関心をもったアウエハントは、一九五六〜五七年に来日した。滞在中は、柳田国男の主宰する民俗学研究所に通い、「木曜会」という民俗研究者の集まりに参加などしながら、その「鯰絵」を中心に研究を続けた。「鯰絵」とは、安政二年(一八五五)旧暦十月二日の夜に起こった江戸の大地震の直後、数日も経たないうちに市中に出回った錦絵のことを指し、それを「鯰絵」と命名して、学問の俎上にあげたのは、アウエハントである。

柳田は、日本に滞在中のアウエハントについて、『故郷七十年』(一九五九年)のなかで、次のように述べている。「最近では一年間、私の研究所へ勉強に来たアウエハントという人がいる。ライデンの民俗博物館の日本関係の主任をしているとか、候文でも何でも読む力をもっている」。

一九六〇年には、日本人の楠静子と結婚。一九六四年に、ライデン大学で博士の学位を取得するが、そのときの学位論文が「鯰絵——民俗的想像力の世界」であり、同年に英語で出版された。日本語訳で出版されたのは、それから十五年後の一九七九年のこと、小松和彦・中沢新一・飯島吉晴・古家信平などの、当時の若い文化人類学者や民俗学者によって翻訳され、日本でも、アウエハントの名前と共に「鯰絵」の研究などが知れ渡ってきた。

「鯰絵」は安政大地震の直後に現れた錦絵であるが、当時は、大鯰が地下で活動することによって地震が発生するという民間信仰があり、いつもは鹿島神宮（茨城県）の鹿島大明神が、地の底に棲むナマズの頭を要石で押さえて、地震を防いでいると考えられていた。安政大地震の起きた十月は、八百万の神々が出雲に集まって地元を留守にする「神無月」にあたり、そのため鹿島大明神の留守中にナマズが暴れはじめたと捉えられたらしい。

この絵を持っていると、地震避けのお守りになると言われ、あるいは、画題の内容の、ユーモアあふれる表現などが、震災後の辛さを笑いで癒す役割があった。流行が収束する、約二カ月のあいだに、画題の種類だけでも二五〇点を越え、たとえば、江戸の吉原で暮らしていた町人たちが、それぞれ手に武器を持って、大ナマズを襲っている絵や、逆に、倒壊家屋が多かったために、地震後に大工や左官、瓦屋などが莫大な利益を上げたことを風刺して、これらの職人たちがナマズたちを吉原に案内している絵などが見られる。「鯰絵」のすべては、幕府の検閲を逃れた不法出版であった。

アウエハントの博士論文のもともとの副題が「日本民俗宗教の二、三の現象への解釈学的アプローチ」であったように、鯰絵を「民俗版画」と捉え、その基盤にある、日本の「民俗宗教」を理解することが、彼の目的であった。

たとえば、ナマズのモチーフも含む「大津絵」は、旅行者の護符でもあり、それは後に現れた「鯰絵」にも通じるものであった。和訳前からアウエハントの「鯰絵」研究に、深く関心を示していた宮田登は、「鯰絵」を「近世都市の江戸に発生した民俗事象」と捉え、それまでの民俗学の対象には成り難かった「近世」と「都市」、あるいは災害などの「非日常」の民俗という方向へと、宮田もまた導かれていった。しかし、このような「鯰絵」の歴史的研究は、当時のアウエハントの研究姿勢にとっては第一義的なものではなかった。

アウエハントは、『鯰絵』の執筆当時、ライデン学派と呼ばれる、オランダ構造人類学の渦中にあり、レヴィ・ストロースを師と仰いでいた。そのような構造論的アプローチによって、図案の中でのナマズに関わる表象から、ナマズに対立する表象まで関心を示し、それらの膨大な資料を集めていった。アウエハントが最初に「鯰絵」を見て感じた「良い役割」と「悪い役割」とは、鯰絵に画かれている災害をもたらす「破壊者」であり、同時に、社会の不正義を世直しする「救いの神」の表象のことでもあった。このナマズの表象の両義性は、さらに、鹿島神・要石・サル・ヒョウタン（大津絵の「瓢箪鯰」）などを絡ませ、「対立しつつ相互に補完しあっている二つの部分から構成された全体を発見すること」という、当初の目的である構造論的な図式化へ導いていった。このような方法は、『鯰絵』の和訳に携わった小松和彦や中沢新一、飯島吉晴の研究方法へも多少の影響を与えていると思われる。

中沢新一は、「鯰絵」を通して、「江戸の庶民には、人間が自然の一部分であることが、はっきりと自覚されていた」と述べ、その思考と「科学的思考」とを対立させる。「科学的思考」とは、「自然に起こった出来事とそれがために人間に引き起こされた出来事を、一つの統一的な視点から思考するということができずに、自然のことは自然のこと、人間のことは人間の問題として、分離して処理されることが多い」と論じた（「プレート上の神話的思考」）。

一九七九年に日本で初めて、せりか書房から出版された『鯰絵』は、東日本大震災（二〇一一年）から二年後の二〇一三年に、岩波文庫として再版され、さらに広く読まれることになった。震災後の復興論が、リスクマネジメントだけの建築工学や被災者ケアへの臨床心理学などを例とするように、自然と人間を分離する「科学的思考」が横行している状況に対し、今後の「鯰絵」の研究は、逆に多くの復興論の反省をうながし、警鐘を鳴らすにちがいない。

二、波照間島での調査

アウエハントは、一九六五～一九六六年と、一九七五～一九七六年の二度にわたって、妻と共に沖縄県の波照間島にて調査を行なった。また、このあいだの一九六八年から、スイスのチューリッヒ大学で日本学の教授を務め始めている。波照間島の長期調査は、彼の研究方向を、理論を中心とする構造人類学から、原地調査を中心とする社会人類学へと移行する大きな機縁となった。

静子夫人によると、波照間島を調査地に選んだには、理由があったという。一つには、柳田国男から「日本の神信仰について源を探るならば沖縄へ」行きなさいと言われていたことである。しかも「自分の足で読み取りなさい」と、フィールド・ワーク中心の研究を促されたという。さらに、アウエハントの長年の親友だった、文化人類学者の馬淵東一からは、「それなら神高い波照間島へ行きなさい。波照間島はいろいろな変化の波が余り押し寄せなかったから、とても原初的なものがまだ厳しく守られている」と助言されたことも大きいという。

波照間では、夫人の静子の活動も大きな力になった。静子は二〇〇四年に編集・発行した写真集『波照間――祭祀の空間』（榕樹書林）の「あとがき」で、次のように記している。

「私の役割は島の人々の生活の輪の中に入れていただき、時には、研究者である夫の眼となり、手となり、足となることでした。特に島の行事では、男性の参加が厳しく制限されていましたので、責任の重大さを感じました」

この静子の「神行事」への参加が、波照間の信仰関係のデータを集めるに大きな意義をもった。しかも、アウエハントの助手としてばかりではなく、静子自身にとっても、大きな変化をもたらした。

楠静子は一九三八年、京都府に生まれている。アウエハントと結婚後、一九六八～一九八六年まで、スイスのチューリッヒ大学の日本語講師を勤め、同時通訳でも活躍していた。京都の実家は、出口王仁三郎が組織した大本教を深く信仰する家であった。幼いころから、神棚の前に座っているだけで、神様の存在を感じることができるような少女であった。このような感性が、後に波照間島で開花することになった。

アウエハント夫妻が波照間に長期滞在の調査に入ったころは、島の「神行事」は、記録することを許されてはいなかった。ニゲェー（願い・祝詞）は長いあいだ、書くことは許されず、口伝えによってのみ伝承されてきた。夫妻がカメラやテープ・レコーダーという機材を持ち込んでの写真や録音の記録調査をお願いしたところ、ウガズ（神籤）という儀礼によって、島の神々にその可否を尋ねてもらうことになった。それは、米粒をつまんで行なわれ、二粒ずつペアにして丸く並べていく儀礼で、ちょうど六ペアが並んだことで、調査が許されたという。

静子はその後、波照間のあらゆる「神行事」に参加し、記録をとり続けていくが、一緒にお祈りしていると、神様からスキンシップのようなものを感じ、とても懐かしいような、親しいものを感じたという。神行事や神歌が、すーっと体の中に入ってくる。「昔と今がズバッとつながっている気がした」と、静子は語っている。もしかしたら自分の前世は、波照間のモトヤー（旧家）の娘だったのかと思えたほどだったという。

そのような静子の様子を見て、回りの女性たちからは、「あなたたちは神様に呼ばれてきたんだねー」と語られたという。さらに、夫の仕事の手伝いとしてではなく、「あんたが神様に呼ばれて、立派な仕事をするために、夫を連れてきたんだねー」とも語られた。後には「静子アマ」と呼ばれ、「神様に好かれているので、ここに残りなさい。神ツカサになりなさい。神ツカサを継ぎなさい」とも勧められたという。

波照間の「神行事」は、農耕儀礼を基軸とするものだった。ある日、明日の「神行事」に神ツカサとして初めて務めなければならない女性が、前日の晩に不安にかられて、アウエハント夫妻のもとを訪れたという。静子は、「神行事」の締めくくりの言葉として、行事のあいだに唱える詞章を違えても許してくれる言葉を教えた。それは「私たちは人間でありますので、神様の力を下さい」という内容の詞章で、それを教えてもらった彼女は喜んで帰宅したという。このときほど、自分がこの調査に入って良かったと思ったことはないという。

波照間島ではムシャーマ（精霊祭）があり、仮面をかぶったミルク（弥勒）さまが登場する。世が直ったときに実りがあると伝えられる「世直し」の言葉は、その内容は幾分か違えても、「鯰絵」の時代と同様に伝えられている。

アウエハントの方は、第一期の調査の後、一九七〇年代に入ってから「波照間島の雨乞い儀礼」、「波照間島の神行事について」などを和文雑誌に投稿、第二期の調査後においても、七〇年代後半から八〇年代へかけて、「波照間島の神歌」、「兄弟姉妹（bigiri-bunari）の関係について――波照間の場合」の論文を発表、一九八五年には、『HATERUMA――socio-religious aspects of a South-Ryukyuan island culture』を、ライデンから発行している。その後も、「波照間島における神観念と世界観の一考察」や「波照間島の社会宗教的構造」などの論考もあるが、一九九六年に他界した。

参考文献

C・アウエハント『鯰絵――民俗的想像力の世界』（岩波書店、二〇一三年。初出は一九七九年）

静子・アウエハント『写真集　波照間――祭祀の空間』（榕樹書林、二〇〇四年）

中沢新一解説「プレート上の神話的思考」（C・アウエハント『鯰絵――民俗的想像力の世界』岩波書店、二〇一三年。初出は一九七九年）五八一―六〇一頁

宮田登『終末観の民俗学』（弘文堂、一九九七年）

【資料】

関連年表

水野雄太・編

昭和		関連事項	同時代の出来事
江戸	一七九六	シーボルト生誕（一七九六年二月十七日〜一八六六年十月十八日没）	
	一八一五	ヘボン生誕（一八一五年三月十三日〜一九一一年九月二十一日没）	
	一八二六	シーボルト、第一六二回目オランダ商館長（カピタン）江戸参府に随行	
	一八二八	シーボルト事件	
	一八三一	バード生誕（一八三一年十月十五日〜一九〇四年十月七日没）	
	一八三八	モース生誕（一八三八年六月十八日〜一九二五年十二月二十日没）	
	一八四四	レガメ生誕（一八四四年八月七日〜一九〇七年五月七日没）	オランダ国王による開国勧告
	一八五〇	チェンバレン生誕（一八五〇年十月十八日〜一九三五年二月十五日没）	
	一八五三	フェノロサ生誕（一八五三年二月十八日〜一九〇八年九月二十一日没）	ペリー浦賀来航
	一八五四	バチェラー生誕（一八五四年三月二十日〜一九四四年四月二日没）	下田・箱館・長崎開港
	一八五五		安政の大地震
	一八五九	ヘボン来日	ダーウィン『種の起源』
	一八六〇	第十四代将軍徳川家茂がヴィクトリア女王に大鎧を贈呈	
	一八六一	ウェストン生誕（一八六一年十二月二十五日〜一九四〇年三月二十七日没）	
	一八六三	ヘボン塾開設	
	一八六五	フローレンツ生誕（一八六五年一月十日〜一九三九年二月九日没）	
	一八六七	ヘボンによる日本初の和英辞典『和英語林集成』初版	大政奉還 兵庫開港

明治		
一八六八		神仏分離令・廃仏毀釈 明治と改元 東京開市
一八七〇		樺太開拓使分置
一八七二	ヘボン塾女子部が洋学塾（後のフェリス女学院の母体）として独立	福沢諭吉『学問のすゝめ』 東京国立博物館創設 学制
一八七三	チェンバレン来日	
一八七六	レガメ来日	フィラデルフィア万国博覧会
一八七七	バチェラー来日 タウト、桂離宮を観覧 モース、東京大学理学部教授に就任 モース、大森貝塚を発掘調査	西南戦争 東京大学創立
一八七八	フェノロサ来日、モースの紹介で東京大学文学部講師に就任 バード来日。北海道、北日本、関西を旅する レガメが挿絵を描いた『日本散策』が刊行（～一八八〇年）	パリ万国博覧会
一八七九	バチェラー、アイヌへの伝道活動開始	
一八八〇	タウト生誕（一八八〇年五月四日～一九三八年十二月二十四日没） バード『日本の未踏の路筋』（"Unbeaten Tracks in Japan"）	「君が代」作曲
一八八二		東京専門学校創立
一八八三		鹿鳴館開館
一八八四	バチェラー『蝦夷今昔物語』	
一八八五	モース『日本のすまい』 バード『日本の未踏の路筋』縮約版	福沢諭吉「脱亜論」
一八八六	チェンバレン、帝国大学文科大学教授に就任 チェンバレン"A Simplified Grammar of the Japanese Language (Modern Written Style)"（『簡約日本語文典（現代文語体）』） ヘボン塾の流れを汲み、明治学院創立。ヘボンが明治学院初代総理に就任	

明治			
	一八八七	チェンバレン『日本小文典』	東京大学が帝国大学に改組（法・医・工・文・理の五分科大学及び大学院を設置） 二葉亭四迷『浮雲』（〜一八八九年）
	一八八八	チェンバレン"A Handbook of Colloquial Japanese"（『日本口語文典』） フローレンツ来日 ウェストン来日	東京美術学校創立 『東京朝日新聞』新創刊
	一八八九	エリセーエフ生誕（一八八九年一月十三日〜一九七五年四月十三日没） ウェイリー生誕（一八八九年八月十九日〜一九六六年六月二十七日没） フローレンツ、帝国大学文科大学講師に就任	大日本帝国憲法発布 皇室典範選定
	一八九〇		教育勅語発布
	一八九一		濃尾地震
	一八九二	李生誕（一八九二年三月五日〜一九五〇年十月二十五日没）	
	一八九三		ケーベル来日 内地雑居承認
	一八九四	レガメ『お菊さんのバラ色のノート』	日清戦争勃発
	一八九五		日清戦争終結
	一八九六	ウェストン『日本アルプス　登山と探検』	アストン『日本書紀』英訳
	一八九七		京都帝国大学創立 宮城県沖地震
	一八九八	フェノロサ『浮世絵展覧会目録』	
	一八九九	レガメ来日（二度目）	紀伊大和地震 アストン『日本文学史』
	一九〇〇	バチェラー『アイヌ人及其説話』、"Sea-girt Yezo glimpses at missionary work in north Japan"	パリ万国博覧会
	一九〇一	フローレンツ、『日本の神話――日本紀』で文学博士号取得	
	一九〇二	モース『中国および中国家屋の瞥見』	日英同盟成立
	一九〇三	レガメ『日本』、『絵で見る日本』	
	一九〇四		日露戦争勃発 与謝野晶子「君死にたまふこと勿れ」

明治	一九〇五	李来日	日露戦争終結 アストン『神道』 夏目漱石『吾輩は猫である』（〜一九〇六）
	一九〇六	李、明治学院普通部に編入	島崎藤村『破戒』 夏目漱石『坊っちゃん』 南満州鉄道株式会社（満鉄）の設立
	一九〇七		京都帝国大学の創立に伴い、東京大学が東京帝国大学に改称
	一九〇八	エリセーエフ来日、東京帝国大学に入学 ジョン・エンブリー生誕（一九〇八年八月二十六日〜一九五〇年十二月二十二日没）	夏目漱石『三四郎』
	一九〇九	フローレンツ『日本文学史』 エラ・エンブリー生誕（一九〇九年二月二十日〜二〇〇五年八月十六日没）	
	一九一〇		柳田国男『遠野物語』
	一九一一		辛亥革命 早稲田工手学校創立
大正	一九一二	フェノロサ“Epochs of Chinese & Japanese art: an outline history of East Asiatic design”	明治天皇没する　大正と改元 中華民国臨時政府が成立
	一九一四		第一次世界大戦勃発
	一九一五	李、早稲田大学高等予科に編入	
	一九一六	李、早稲田大学大学部に入学。在学中に「東京雑信」を『毎日申報』に連載（〜十一月九日）	
	一九一七	モース“Japan Day By Day”（『日本その日その日』一九二七年）	ロシア革命
	一九一八		第一次世界大戦終結
	一九一九	フローレンツ『神道史料』 李、「二・八独立宣言書」を起草し、上海に亡命	ドイツ労働者党（ナチ党）結成 ファシスト党結成
	一九二〇	アウエハント生誕（一九二〇年十一月十日〜一九九六年九月五日没）	日本が国際連盟に加盟
	一九二一	エリセーエフ『赤露の人質日記』	
	一九二二		ムッソリーニ組閣 ソヴィエト社会主義共和国連邦建国

大正	一九二三		関東大震災
	一九二五	ウェイリー『源氏物語』英訳（〜一九三三年）	日ソ基本条約調印
昭和	一九二六		大正天皇没する　昭和と改元
	一九二八		張作霖爆殺事件
	一九二九		世界恐慌
	一九三一		中華ソヴィエト共和国臨時政府樹立 満州事変
	一九三二		満州国の建国宣言
	一九三三	タウト来日 タウト、桂離宮を観覧	ヒトラーがドイツ首相に就任 日本が国際連盟を脱退 満州事変終結
	一九三四		柳田国男を中心に「木曜会」が組織される ヒトラーが総統となる
	一九三五	エンブリー夫妻来日。十一月より一年間、夫妻で須恵村に滞在して調査を行う	
	一九三六		二・二六事件
	一九三七		盧溝橋事件
	一九三八	バチェラー『アイヌ・英・和辞典』（第四版）	
	一九三九	ジョン・エンブリー『須恵村　日本の村』（日本語訳は一九五五年に刊行）	第二次世界大戦勃発
	一九四〇		日独伊三国同盟調印
	一九四五		第二次世界大戦終結
	一九四七		東京帝国大学を東京大学と改称 教育基本法・学校教育法公布 柳田国男の自宅に民俗学研究所設立 ベネディクト『菊と刀』
	一九四八		大韓民国建国 朝鮮民主主義人民共和国建国
	一九四九		中華人民共和国建国

昭和		
一九五〇		朝鮮戦争勃発
一九五六	アウエハント来日 アウエハント、柳田国男主宰の民俗学研究所に出入りし、「木曜会」にも参加	日ソ共同宣言 日本が国際連合に加盟
一九五七		ヨーロッパ経済共同体（ＥＥＣ）発足 日本が国連の安全保障理事会非常任理事国となる
一九六四	アウエハント、「鯰絵——民俗的想像力の世界」によりライデン大学で博士の学位を取得	日本が経済協力開発機構（ＯＥＣＤ）に加盟
一九六五	アウエハント、妻と沖縄県の波照間島にて調査（第一回目）（～一九六六年）	
一九六六		中国で文化大革命
一九六七		ヨーロッパ共同体（ＥＣ）発足
一九六八		小笠原諸島返還協定
一九六九		アポロ十一号が月面着陸成功
一九七〇		初の国産人工衛星「おおすみ」打ち上げ成功 大阪万国博覧会
一九七一		沖縄返還協定に調印
一九七三	バード『日本奥地紀行』（『日本の未踏の路筋』縮約版の邦訳）	
一九七五	アウエハント、妻と沖縄県の波照間島にて調査（第二回目）（～一九七六年）	フランスで先進国首脳会議（サミット）

執筆者一覧（掲載順）

白勢彩子	大野眞男	山田仁史
植田恭代	手島崇裕	ニコラ・モラール
角南聡一郎	水野雄太	鈴木　仁
石井正己	小泉武栄	難波美和子
橋村　修	金　容儀	荻原眞子
桑山敬己	川島秀一	

【アジア遊学219】

外国人《がいこくじん》の発見《はっけん》した日本《NIPPON》

2018年6月12日　初版発行

編　者　石井正己《いしいまさみ》

発行者　池嶋洋次

発行所　勉誠出版株式会社

〒101-0051　東京都千代田区神田神保町 3-10-2

TEL：(03)5215-9021(代)　FAX：(03)5215-9025

〈出版詳細情報〉http://bensei.jp/

印刷・製本　㈱太平印刷社

組版　デザインオフィスアイメディア（服部隆広）

ISBN978-4-585-22685-7　C1320

216 日本文学の翻訳と流通　近代世界のネットワークへ

217「神話」を近現代に問う

魏晋南北朝の長安　内田昌功

北魏人のみた平城　岡田和一郎

北魏洛陽城―住民はいかに統治され、居住したか　角山典幸

統万城　市来弘志

「蜀都」とその社会―成都　二二一―三四七年　新津健一郎

辺境都市から王都へ―後漢から五涼時代にかける姑臧城の変遷　陳力

Ⅳ　出土資料から見た新しい世界

竹簡の製作と使用―長沙走馬楼三国呉簡の整理作業で得た知見から　金平（石原遼平・訳）

走馬楼呉簡からみる三国呉の郷村把握システム　安部聡一郎

呉簡吏民簿と家族・女性　鷲尾祐子

魏晋時代の壁画　三﨑良章

北朝の墓誌文化　梶山智史

北魏後期の門閥制　窪添慶文

214 前近代の日本と東アジア―石井正敏の歴史学

はしがき―刊行の経緯と意義　村井章介

Ⅰ　総論

対外関係史研究における石井正敏の学問　榎本　渉

石井正敏の史料学―中世対外関係史研究と『善隣国宝記』を中心に　岡本　真

三別抄の石井正敏―日本・高麗関係と武家外交の誕生　近藤　剛

「入宋巡礼僧」をめぐって　手島崇裕

Ⅱ　諸学との交差のなかで

石井正敏の古代対外関係史研究―成果と展望　鈴木靖民

『日本渤海関係史の研究』の評価をめぐって―渤海史・朝鮮史の視点から　古畑　徹

中国唐代史から見た石井正敏の歴史学　石見清裕

中世史家としての石井正敏―史料をめぐる対話　村井章介

中国史・高麗史との交差―蒙古襲来・倭寇をめぐって　川越泰博

近世日本国際関係論と石井正敏―出会いと学恩　荒野泰典

Ⅲ　継承と発展

日本渤海関係史―宝亀年間の北路来朝問題への展望　浜田久美子

大武芸時代の渤海情勢と東北アジア　赤羽目匡由

遣唐使研究のなかの石井正敏　河内春人

平氏と日宋貿易―石井正敏の二つの論文を中心に　原美和子

日宋貿易の制度　河辺隆宏

編集後記　川越泰博

215 東アジア世界の民俗　変容する社会・生活・文化

序　民俗から考える東アジア世界の現在―資源化、人の移動、災害　松尾恒一

Ⅰ　日常としての都市の生活を考える

生活革命、ノスタルジアと中国民俗学　周星（翻訳：梁青）

科学技術世界のなかの生活文化―日中民俗学の狭間で考える　田村和彦

Ⅱ　文化が遺産になるとき―記録と記憶、そのゆくえ

国家政策と民族文化―トン族の風雨橋を中心に　兼重努

台湾における民俗文化の文化財化をめぐる動向　林承緯

「奇異」な民俗の追求―エスニック・ツーリズムのジレンマ　徐贛麗（翻訳：馬場彩加）

観光文脈における民俗宗教―雲南省麗江ナシ族トンパ教の宗教から民俗活動への展開を事例として　宗暁蓮

琉球・中国の交流と龍舟競渡―現代社会と民俗文化　松尾恒一

コラム　祠堂と宗族の近代―中国広東省東莞の祠堂を例として　賈静波（翻訳：阮将軍）

Ⅲ　越境するつながりと断絶―復活と再編

“記憶の場”としての族譜とその民俗的価値　王霄冰（翻訳：中村貴）

213 魏晋南北朝史のいま

アジア遊学既刊紹介